Mario Meir-Huber

Cloud Computing

Mario Meir-Huber

Cloud Computing

Praxisratgeber und Einstiegsstrategien

entwickler.press

Mario Meir-Huber
Cloud Computing
ISBN: 978-3-86802-076-2

© 2011 entwickler.press
Ein Imprint der Software & Support Media GmbH
2. aktualisierte Auflage

Bibliografische Information Der Deutschen Bibliothek
Die Deutsche Bibliothek verzeichnet diese Publikation in der Deutschen
Nationalbibliografie; detaillierte bibliografische Daten sind im Internet über
http://dnb.ddb.de abrufbar.

Ihr Kontakt zum Verlag und Lektorat:
Software & Support Media GmbH
entwickler.press
Geleitsstr. 14
60599 Frankfurt am Main
Tel.: +49 (0)69 630089 0
Fax: +49 (0)69 930089 89
lektorat@entwickler-press.de
http://www.entwickler-press.de

Lektorat: Sebastian Burkart
Korrektorat: Frauke Pesch
Satz: Dominique Kalbassi
Belichtung, Druck & Bindung: M.P. Media-Print Informationstechnologie GmbH, Paderborn

Inhaltsverzeichnis

entwickler.press

entwickler.press

Vorwort

Cloud Computing ist im Jahr 2010 eines der Hype- und Modeworte in der IT. Doch was verbirgt sich hinter diesem Hype? Dieses Buch soll Aufschluss darüber geben, wie und vor allem wann man Cloud Computing einsetzt. Denn nicht jedes Szenario ist für den Einsatz von Cloud Computing geeignet.

Prinzipiell richtet sich dieses Buch an jeden, der Interesse an der IT hat, in der IT arbeitet oder forscht. Das Buch klammert zu tiefe technische Fakten explizit aus. In einigen Kapiteln wird stärker auf technische Möglichkeiten und Grundlagen eingegangen, aber auch die wirtschaftlichen Aspekte werden nicht vernachlässigt. Jedes Kapitel gibt einen Überblick über die verschiedenen Facetten des Cloud Computing und enthält Hinweise auf weiterführende Literatur.

Kapitel 1 dient vor allem der Definiton der Begrifflichkeiten. Hier werden die wichtigsten Begriffe, Abgrenzungen sowie Möglichkeiten des Cloud Computing vorgestellt. Kapitel 2 widmet sich voll und ganz den technischen Grundlagen. Es wird auf das Design von Rechenzentren und Virtualisierung eingegangen. Kapitel 3 gibt einen Überblick über das heikle Thema der rechtlichen Stellung von Cloud Computing und verweist dabei auf das europäische Datenschutzrecht, das von den Gerichten unterschiedlich ausgelegt wird. An dieser Stelle kann das Buch nur informierend zur Seite stehen und nicht die Konsultation eines Rechtsanwalts ersetzen.

Kapitel 4 stellt die Preismodelle und Verträge vor, die bei Cloud-Computing-Plattformen häufig angewandt werden. Kapitel 5 beläuchtet den Einfluss von verteilten Architekturen auf die Softwareentwicklung. Kapitel 6 geht auf die verschiedenen Plattformen wie Amazon EC2, Microsoft Windows Azure und SalesForce ein. Ferner finden auch einige weniger bekannte Plattformen eine Erwähnung. Das Kapitel soll vor allem einen Überblick über die verschiedenen Cloud-Computing-Anbieter geben und enthält einige einfache Beispiele, von Low-Level APIs bis zu .NET- und Java-Implementierungen. Kapitel 7 soll dazu anregen, Cloud Computing kritisch zu sehen und sich nicht blind auf den Hype zu verlassen. Ziel des Buches ist es, dem Leser zu zeigen, wie er Cloud Computing richtig und verantwortungsbewusst einsetzen kann.

Und nun noch einige Danksagungen. Sie gelten vor allem meinen Freunden und meiner Familie, die mich während der Bucherstellung unterstützt haben und oft auf mich verzichten mussten. In der heißen Phase des Schreibens gab es neben dem Buch nur Essen und Schlafen als „Freizeitaktivitäten". Ich möchte auch meinem Geschäftspartner Andreas Aschauer für seine Geduld danken, er ist in vielen Situationen für mich in die Bresche gesprungen. Mein Dank gilt außerdem all den Unternehmen, die mich bei der Recherche unterstützt haben, besonders Matt Wood von Amazon für die Unterstützung beim Thema Amazon Web Services. Viel Unterstützung habe ich auch durch die Organisationen VITE (Vienna IT Enterprises) und OCG (Österreichische Computer Gesellschaft) erfahren, auch ihnen möchte ich an dieser Stelle einen herzlichen Dank aussprechen. Schlussendlich möchte ich Werner Kurschl, Professor an der Fachhochschule Hagenberg und Cloud-Computing-Experte, für seine Unterstützung danken. Werner stand mir stets für Fragen zur Seite und ich arbeite seit vielen Jahren mit ihm zusammen. Natürlich gilt mein Dank auch Herrn Burkart, dem Lektor dieses Buches, für seine stilistischen Ratschläge und die Korrektur. Ein Dank geht auch an Thomas Mutzl, der auf dem Flug von Wien nach Las Vegas neben mir saß und mir beim ersten Kapitel tatkräftig zur Seite stand. Besonderer Dank gilt Frank Klöppl, der mich auf Fehler in der ersten Auflage aufmerksam gemacht hat und somit zur Verbesserung beigetragen hat.

1 Einführung in Cloud Computing

"It's stupidity. It's worse than stupidity: it's a marketing hype campaign"

Richard Stallman, Open Source Advokat, in „The Guardian", September 2008

Bevor es um die technologischen Grundlagen von Cloud Computing geht, muss Cloud Computing korrekt definiert werden. Kapitel 1 soll sich diesem heiklen Thema widmen. Zu Beginn steht eine Anforderungsdefinition an Cloud Computing, die die Definition des Begriffs sowie die wichtigsten Punkte umfasst, die eine Cloud-Computing-Plattform ausmachen. In Folge wird der Frage nachgegangen, ob es sich bei Cloud Computing um eine Revolution oder doch „nur" um eine Evolution handelt. Liest man derzeit diverse Blogs, so lässt alles auf eine Revolution schließen. Ob das tatsächlich der Fall ist, soll in diesem Kapitel auch geklärt werden. Hierfür werden die generelle Entwicklung der IT und die Entwicklungen der letzten sechs Jahre beleuchtet. Schließlich wird Cloud Computing vom wissenschaftlichen Grid Computing abgegrenzt. Grid Computing gilt oft als nächsterVerwandter von Cloud Computing, und oft wird Cloud Computing von Grid Computing abgeleitet. Dies wird in diesem Kapitel erläutert.

1.1   Was ist Cloud Computing?

Cloud Computing ist eines der Modeworte in der IT. Viele Hersteller setzen auf Cloud Computing und bieten Cloud-Plattformen an. Sogar traditionelle IT-Unternehmen, die Umsätze primär durch Software generieren, bieten zunehmend Cloud-Dienste und -Plattformen an. Ein prominentes Beispiel ist Microsoft. Im November 2008 hat Microsoft seine Cloud-Computing-Plattform vorgestellt. Die Bedeutung von Cloud Computing wurde durch diesen Schritt noch stärker betont. Für Microsoft ist dies ein gewagter Schritt, da ein Großteil des Unternehmensgewinns mit traditioneller Software und dem Betriebssystem Windows eingespielt wird. In der webbasierten Cloud spielt das Betriebssystem eine untergeordnete Rolle und speziell für die Windows-Plattform geschriebene Anwendungen verlieren an Bedeutung. Trotzdem misst Microsoft der Cloud-Technologie eine große Bedeutung zu, sonst wäre dieser Schritt wohl kaum gegangen worden.

Doch nun wollen wir erst einmal eruieren, worum es bei Cloud Computing geht. Viel wird darüber gesprochen, wenig ist darüber bekannt. Generell betrachtet geht es um die Auslagerung von Anwendungen, Daten und Rechenvorgängen ins Web. Das kann zum Beispiel die Auslagerung der Bürosoftware wie Tabellenkalkulation oder Textverarbeitung oder das CRM-System in die Cloud sein. Der Vorteil der Auslagerungen ganzer Anwendungen liegt auf der Hand: Die Synchronisation zwischen mehreren Rechnern wird unnötig und gemeinsames Arbeiten an Dokumenten durch die zentrale Ablage vereinfacht. Die gemeinsame Verwendung von Dokumenten bietet jedoch auch viele andere Vorteile in Unternehmen, da es damit möglich, ist Dokumente freizugeben. Das können beispielsweise Vorlagen für Rechnungen oder Ähnliches sein. Viele in Kapitel 6 vorgestellte Cloud-Plattformen erlauben es ferner, selbst Anwendungen in der Cloud zu erstellen. Hierbei sprechen einige Anwender sogar von einem neuen „Betriebssystem", das speziell für die Cloud ausgelegt ist. Derartige Plattformen können außerdem als Ergänzung zu ausgelagerten Anwendungen verwendet werden. Damit kann man Anpassungen für die Cloud-basierte Bürosoftware erstellen. All dies erfordert es, dass Daten in die Cloud ausgelagert werden können, hierfür stellen verschiedene Anbieter große Datenspeicher in der Wolke zur Verfügung, die meist die Eigenschaft haben, nahezu unendlich viele Daten aufnehmen zu können. Natürlich sind auch diese Datenspeicher begrenzt, sie bieten jedoch für (fast) jeden Anwendungsfall ausreichenden Speicherplatz an. Schlussendlich kommt hinzu, dass Rechenvorgänge in die Cloud ausgelagert werden können. Hier kann man auf einen großen „Pool" an virtuellen Maschinen zurückgreifen. Muss man mehrere Millionen eingescannte Bilder verarbeiten, hätte man vor der Cloud-Computing-Ära eine große Anzahl an Servern benötigt. Dank Cloud Computing kann man nun diese Server für die wenigen Stunden, in denen sie benötigt werden, mieten und somit Budget einsparen. Cloud Computing bedeutet in einem Satz:

> *Cloud Computing ist die Auslagerung von Anwendungen, Daten und Rechenvorgängen in das Internet.*

Was noch nicht definiert wurde, ist, was Cloud Computing überhaupt bedeutet. Prinzipiell kommt der Begriff „Cloud" aus dem Englischen, was wortwörtlich Wolke bedeutet. Der Grund für den Namen dieser Technologie ist, dass Dienste, die ins Internet ausgelagert wurden, stets in einer Wolke gezeichnet wurden, die das Internet repräsentiert.

Nach der Definition des Cloud Computings geht es nun an die Anforderungen. Hier stellt sich die Frage, was eine Cloud-Computing-Plattform ausmacht. Gewisse Anforderungen wie Skalierung und Kostensenkung sollten bereits zu Beginn klar sein. In der Wissenschaft gibt es einige gute Quellen, die zentrale Anforderungen an eine Cloud-Computing-Plattform bzw. -Anwendung beschreiben. Typische Cloud-Computing-Anwendungen haben einige gemeinsame Merkmale, die im Folgenden genauer beleuchtet werden sollen:

Hohe Skalierung und Elastizität

Jede Cloud-Computing-Plattform bietet eine sehr hohe Skalierung. Die dazu notwendigen Techniken werden in Kapitel 2 genauer beschrieben. Skalierung und Elastizität beziehen sich hierbei auf mehrere Bereiche. Das ist zum einen die Bandbreite, die immer die wirklich benötigte Größe hat. Wenn ein Ticketsystem Karten für eine Top-Band verkauft, kann es vorkommen, dass diese Seite aufgrund der vielen Anfragen in die Knie gezwungen wird. Mit Cloud Computing passiert das nicht, da unabhängig von der Belastung die richtige Bandbreite zur Verfügung steht. Wichtig ist jedoch auch, dass die Anwendung eine Vielzahl von Anfragen bearbeiten kann. Dies kann durch verschiedene Techniken der Parallelisierung erledigt werden. Viele Plattformen bieten darüber hinaus die Möglichkeit eines Management API, das bei Bedarf zusätzliche virtuelle CPUs allokieren kann.

Ein weiterer wichtiger Punkt ist die Ressourcenskalierung. Auf Cloud-Computing-Plattformen spielt es keine Rolle, ob man 100 registrierte Benutzer hat oder 400 Millionen, wie es etwa bei Facebook der Fall ist. Die Speicher der Cloud-Plattformen bieten in den meisten Fällen nahezu unbegrenzt Kapazität an. Darüber hinaus ist die schnelle Skalierbarkeit der Anwendung(en) von Bedeutung, was in traditionellen Umgebungen oft sehr schwierig ist, da in diesem Fall neue Server benötigt werden. Die Anschaffung und Installation kann hierbei viel Zeit in Anspruch nehmen und der Zeitverlust bei dieser Vorgehensweise negative Auswirkungen auf das Geschäft haben.

Gemeinsame Benutzung der Ressourcen

Eine Anwendung verwendet gemeinsame Ressourcen, die sich verschiedene Benutzer teilen. Das bedeutet, dass die Daten eines Benutzers in einer von mehreren Nutzern verwendeten Tabelle liegen. Die Absicherung der Datensätze unterliegt der Cloud-Computing-Plattform und der Anwendung selbst. Außerdem kann eine Cloud-Computing-Anwendung stets auf die gleichen Ressourcen wie Bilder, Videos und andere Mediatypen zugreifen. Ressourcen werden auch physisch verwendet: Eine Anwendung in der Cloud kann sich einen physikalisch vorhandenen Rechner mit einer anderen Anwendung teilen. Das funktioniert durch Virtualisierung, die in Kapitel 2 genauer erklärt wird.

Pay per Usage

Ein zentrales Konzept ist das Pay-per-Usage-Konzept, bei dem nur für die tatsächlich genutzten Kapazitäten bezahlt wird. Die Abrechnung erfolgt typischerweise in Monatsintervallen. In vielen Cloud-Computing-Anwendungen kommt jedoch auch die Bandbreite (eingehende und ausgehende Verbindung) hinzu. Ferner gibt es Transaktionskosten für den Storage Account (dies sind HTTP-Anfragen), die häufig in wenigen Cent pro 10 000 Abfragen berechnet werden. Transaktionskosten fallen an, wenn man eine Datei löscht, Ressourcen manipuliert oder erstellt und so weiter. Die Transaktionen werden in Kapitel 5 genauer erklärt. Sofern man auch Computerinstanzen (virtuelle CPUs für Websites, Rechenvorgänge und Ähnliches) verwendet, wird eine Gebühr pro Stunde erhoben. Die Kosten sind ein komplexes Thema und werden in Kapitel 4.2 genauer beleuchtet.

Internet und Unabhängigkeit von Geräten

Eine zentrale Anforderung an Cloud-Computing-Anwendungen ist die ständige Verbindung zum Internet. In den meisten Anwendungen läuft alles im Web (mit Ausnahme von Software-plus-Service-Plattformen). Das macht das Internet daher zu einer wichtigen Anforderung. Mit dem Punkt „Internet" geht eine weitere Anforderung einher, nämlich die Unabhängigkeit von konkreten Plattformen. Die Anwendungen basieren auf Webstandards wie HTML und sollten daher von allen Geräten unterstützt werden. Eine

Cloud-Computing-Anwendung wird im Normalfall nicht für ein bestimmtes Gerät oder Betriebssystem geschrieben. Dadurch haben Cloud-Computing-Plattformen eine wesentlich höhere Reichweite.

Einfache Verwaltung

Die meisten Cloud-Computing-Plattformen sind, verglichen mit traditionellen Systemumgebungen, wesentlich einfacher zu verwalten. Das liegt am hohen Abstraktionsgrad der Plattformen, sodass man sich nicht mehr um typische Administrationsaufgaben wie Load Balancing oder Serverwartung kümmern muss, da dies bereits vom Anbieter der Cloud-Computing-Plattform übernommen wird. Viele Plattformen bieten auch wesentlich vereinfachte Administrationsoberflächen an.

On demand

Cloud-Computing-Plattformen sind on demand verfügbar. Das bedeutet, dass man keine komplexen Verträge abschließen muss, um sie benutzen zu können. Im Normallfall kann man eine Cloud-Computing-Plattform bereits nach wenigen Minuten benutzen. Bei traditionellem On-premise-Hosting dauert dies, abhängig vom Beschaffungsprozess im Unternehmen, einige Tage bis Wochen. Der Cloud-Computing-Anbieter Amazon rechnet beispielsweise über seine vorhandenen Konten für den Onlineshop ab. Hat man schon bei Amazon eingekauft, kann man die Cloud-Computing-Plattform bereits verwenden. Benötigt man zusätzliche Instanzen, besteht die Möglichkeit, dass man diese binnen weniger Minuten zur Verfügung hat.

Nachdem nun der Begriff und sämtliche Anforderungen an die Cloud-Plattformen definiert sind, wollen wir uns den Layern zuwenden. Hierfür soll Abbildung 1.1 als Startpunkt dienen:

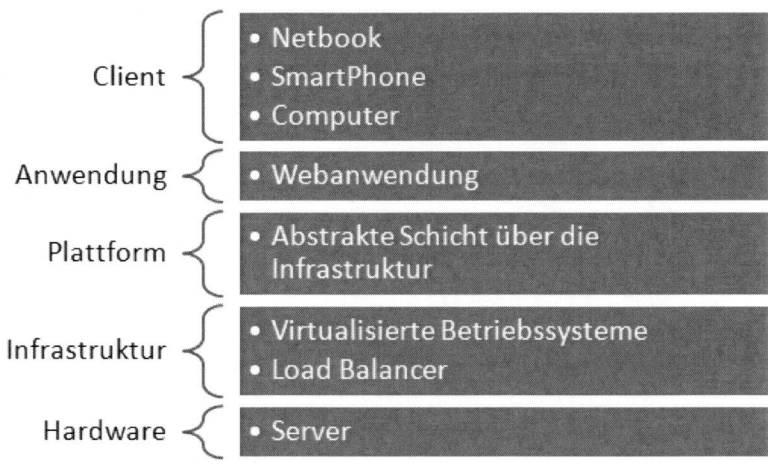

Abbildung 1.1: Ebenen des Cloud Computings

entwickler.press

Abbildung 1.1 stellt die einzelnen Ebenen des Cloud Computings dar. Nun sehen wir uns die einzelnen Ebenen von oben nach unten im Detail an.

Hardware

Die Serverhardware, auf der normalerweise ein für die Virtualisierung optimiertes Betriebssystem (z. B. Linux oder Windows Server) installiert ist. Auf dieser Ebene findet noch keine Verteilung für späteres Cloud Computing statt. Die Hardware mit dem Betriebssystem und etwaiger Software für Cloud-Anwendungen bietet die Grundlage für die nächste Schicht.

Infrastruktur

Dieser Bereich baut auf der vorigen Schicht auf. Hierbei kommen auch Load Balancer zum Einsatz, die Lasten auf verschiedene Server verteilen. Betriebssysteme werden ab diesem Zeitpunkt lediglich virtuell zur Verfügung gestellt. Das bedeutet, dass man auf dieser Ebene nicht mehr darüber informiert ist, auf welchem Server das System läuft, er wird je nach Auslastung dynamisch zugewiesen. Diese Ebene wird auch als Infrastructure as a Service (IaaS) bezeichnet, welches in diesem Kapitel noch genauer erklärt wird.

Plattform

Eine Schicht über der Infrastruktur befindet sich nun eine weitere Abstrahierung, die Plattformschicht. Hier hat man keinen Zugriff mehr auf das darunter liegende (virtuelle) Betriebssystem, sie dient primär der Anwendungsentwicklung. Im Normalfall wird hier ein API (Application Programming Interface) zur Verfügung gestellt, auf dessen Basis man seine Anwendungen erstellen kann. Die Plattformschicht verteilt die Lasten je nach Belastungsspitzen auf verschiedenen virtuellen Betriebssystemen. Die meisten Plattformen erlauben es, das zu konfigurieren. Diese Schicht wird als Plattform-as-a-Service-(PaaS-)Schicht bezeichnet.

Anwendung

Die Anwendungsschicht setzt auf der Plattformschicht auf. Hierbei wird eine Anwendung für den Endbenutzer bereitgestellt. Die Anwendung ist bereits gebrauchsfertig. Anwendungen, die auf dieser Schicht laufen, konsumieren oft die APIs der Plattformschicht. Diese Schicht wird auch als Software as a Service (SaaS) bezeichnet. Ein typisches Merkmal für eine SaaS-Anwendung ist es, dass sie lediglich einen Webbrowser benötigt, um die Anwendung auszuführen.

Client

Die letzte Ebene ist die Clientebene. Es handelt sich dabei um Geräte und Anwendungen, die Cloud-Computing-Dienste konsumieren und auf verschiedenen Geräten wie Smartphones oder Netbooks laufen können. Der Unterschied zu Cloud-Anwendungen aus der vorigen Ebenen ist, dass die Anwendungen Cloud-Computing-Dienste verwenden, jedoch nicht ausschließlich in einer Cloud-Umgebung laufen. Oft ist es jedoch der Fall, das Anwendungen auf die Cloud angewiesen und ohne sie nicht lauffähig sind. Diese Ebene wird auch als Software plus Services bezeichnet.

1.2   Cloud Computing – Evolution oder Revolution?

Damit man die Frage, ob es sich bei Cloud Computing um eine Evolution oder eine Revolution handelt, beantworten kann, ist es notwendig, in die Anfänge der IT zurückzugehen. Machen wir den Anfang mit dem Aufkommen des Personal Computers. Das war gewiss einer der Wendepunkte für die IT. Es ging weg vom Mainframe-Rechner zu einem für jedermann erschwinglichen Personal Computer, kurz PC. Die ersten PCs kamen in den 1970er Jahren auf. Der erste PC war der Xerox Alto, der über ein GUI (Graphical User Interface), eine Maus, eine Tastatur und einen Bildschirm verfügte. Er war jedoch nur als Prototyp vorhanden und hatte für den Endanwender wenig Bedeutung. Bereits ein Jahr später, im Jahre 1974, wurde der Altair 8800 erstellt und interessanterweise als Bausatz ausgeliefert.

Richtig erfolgreich am Massenmarkt war aber erst der Apple II von Macintosh, der im April 1977 in den USA vorgestellt wurde. Hier war es bereits möglich, den PC durch Steckplätze anzupassen. Heutzutage werden anpassbare Systeme als PC bezeichnet. Der Apple II konnte bereits Töne wiedergeben und Farben darstellen.

Abbildung 1.2: Der IBM PC

Der Name „PC" wird jedoch bis heute noch mit dem Unternehmen IBM in Verbindung gebracht. Inspiriert durch die Erfolge des Apple II erstellte IBM selbst einen PC, der 1981 als „IBM-PC" vorgestellt wurde. IBM gelang es durch geschicktes Marketing, den Begriff „PC" mit dem Unternehmen zu verknüpfen. Als Betriebssystem verwendete IBM hierbei ausschließlich „PC-DOS", das von Microsoft an IBM lizenziert wurde. Microsoft entwickelte dessen Betriebssystem weiter und lizenzierte es auch an andere Unternehmen. Das führte dazu, dass eine Reihe an Hardwareherstellern eigene „IBM-PC-kompatible Computer" herstellten. Erst der Umstand, dass es kein Monopol am PC Bereich gab, führte zu dem bis heute anhaltenden Siegeszug von PCs.

Neben dem Vorhandensein eines PCs (oder Mac) ist für das Arbeiten in der Cloud eine Internetverbindung unerlässlich. In vielen Unternehmen ist das Internet heutzutage kaum mehr wegzudenken außerdem haben sich soziale Gebilde wie Facebook oder Twitter im Internet gebildet. Cloud Computing erfordert eine ständig vorhandene Verbindung zum Internet, da ja die Anwendungen nicht mehr lokal, sondern auf Servern im Web laufen. Auch das Internet gibt es bereits seit sehr vielen Jahren, richtig Bedeutung hat es jedoch erst in den letzten 10-15 Jahren erlangt. Hervorgegangen ist es aus einem Forschungsprojekt des US-Verteidigungsministeriums im Jahre 1969. Die erste wichtige Anwendung im Internet war die E-Mail, die bis heute eine hohe Relevanz in der sozialen Kommunikation hat. Erst 1993 entstand das Internet, so wie wir es heute kennen, und heute hat es eine sehr hohe Verbreitung. Von vielen Experten wird ihm gar eine ähnliche Bedeutung wie der Erfindung des Buchdrucks nachgesagt. Durch Blogs und Wikis wird Wissen frei und effektiv weiterverbreitet, IP-Telefonie erlaubt es, mit Freunden oder Bekannten an weit entfernten Orten kostenlos oder sehr billig zu telefonieren, Spiele zu spielen oder über verschiedenste soziale Plattformen wie Facebook oder Twitter Kontakt mit Freunden zu halten. Auch im kommerziellen Sinne hat sich das Internet sehr erfolgreich etabliert. Google kann man mittlerweile als Gelddruckmaschine bezeichnen, und Amazon oder eBay bieten Konsumenten eine schier endlose Auswahl an Artikeln. Ohne jeden Zweifel hat das Internet starken Einfluss auf das soziale Verhalten der Menschen genommen. Cloud Computing wäre ohne Internet nicht möglich. Die Bedeutung des Internets für Cloud Computing wird auch dadurch deutlich, dass viele Internetunternehmen wie Amazon oder Google eine der wichtigsten Plattformen in der Cloud sind.

Es ist allerdings nicht alles Gold, das glänzt. So gibt es noch einige Einschränkungen in der Cloud. Das Internet ist zwar in Ballungszentren sehr gut ausgebaut, in weniger urbanen Gebieten sieht es dagegen anders aus. Wenn ein Manager mit der Bahn unterwegs ist, so ist eine ständig vorhandene Internetverbindung meist ein Wunschtraum. Allein auf einer der meist befahrenen Strecken in Österreich, zwischen Linz und Wien, kommt es häufig vor, dass Tunnels oder ländliche Gebiete eine sehr schlechte oder gar nicht vorhandene Verbindung haben. Das führt dazu, dass Entscheidungsträger eher nicht auf Cloud-Anwendungen setzen werden. Wenn eine zuverlässige Internetverbindung nicht sichergestellt ist, kann das zu Problemen führen. Tatsache ist jedoch auch, dass die Verbindungen stets ausgebaut und verbessert werden. Bereits einige Flugzeuge bieten WLAN an Bord an. Dadurch kann man auch auf einer Geschäftsreise die Zeit mit Arbeit „totschlagen". Ferner ist es möglich, Dokumente gemeinsam zu bearbeiten.

Ein weiterer Kritikpunkt, der bereits zu Beginn erwähnt werden sollte, ist, dass Cloud-Anwendungen traditionellen Anwendungen des Öfteren um einiges nachstehen. Anwendungen wie Google Docs sind zwar toll, hinken jedoch in der Funktionalität traditionellen Anwendungen noch um einiges hinterher. Die Tatsache, dass Cloud-Computing-Umgebungen einfacher zu aktualisieren sind, ist jedoch sehr verheißungsvoll. Das ist eindeutig ein erheblicher Vorteil gegenüber traditioneller Software, schon alleine wegen der Möglichkeit der Fehlerbehebung (Patches) oder der Aktualisierung der Funktionalität.

Abbildung 1.3: 2004 vs. 2010

Das war der Blick auf die Vergangenheit, jetzt wollen wir uns auf das konzentrieren, was die Cloud-Plattformen in Zukunft zu den entscheidenden Plattformen machen wird. Auch hierzu ein kurzer Blick in die Vergangenheit. Erinnern wir uns an die IT im Jahre 2004: Damals war das Betriebssystem „Windows XP" von Microsoft sehr stark verbreitet. Andere Plattformen existierten zwar, waren jedoch kaum relevant. Smartphones hatten primär für Manager Bedeutung und waren kaum auf die Verwendung von Anwendungen (Apps) ausgelegt. Die wichtigsten Funktionen waren E-Mail und der Organizer. Heutzutage sieht das radikal anders aus. Windows hat immer noch einen beträchtlichen Anteil am Markt, jedoch haben sich andere Gerätetypen etabliert. Das sind etwa die Smartphones, die vor allem durch das Betriebssystem Android oder das iPhone immer mehr an Bedeutung gewinnen. Auch Tablet PCs setzen sich stärker durch. Der Siegeszug des iPad von Apple ist zwar noch nicht gänzlich abzusehen, jedoch werden auch diese Plattformen zunehmend populärer. Oft haben Personen auch nicht nur einen PC in Verwendung, sondern zwei oder mehr. Das führt zu dem Problem, dass Daten zwischen den Geräten oft nicht synchron sind. Wenn jemand ein Textdokument auf dessen Smartphone kopiert und es während einer Reise manipuliert, ist das nicht mehr dasselbe wie auf dem PC. Hier muss entweder die Synchronisation von Hand oder per Software erfolgen. Mit Cloud Computing wäre das nicht passiert. Sämtliche Dokumente befinden sich in der Cloud und sind dadurch für jedes Gerät mit demselben Inhalt belegt. Je mehr verschiedene Geräte mit unterschiedlichen Plattformen erhältlich sind, umso stärker wird die Bedeutung von Cloud-Computing-Plattformen werden. Eine wesentliche Verstärkung wird hier HTML5 bieten, wobei einige wichtige Funktionen wie die Offlinefähigkeit ergänzt werden.

Die Frage, ob Cloud Computing eine Revolution oder eine Evolution ist, kann auch hier nicht gänzlich geklärt werden. Zum einem beruht Cloud Computing auf bereits vorhandenen Technologien wie Servern oder Internet, zum anderen ist die Auslagerung sämtlicher Daten und Rechenvorgänge doch etwas Revolutionäreres. In diesem Kapitel haben wir etwas von beiden beschrieben. Fakt ist, dass die Cloud definitiv angekommen ist und die Voraussetzungen für ihren Siegeszug vorhanden sind. Vor allem die veränderten Benutzerbedürfnisse dürften Cloud Computing einen starken Aufschwung ermöglichen. Immer mehr Endgeräte umgeben den Endbenutzer. Damit die Daten synchron gehalten werden, muss ein zentraler Speicher vorhanden sein. Das ist ein klarer Pluspunkt für Cloud Computing.

1.3   Abgrenzung zu anderen Technologien

Cloud Computing ähnelt in den Grundzügen stark dem Grid Computing. Die Technologien sind sich in sehr vielen Bereichen ähnlich, jedoch unterscheiden sie sich in gewissen Punkten. Historisch gesehen kommt Cloud Computing aus dem Grid Computing. Was beide Technologien definitiv unterscheidet, ist die Tatsache, dass Grid Computing wesentlich häufiger in wissenschaftlichen Bereichen eingesetzt wird. Zwar hat sich das Grid Computing mittlerweile auch in wirtschaftlichen Bereichen durchgesetzt, doch dürfte die Bedeutung für kommerzielle Angebote für Cloud Computing wesentlich höher sein. Ein zentraler Unterschied ist auch, dass Cloud-Computing-Dienste von Anbietern für eine große Anzahl an potenziellen Kunden bereitgestellt wird, während Grid Computing meist für sehr spezielle Anwendungsfälle im Unternehmen selbst aufgebaut wird. Als spezielle Anwendungen könnte man etwa die Berechnung von komplexen mathematischen Problemen wie der Entschlüsselung einer DANN-Signatur anführen. Pharmaunternehmen haben für diesen Anwendungsfall meist ein eigens dafür abgestelltes Grid im Unternehmen. Natürlich kann man auch mit Cloud-Computing-Plattformen komplexe Rechenvorgänge ausführen, wenn man sich einen Algorithmus schreibt, der auf einer Vielzahl von gemieteten Instanzen ausgeführt wird. Grid Computing ist jedoch eher für sehr spezielle Anwendungen gedacht, während die Cloud für wesentlich allgemeinere Fälle da ist.

Ein weiterer Unterschied liegt in der Nutzung der Ressourcen. Grid Computing ermöglicht die gemeinsame Nutzung der Ressourcen. Das wäre beispielsweise der Fall, wenn mehrere Wissenschaftler Algorithmen für einen DNA-Signatur ausführen. In einer Cloud-Computing-Umgebung gibt es einen Benutzer und einen Anbieter. Ferner werden in der Cloud sämtliche Ressourcen zentral gesteuert, während Grid Computing keine zentrale Steuerung der Ressourcen hat.

1.4 Begrifflichkeiten

Nachdem jetzt die wichtigsten Grundlagen definiert wurden, widmen wir uns in diesem Unterkapitel verstärkt den Begrifflichkeiten. Unter Begrifflichkeiten werden vor allem die alten Plattformen, unterschiedliche Abstraktionsebenen des Cloud Computings sowie der Unterschied zwischen private, public und hybrid Clouds erklärt. Ziel dieses Kapitels ist es, neben den technischen Grundlagen auch die einzelnen Cloud-spezifischen Begriffe zu verstehen. Am Ende des Kapitels werden die Ebenen des Cloud Computings und deren Anforderungen definiert.

1.5 On premise

Unter „on premise" versteht man den klassischen Ansatz des Hostings. Hierbei werden sämtliche Unternehmensdaten auf lokalen Servern im Unternehmen gehostet. On premise steht an sich nicht mit Cloud Computing im Zusammenhang, es ist das exakte Gegenteil von Cloud Computing. Daher wird On-premise-Hosting oft mit Cloud Computing verglichen. On-premise-Hosting ist nicht mehr als ein lokaler Webserver, auf dem ein Apache oder IIS Server läuft. On premise kann auch für andere Aufgabenzwecke wie dem Dokumentenmanagement, der Verteilung von Intranet-Anwendungen oder Mailing eingesetzt werden. Ähnlichkeiten zwischen On-premise-Hosting und Cloud Computing bestehen oft jedoch in den eingesetzten Technologien. So verwendet man für On-premise-Hosting oft die gleiche Software. Das kann über die verschiedensten Ebenen, angefangen vom Betriebssystem bis hin zu spezieller Software reichen. Abhängig von den einzelnen Ebenen des Cloud Computings kann Wissen aus dem On-premise-Bereich wieder verwendet werden. Vor allem im am wenigsten abstrakten Bereich, dem Infrastructure-as-a-Service-Bereich, ist Wissen über die eingesetzte Software notwendig. In diesem Bereich hat man noch Zugriff auf das Betriebssystem und muss es auch selbst verwalten. Die Einrichtung eines Mailservers oder eines SQL-Dienstes obliegt hier wiederum einem Systemadministrator.

Ein weiterer Unterschied zwischen Cloud Computing und On-premise-Hosting liegt in der unterschiedlichen Kostenberechnung. Kosten in einer Cloud-Computing-Umgebung fallen monatlich an, für On-premise-Hosting einmalig und monatlich. Bei Cloud-Computing-Umgebungen wird pro Monat der tatsächliche Verbrauch berechnet, der sich aus der Anzahl der CPU-Stunden, dem Verbrauch an ein- und ausgehender Bandbreite, der Größe des verbrauchten Datenspeichers und der Anzahl der Storage-Transaktionen zusammensetzt. In On-premise-Umgebungen kommen an einmaligen Kosten die Softwarelizenzierungskosten und Hardwarekosten zur Berechnung. Monatliche Kosten sind die Wartung der Hardware sowie die Kosten für die Bandbreite. In vielen On-premise-Systemen entstehen ferner erhebliche Personalkosten. Diese werden wiederum für die Wartung der Systeme und deren Aktualisierung eingesetzt. In dieser Beschreibung sind noch keine Opportunitätskosten für den Ausfall von Systemen einberechnet. In vielen Unternehmen ist die so genannte „Downtime", also die Zeit, in der die IT aufgrund von Fehlern nicht erreichbar ist, sehr hoch. Google beziffert die durchschnittliche Downtime von Exchange Servern in mittelmäßig gewarteten IT-Landschaften mit 150 Minuten[1]. Eine Downtime von 150 Minuten enspricht in etwa einer Verfügbarkeit von 99,6 %. Das kann natürlich auch negative Auswirkungen auf das Geschäft haben, da viele Abteilungen und Mitarbeiter von diesen Services abhängig sind. Cloud Computing garantiert hier in den meisten Fällen eine 99,9 %ige Verfügbarkeit. Kosten, Verfügbarkeit und Vorteile von Cloud Computing werden in Kapitel 4 behandelt und sollen in diesem Kapitel nur oberflächlich gestreift werden.

Auch wenn sich on premise und Cloud Computing stark unterscheiden, müssen sie nicht gänzlich isoliert betrachtet werden. „Software plus Services" ist auch mit Cloud Computing verbunden und bietet eine Integration von vorhandenen On-premise-Lösungen in Cloud-Computing-Umgebungen. Ferner bieten einige Hersteller, etwa Microsoft, Integrationslösungen an. Vor allem mithilfe von „AppFabric" bietet Microsoft eine umfangreiche Lösung an, die On-premise-Anwendungen in die Cloud bringen. Dadurch ist es Kunden und Partnern möglich, vorhandene Anwendungen eines Unternehmens sicher zu verwenden.

1.6 Private, Public und Hybrid Clouds

Neben den Ebenen des Cloud Computing gibt es noch ein weiteres Unterscheidungsmerkmal: die Offenheit der Plattform. Hier unterscheidet man zwischen private und public Clouds. Des Weiteren gesellt sich auch noch eine hybrid Cloud zu diesen Typen. Im Prinzip geht es hier um den Zugriff auf die einzelnen Plattformen.

Der einfachste und am häufigsten verwendete Bereich ist die Public Cloud, die meist gemeint ist, wenn von Cloud Computing gesprochen wird. Ein Plattformanbieter stellt seine

---

[1] *http://googleblog.blogspot.com/2008/10/what-we-learned-from-1-million.html*

Dienste mehreren Kunden zur Verfügung. Das bedeutet auch, dass die Ressourcen mit mehreren Kunden geteilt werden. Die Ressourcenteilung bedeutet hier konkret, dass Datenspeicher oder Maschinenstunden am selben physikalischen Server geschehen können. Als Public-Cloud-Anbieter treten die großen Plattformen wie Google, Amazon oder Microsoft auf. Ein typisches Merkmal ist auch, dass die Nutzung der Ressourcen pro Monat abgerechnet wird, basierend auf einem Abo-Modell, wobei meist nur der tatsächliche Verbrauch verrechnet wird. Manche Angebote haben jedoch gewisse monatliche Fixkosten.

Anders verhält es sich nun bei so genannten privaten Clouds. Wie der Name schon andeutet, kann man darauf nicht so einfach zugreifen wie auf Public Clouds. Private Clouds befinden sich innerhalb eines Unternehmens. Das hat den wesentlichen Vorteil, dass Datensicherheit und Privatsphäre einfacher zu kontrollieren sind. Der Unterschied zu On-Premise-Lösungen ist, dass private Clouds Schnittstellen nach außen haben. Private Clouds können somit auch von Dritten verwendet werden, was jedoch im Normalfall auf gewisse Personen(gruppen) eingeschränkt wird. Beispiele sind Kunden oder Lieferanten, die gewisse Tools für die Kooperation mit dem Unternehmen verwenden müssen. Ein weiterer Vorteil besteht darin, dass eine private Cloud ideal an die Unternehmensstrategie angepasst werden kann. Bei Public Clouds wird dies unter Umständen schwieriger. On-premise-Hosting und private Clouds sind im Prinzip die gleiche Sache, jedoch werden beide Begriffe in der Literatur und im World Wide Web häufig gebraucht. Ein großer Nachteil der privaten Clouds ist, dass sich das Unternehmen wiederum um die Bereitstellung von Hard- und Software kümmern muss. Ferner fallen wesentlich mehr Personalkosten an, da diese Systeme gewartet werden müssen.

Eine Mischform des Ganzen stellt nun der Ansatz der Hybrid-Cloud-Lösungen dar. Hierbei wird versucht, die Vorteile beider Techniken zu vereinen und die Nachteile zu substituieren. Mithilfe von Hybrid Clouds kann man unternehmensinterne Lösungen und Angebote mittels einer Middleware. Am einfachsten lässt sich das über die Verwendung von Services erläutern. Will ein Unternehmen deren interne Services auch für Kunden anbieten, kann das zum einen über eine private Cloud erfolgen, wobei die Serviceendpunkte dem Kunden zur Verfügung gestellt werden. Eine Hybrid Cloud würde genau an diesem Punkt, nämlich der Bereitstellung des Services, ansetzen. Hierbei wird der Service dem Kunden nicht direkt zur Verfügung gestellt, sondern über einen Cloud-Service, was den Vorteil hat, dass Kunden nicht auf unternehmensinterne Daten zugreifen können. Die unternehmensinterne IT kann in gleicher Weise weiter betrieben werden. Das ermöglicht es dem Unternehmen, die IT-Strategie weiter zu verfolgen. Der Cloud Service bietet nun eine Schnittstelle zwischen den Kunden und dem Unternehmen an. Da das viele Probleme, die heute noch als zentrales Manko von Cloud-Computing-Umgebungen gelten, ausgleicht, wird die Bedeutung von hybriden Clouds in Zukunft sicher steigen. Ein Beispiel für hybride Cloud-Anwendungen ist Windows Azure AppFabric. Tabelle 3.1 fasst die Punkte noch einmal zusammen.

Art	Art der Ressour-centeilung	Hoster	Kosten
Private Cloud	Keine Ressour-centeilung	Unternehmensintern	Einmalig (Software und Hardware) und monatlich (Personal, Bandbreite)
Hybrid Cloud	Ressourcenteilung möglich	Unternehmensintern und durch Cloud-Computing-Anbieter	Einmalig wie bei der Private Cloud und monatlich für die Cloud-Computing-Umgebung
Public Cloud	Ressourcenteilung	Cloud-Computing-Anbieter	Monatlich

Tabelle 1.1: Überblick über die Ebenen

1.7 Ebenen des Cloud Computings

Wie eingangs erwähnt, gibt es verschiedene Ebenen des Cloud Computings. Theoretisch betrachtet bauen diese Ebenen aufeinander auf und können auch in dieser Weise verwendet werden. Die unterste Ebene des Cloud Computings ist die Infrastructure-as-a-Service-Ebene. Hierbei stellt der Cloud-Computing-Anbieter lediglich die Infrastruktur zur Verfügung. Darauf aufbauend gibt es die Platform-as-a-Service-Ebene, wo der Cloud-Computing-Anbieter bereits eine gänzlich verwaltete Umgebung zur Verfügung stellt. Der Konsument muss sich bei der Plattform nur noch um den Entwurf einer Software kümmern. Die höchste Abstraktion erreicht man auf der Software-as-a-Service-Ebene. Hier gibt es vollständige Anwendungen, die der Endanwender sofort verwenden kann. Ein Merkmal von allen Cloud-Computing-Anwendungen ist „Pay per Use". Im Normalfall wird die Gebühr abhängig von der Benutzung des Services verrechnet. Abbildung 1.4 stellt die verschiedenen Ebenen dar.

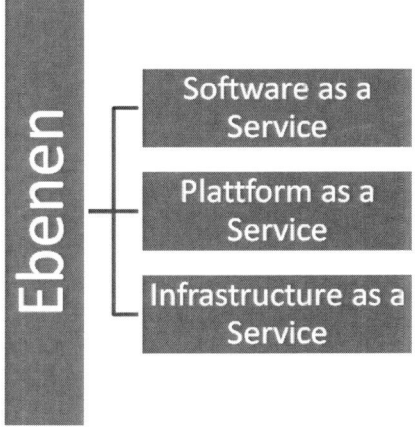

Abbildung 1.4: Cloud-Computing-Ebenen

1.7.1 Infrastructure as a Service (IaaS)

Wie erwähnt, stellt Infrastructure as a Service die unterste Schicht des Cloud Computings dar. Hierbei handelt es sich um eine Infrastruktur, die vom Cloud-Computing-Anbieter zur Verfügung gestellt wird. Den Konsumenten des Dienstes steht es nun frei, Software auf diese Infrastruktur aufzusetzen. Im Normalfall wird seitens des Anbieters ein virtualisiertes Betriebssystem zur Verfügung gestellt. Er kümmert sich um die Lastverteilung (Load Balancing) und stellt somit sicher, dass die gekauften Leistungen ständig verfügbar sind.

Welche Aufgaben eine Infrastruktur hierbei erledigt, kann sehr vielfältig sein. Da der Konsument Zugriff auf das Betriebssytem hat, kann er jegliche Software installieren, die vom Betriebssystem unterstützt wird. Häufig kommen als Betriebssysteme Linux und Windows Server zum Einsatz. Mögliche Anwendungsszenarien sind Domänencontroller, SQL Server, Internetserver, Mailserver und vieles mehr. Will man Webanwendungen auf einer Infrastruktur erstellen, muss man sich um die Installation der notwendigen Laufzeitumgebungen wie etwa PHP, Java oder .NET kümmern. Der Administrationsaufwand gegenüber den anderen beiden Anwendungstypen wie Plattform as a Service und Software as a Service ist deutlich höher, dafür bietet diese Form des Cloud Computings die höchste Flexibilität für die eigenen Anwendungen. Anwendungen auf dieser Ebene können sowohl an Kunden weiterverkauft als auch für unternehmensinterne Zwecke genutzt werden.

Mit Infrastructure as a Service werden dem Kunden infrastrukturelle Services wie Compute-Instanzen, Speicher, Netzwerk und Backup zur Verfügung gestellt, der Kunde hat jedoch die Verantwortung für die Wartung der virtualisierten Umgebungen.

Eine IaaS-Lösung richtet sich vor allem an IT-Dienstleister, die Services wie E-Mail, Webseiten und Ähnliches auslagern wollen. Dadurch hat der IT-Dienstleister keine Notwendigkeit mehr, ein eigenes Rechenzentrum zu betreiben, sondern bietet nur noch die Services an, die bereits vorher angeboten wurden. Dadurch kann er sich auf die Optimierung seiner Services für den Endkunden konzentrieren. Eine weitere Zielgruppe der IT-Betrieb: Ein Unternehmen kann die IT-Infrastruktur in die Cloud auslagern. Verschiedene Anbieter wie etwa Amazon bieten eine große Menge an vorkonfigurierten Images an. Dadurch muss man sich nur noch die passende Instanz aussuchen und mittels der Verwaltungskonsole starten. Die dritte Zielgruppe ist jene, die Anwendungen in einer IaaS-Anwendung schreibt und diese dann wiederum Dritten zur Verfügung stellt. Damit ist der IaaS-Konsument selbst ein Cloud-Computing-Anbieter, da diese Form auch als Software as a Service bezeichnet wird. Wie hier erkennbar ist, sind in IaaS-Lösungen Endkunden eher die Ausnahme. Vielmehr zielt diese Form des Cloud Computings auf Wiederverkäufer ab. Abbildung 1.5 zeigt potenzielle Konsumenten von IaaS-Services.

IaaS Plattform   IT-Dienstleister   Endkunden

konsumiert   konsumiert

IaaS Plattform   Interne IT-Abteilung

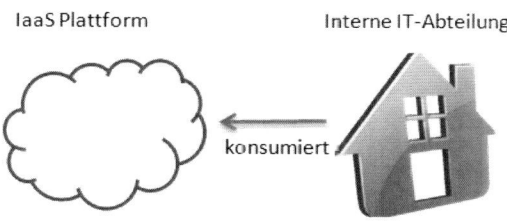

konsumiert

Abbildung 1.5: Konsumenten einer IaaS-Plattform

Der Vorreiter in IaaS-Dienstleistungen ist zweifelsohne Amazon, der „Amazon Elastic Compute Cloud" – kurz Amazon EC2 – anbietet. Hierbei kommen virtualisierte Windows-Server und Linux-Instanzen zum Einsatz.

Zusammenfassend kann man für Infrastructure as a Service festhalten:

Der IaaS-Anbieter stellt den Konsumenten die Hardware zur Verfügung. Es werden Speicher, Load Balancing, CPU und Netzwerkkonnektivität angeboten.

Das Backup der Systeme wird in den meisten Fällen vom IaaS-Anbieter übernommen

Hinsichtlich der Lizenzierungskosten für Software bestehen hier noch Parallelen zum klassischen On-premise-Hosting. Der Konsument trägt die Kosten für zusätzlich installierte Software.

Die Verwaltung der Plattform obliegt dem Konsumenten. Er stellt die Lauffähigkeit der Plattform sicher, kümmert sich jedoch nicht um die Hardware.

Andere Cloud-Computing-Dienste können auf dieser Plattform aufsetzen. Somit ist es die Plattform mit der geringsten Abstraktion und höchsten Flexibilität.

1.7.2 Platform as a Service (PaaS)

Der mittlere Abstraktionsgrad ist die Platform-as-a-Service-Architektur. Hierbei stellt der Cloud-Computing-Anbieter bereits eine wesentlich abstraktere Plattform zur Verfügung. Im Gegensatz zu IaaS-Lösungen bieten PaaS-Lösungen keinen Zugriff auf das darunter liegende Betriebssystem. Es können lediglich APIs der Plattform verwendet werden, die verschiedenste Möglichkeiten bieten, von einfachen Datenspeicheroperationen bis zu komplexem Instance-Management.

PaaS-Angebote kann man auch als Weiterentwicklung von IaaS- und SaaS-Angeboten bezeichnen. Hierbei werden die Vorteile beider Plattformen vereint. Dies ist zum einen das einfache Management der Plattform von den SaaS-Angeboten und zum anderen die Flexibilität und Anpassungsfähigkeit der IaaS-Anwendungen. Auf einer PaaS-Plattform muss man sich nicht mehr um Softwarelizenzkosten, Installation und Wartung kümmern. Die Plattform stellt bereits eine Art Sandbox für die Konsumenten zur Verfügung. Ein klarer Vorteil dieser Plattform ist die Einfachheit, wie eigene Anwendungen entwickelt werden können. Bei PaaS-Plattformen kann man sich auf die Entwicklung der Anwendung konzentrieren, ohne Rücksicht auf Hardware- und Softwareabhängigkeiten nehmen zu müssen.

Die PaaS-Plattformen bieten in den meisten Fällen APIs an, die verschiedene Aufgabengebiete wie Management der Plattform, Diagnostik und Datenspeicherung erledigen. PaaS-Plattformen haben meist die Hauptaufgabe, die Erstellung und Bereitstellung von Webanwendungen zu ermöglichen. Hierbei werden jedoch auch häufig weitere Anwendungstypen wie Worker Roles oder Tasks bereitgestellt. Tasks dienen der Abarbeitung von Aufgaben, die in einem separaten Thread bzw. auf einer separaten virtuellen Maschine ausgeführt werden. Der Grundgedanke ist es, dass Webanwendungen von komplexen Aufgaben wie der Generierung von Dokumenten, dem Versand von E-Mails oder anderer aufwändigeren Berechnungen entbunden werden. Das fördert die Leistungsfähigkeit der Webanwendung und ermöglicht es ihr somit, auch bei Belastungsspitzen vom Benutzer noch gut verwendbar zu sein. Eine Worker Role erfüllt einen ähnlichen Bereich, läuft jedoch im Normalfall ständig, während ein Task nur gestartet wird, wenn er auch benötigt wird. Ebenso wie Tasks haben Worker Roles die Aufgabe, die Webanwendung von komplexen Aufgaben zu entbinden und somit die Leistungsfähigkeit der Anwendung zu erhöhen. In vielen Fällen können Worker Roles jedoch auch unabhängig von den Web Roles laufen. Somit kann man mathematische oder statistische Anwendungen zur Aufgabenbewältigung ins Web auslagern.

Mithilfe der APIs für PaaS-Lösungen kann man z. B. Datenspeicher- (Storage-)Operationen ausführen. Hierbei bieten viele Plattformen Queues, Tabellen und Blobs an. Queues erlauben es der Anwendung, schnelle Kommunikation zwischen Rollen oder Komponenten in einer Webanwendung zu realisieren. Tabellen bieten einen wesentlich konsistenteren Datenspeicher als Queues an. Oft kommen hier keine relationalen Datenbanken zum Einsatz. Da jedoch die meisten PaaS-Angebote auf moderne Plattformen wie dem .NET Framework oder Java aufsetzen, kann man sich auf SQL-Datenbanken einfach verbinden. Der Hintergrund für nichtrelationale Datenbanken wird in Kapitel 5 erklärt. Viele Webanwendungen benötigen oft Dateien wie Bilder, Videos, Musik oder Dokumente, die in Blob Storages abgelegt werden können. Damit sind die wichtigsten Bereiche von Webanwendungen durch PaaS-Plattformen abgedeckt. Damit mehr Flexibilität in PaaS-Anwendungen kommt, bieten diese Plattformen oft Management-APIs an, mit deren Hilfe man beispielsweise weitere Rollen (virtuelle Maschinen) allokieren kann, sollte dies die Auslastung der eigenen Anwendung erfordern.

Die Zielgruppe von PaaS-Plattformen sind primär Softwareentwickler. Diese bauen auf PaaS-Plattformen Anwendungen auf, die wiederum als SaaS-Anwendungen weiterverkauft werden können. Ferner besteht die Möglichkeit, vorhandene SaaS-Anwendungen mithilfe von PaaS-Anwendungen zu erweitern. Hierbei dienen SaaS-Anwendungen als Plattform für den Endanwender, PaaS-Anwendungen bieten benutzerdefinierte Anpassungen, welche die IT-Strategie des Unternehmens unterstützen.

PaaS-Plattformen werden unter anderem von Microsoft mit Windows Azure, von Google mit der App Engine und von SalesForce gemeinsam mit VMWare als Vmwareforce anbeboten. Eine genauere Beschreibung der jeweiligen Anbieter erfolgt in Kapitel 6.

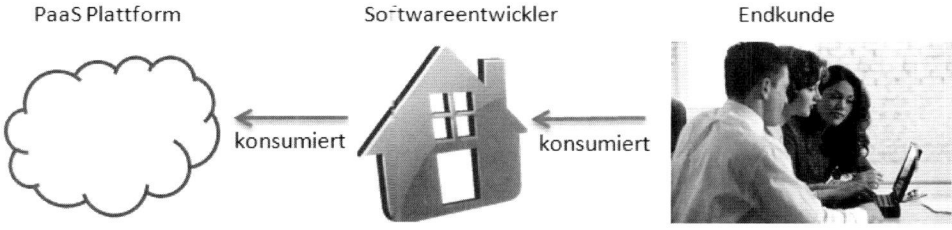

Abbildung 1.6: PaaS Plattform im Überblick

In Abbildung 1.6 ist ein ähnliches Szenario wie in Abbildung 1.5 beschrieben. Ein Softwarehaus oder Entwickler entwickelt eine Plattform, die vom Endkunden weiterverwendet wird. Abbildung 1.7 stellt einen etwas komplexeren Vorgang dar. Hier wird eine SaaS-Plattform mit einer PaaS-Plattform kombiniert, wobei die PaaS-Plattform als Anpassung an die SaaS-Plattform dient. Der Endkunde konsumiert die Anpassung ebenso wie die eigentliche SaaS-Anwendung.

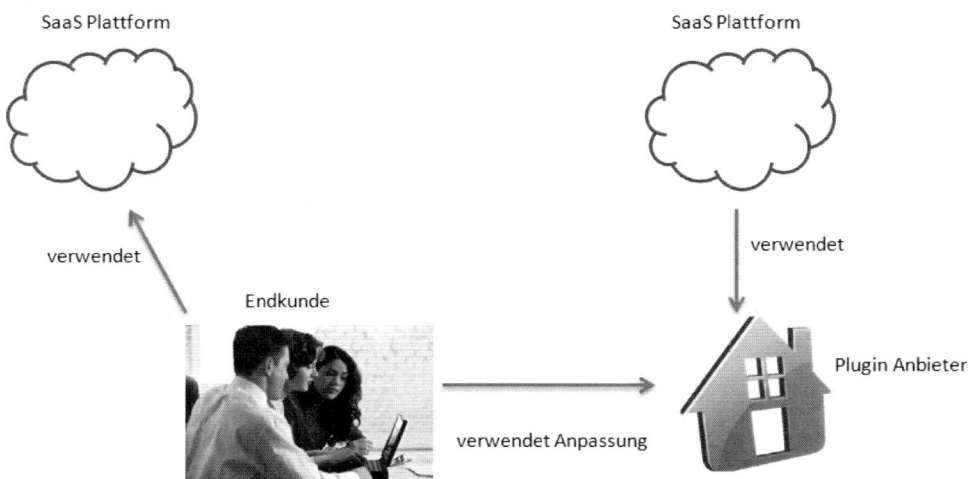

Abbildung 1.7: SaaS und PaaS in Kombination

Zusammenfassend kann man für PaaS folgende Punkte festhalten:

- Der Plattformanbieter bietet eine Sandbox, die High-Level APIs zur Anwendungsentwicklung enthält. Dieses Entwicklungsmodell ist wesentlich vereinfacht.

- Es besteht kein Zugriff mehr auf das darunter liegende Betriebssystem. Dadurch ist auch die Verwaltung vereinfacht.

- PaaS-Lösungen dienen der Entwicklung von Webanwendungen oder Diensten, die im Web laufen.

- Die Zielgruppe sind Softwareentwickler.

- PaaS-Lösungen können auch als Ergänzung zu SaaS-Anwendungen dienen.

- Keine Lizenzierungskosten mehr für Software, es können jedoch Kosten für zusätzliche Plug-ins entstehen.

1.7.3   Software as a Service (SaaS)

Die letzte und mit Abstand abstrakteste Form des Cloud Computings ist Software as a Service. Hierbei wird eine Software für den Endanwender im World Wide Web angeboten. Diese Software ist, ähnlich zu traditioneller Software, bereits komplett. Der Endanwender surft eine bestimmte Seite im Web an und kann die Anwendung sehr einfach ohne jegliche Installation verwenden. Hierbei kann es sich um verschiedene Typen von Software handeln. Im Web gibt es eine Vielzahl von CRM- und ERP-Anwendungen, Bürosuiten, E-Mail und Dokumentenmanagement-Lösungen, Unified-Communications-Lösungen sowie Office-Lösungen. Die Zahl der SaaS-Lösungen wächst täglich, neue Anbieter steigen in den Cloud-Computing-Markt ein, vorhandene Anbieter erstellen neue SaaS-Lösungen für den Markt. Ein erheblicher Vorteil von SaaS-Lösungen ist die Verteilung. Während klassische Anwendungen stets ein Verteilungsproblem darstellten, existiert dieses Problem im Web nicht mehr. Im Gegensatz zu lokal installierten Anwendungen müssen SaaS-Anwendungen lediglich am Webserver aktualisiert werden. Surft der Benutzer die aktualisierte Website an, erhält er bereits die neue Version, Damit können Sicherheitslücken in Software schneller geschlossen werden. Ein weiterer Vorteil ist die Möglichkeit, die Anwendung von jedem Ort aus zu verwenden (vorausgesetzt, es ist ein Internetzugang vorhanden). Dokumente auf einem System zu vergessen, gehört somit der Vergangenheit an. Das verstärkt jedoch auch wieder die Abhängigkeit vom Internet.

SaaS-Plattformen bieten meist keine Möglichkeit einer Anpassung an. Die Anwendung wird vom Hersteller als fertiges Produkt verkauft. Der Umfang dieser Anwendung deckt in diesem Fall bereits alle Prozesse und Möglichkeiten des jeweiligen Anwendungsfalls ab. Viele Anbieter stellen jedoch Mashups über Schnittstellen zur Verfügung, die einfach in die Anwendung integriert werden können. Die Integration selbst erfolgt jedoch oft über andere Ebenen des Cloud Computings wie der PaaS-Ebene. Hier werden unternehmens- oder anwendungsspezifische Anpassungen mittels Mashups oder Plug-ins in die SaaS-Anwendung integriert.

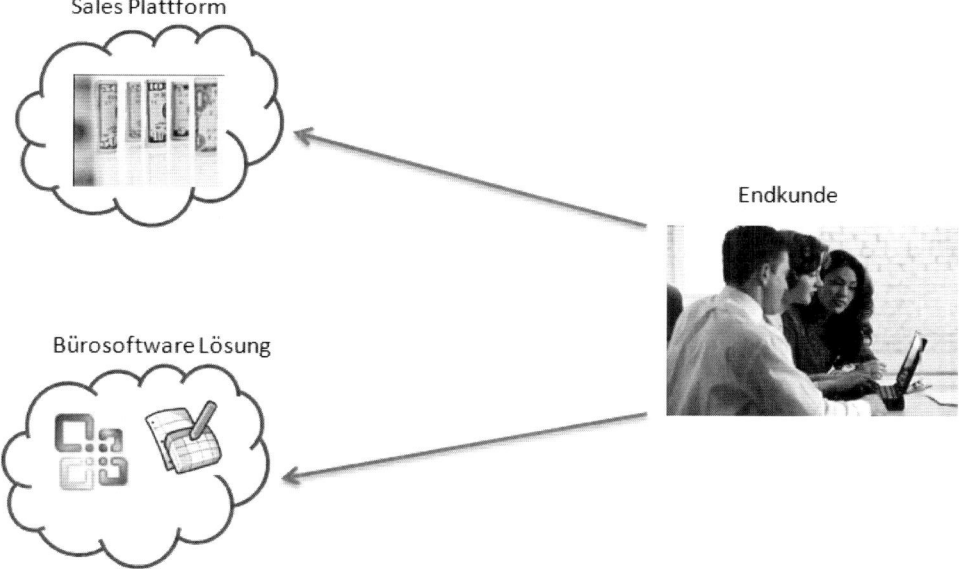

Abbildung 1.8: Typische SaaS-Lösungen

Die Zielgruppe von SaaS-Lösungen sind Endanwender und kann aus verschiedenen Interessensgruppen bestehen. Gewisse SaaS-Anwendungen benötigen Domänenwissen (z. B. CRM-Lösungen), andere wiederum können wesentlich allgemeiner verwendet werden. Letzteres wäre beispielsweise eine Office-Suite im Internet. Anpassungen an SaaS-Lösungen geschehen im Normalfall über andere Cloud-Computing-Plattformen, dadurch sind IT-Dienstleister, Softwareentwickler oder -architekten kaum Konsumenten dieser Ebene des Cloud Computings.

Zusammenfassend kann man für Software as a Service folgende Punkte festhalten:

- Keine Anpassungen ohne andere Cloud-Computing-Ebenen möglich.
- Keine Informationen oder Zugriff auf die darunter liegende Infrastrukur oder das Betriebssystem.
- Keine Informationen oder Zugriff auf die darunter liegende PaaS-Ebene.
- Bereits vollständige Lösung, die bestimmte Problembereiche abdeckt.
- Keine lokale Installation notwendig, da alles webbasiert ist.

1.7.4 Vergleich der Anwendungen

Tabelle 1.2 stellt noch einmal die wichtigsten Unterscheidungsmerkmale zwischen den drei verschiedenen Plattformen dar.

	IaaS	PaaS	SaaS
Abstraktionsgrad	Sehr niedrig	Mittel	Sehr hoch
Verwaltungsaufwand	Hoch	Mittel	Niedrig
Anpassbarkeit	Sehr hoch	Hoch	Sehr gering
Zielgruppe	Systemhäuser IT-Dienstleister IT-Abteilungen Softwareentwickler	Softwareentwickler	Endanwender
Bezahlung	Pay per Use	Pay per Use	Pay per Use

Tabelle 1.2: Unterschiede der Plattformen

1.7.5 Weitere Ansätze

Neben den drei hauptsächlichen Ebenen des Cloud Computings haben sich noch einige weitere Ebenen etabliert. Diese sind, je nach Ansatz, entweder wesentlich radikaler (Everything as a Service) oder wesentlich moderater (Software plus Services).

Software plus Services

Software plus Services ist ein sehr moderater Ansatz für Cloud Computing, der hauptsächlich von Microsoft gefördert wird und im Prinzip bedeutet, dass klassische Software durch Cloud Computing ergänzt, nicht jedoch ersetzt wird, es wird also stets Client/

Server-Software geben. Im Fall von Software plus Services werden bestehende oder neue Anwendungen lediglich um Services aus der Cloud erweitert, z. B. um Speicher- und Synchronisierungsdienste. Der Benutzer der Anwendung hat hier die Möglichkeit, seine Daten auf dem Gerät oder in der Cloud zu speichern. Idealerweise dient eine Cloud hierbei als Sicherung. Eine konkrete Ausprägung dieser Technik ist beispielsweise Microsoft Office 2010. Hierbei steht die Möglichkeit zur Verfügung, Dokumente auf SkyDrive, ebenfalls von Microsoft, abzuspeichern. Weitere Beispiele von Software plus Services findet man im Bereich von mobilen Anwendungen. Hierbei werden Anwendungen um verschiedene Services aus der Cloud erweitert, etwa Wetterservices oder standortbezogene Daten. Eine Anwendung könnte beispielsweise einen virtuellen Stadtführer anbieten. Hierbei würde man jedoch von Location-based Services sprechen. Dieser Ansatz wird bereits auf mobilen Geräten wie Apples iPhone oder diversen Android-Geräten häufig genutzt. Es bleibt abzuwarten, ob sich dieser Ansatz noch auf weiteren Geräten verbreitet.

Der Hintergedanke von Software plus Services ist jener, dass einige Anwendungen auch verschiedene Eigenschaften wie Offlinefähigkeit, gutes User Interface oder viele Systembestandteile nutzen müssen. Sind komplexe Clientanwendungen mit einem interaktiven User Interface gefragt, stößt man mit HTML eventuell an seine Grenzen. Ferner werden hier häufig auch Kapazitäten der Grafikkarten genutzt, was von vielen Browsern noch nicht ausreichend performant umgesetzt werden kann. Daher bietet in diesem Bereich der Software-plus-Services-Ansatz doch deutliche Vorteile. Es muss jedoch auch erwähnt werden, dass die Entwicklung von HTML ständig weiter vorangetrieben wird und Standards besser umgesetzt werden. Moderne Browser halten sich an die vom W3C (das Konsortium für das Web) vorgegebenen Standards. Ferner bieten die Browser immer bessere Performance hinsichtlich des Seiten-Renderings und der JavaScript-Implementierung. Dies bietet natürlich erhebliche Vorteile für webbasierte Systeme.

Everything as a Service

Everything as a Service beschreibt den Ansatz, dass alles als Service ausgelagert werden soll. Hierbei kommen noch weitere Ansätze zu den Ebenen IaaS, PaaS und SaaS hinzu.

Interessant ist vor allem der Ansatz „Human as a Service" – kurz „HuaaS". Hierbei wird der Mensch als „Service" benutzt. Dies hört sich zu Beginn etwas nach Science Fiction an, kommt aber bereits im Internet vor. Der Hintergedanke ist, dass Computer nicht alle Aufgaben erledigen können. Denkt man an die Bilderkennung, so ist hier der Mensch dem Computer weit überlegen. Menschen können Objekte identifizieren und benennen, während sich ein Computer hier schwer tut. Ferner werden durch Menschen sehr viele Informationen generiert, beispielsweise auf Facebook oder YouTube. Einfach formuliert, hat man bereits einen HaaS-Dienst konfiguriert, wenn man auf Facebook die Frage stellt „Warum ist eine klare Nacht meist kälter als eine bewölkte?". Tatsächlich kam auf diese Frage eines Bekannten von mir eine sehr gute Erklärung zurück. Diese Information hätte man natürlich auch suchen können, jedoch hätte eine Suchmaschine dies wohl kaum verstanden. Mit HuaaS-Diensten soll es einfacher sein, dieses Potenzial zu nutzen. Ein

Anwendungsfall hierfür ist Amazon Mechanical Turk. Hier wird ein Web Service zur Verfügung gestellt, der die Integration von menschlichem Wissen in die eigenen Anwendungen erlaubt. Auch diese Art der Services wird bereits in reellen Szenarien eingesetzt.

Mit „Everything as a Service", als „XaaS" oder „EaaS" bezeichnet, wird primär nur verdeutlicht, dass sich Software mehr und mehr zu einem Service entwickelt. Anstatt Lizenzgebühren zu verkaufen, werden nun Subskriptionen fällig. Dies bietet wesentlich mehr Möglichkeiten auf der Angebots- wie auch auf der Nachfrageseite. Der wichtigste Punkt dürfte jedoch sein, dass man lediglich für das zahlt, was auch tatsächlich genutzt wird.

Weiterführende Literatur

- Amazon Web Services LLC: Amazon Mechanical Turk. Abgerufen am 01. 06 2010 von Amazon Web Services: *http://aws.amazon.com/de/mturk/*

- Lenk, A., Klems, M., Nimis, J., Tai, S., & Sandholm, T.: What's Inside the Cloud? An Architectural Map of the Cloud Landscape. 9.

- Armbrust, Michael et al.: „Above the Clouds: A Berkeley View of Cloud Computing." UC Berkeley Reliable Adaptive Distributed Systems Laboratory, 2009: 1-23.

- Jaatun, M G, G Zhao und C Rong.: „Cloud Computing: An Overview." CloudCom 2009, 2009: 626-631.

- Johnson, Bobbie: „Cloud computing is a trap", warns GNU founder Richard Stallman. 29. 09 2008. *http://www.guardian.co.uk/technology/2008/sep/29/cloud.computing.richard. stallman* (Zugriff am 03. 05 2010).

entwickler.press

2 Technische Grundlagen

Die wichtigsten Grundlagen von Cloud Computing sind bereits seit Jahren verfügbare und etablierte Technologien. Die ständige Verbesserung dieser Technologien, etwa der Virtualisierung, haben viele in der Cloud verwendete Elemente erst ermöglicht. In diesem Kapitel werden die wichtigsten technischen Grundlagen für Cloud Computing erläutert. Im Normalfall muss man sich mit diesen Elementen jedoch nicht explizit beschäftigen, wenn man Cloud-Computing-basierte Anwendungen erstellt. Viele Hersteller bieten bereits eine abstrakte Plattform mit Funktionen wie Skalierung, Virtualisierung oder Ausfallsicherheit an. Damit die Funktionsweise von Cloud Computing jedoch gänzlich verstanden wird, ist es unerlässlich, sich mit den elementaren Technologien, die Cloud Computing erst ermöglichen, zu befassen. Kapitel 2 gibt einen kurzen Überblick. Den Anfang macht das Design von Rechenzentren. Hier wird die Virtualisierung erklärt.

2.1   Datacenter Design

Moderne Datacenter sind unerlässlich für funktionierende Cloud-Computing-Anwendungen. Diese Datacenter wurden von den Herstellern und Verbrauchern ständig weiterentwickelt und automatisiert. Cloud Computing hat das Potenzial, das Design von Rechenzentren nachhaltig zu beeinflussen. Derzeit kaufen viele kleine Unternehmen Server für deren In-house-Betrieb. Somit besteht auf Käuferseite ein „Polypol". Ein Polypol ist das Gegenteil von einem Monopol: Es gibt eine sehr große Anzahl an Kunden. Da immer mehr Dienstleistungen ausgelagert werden, kann sich hier der Markt zu einem Oligopol ändern. Ein Oligopol auf der Käuferseite bedeutet, dass es zwar einige Käufer gibt, diese jedoch nicht mehr als Millionen kleiner Kunden auftreten. Es gibt wesentlich weniger Käufer, die jedoch sehr große Mengen einkaufen. Damit entsteht auf der Anbieterseite ein erhöhter Preisdruck. Ein Unternehmen, das Zehntausende Server einkaufen will, hat logischerweise eine wesentlich größere Verhandlungsmacht als viele individuelle kleine Kunden. Somit entsteht auch eine wesentlich höhere Standardisierung von Rechenzentren.

Eine sehr interessante Bauweise für Rechenzentren ist jene der Containerbauweise. Hierbei werden Container mit Hardware und Stromanschlüssen nebeneinander aufgestellt. Das erlaubt nicht nur eine modulare Bauweise, sondern bietet auch große Flexibilität im Standort. Sollte ein Standort, aus welchen Gründen auch immer, unbrauchbar sein, kann man die Container einfacher versenden und an anderen Orten wieder neu aufstellen. Der Vorteil von Containern ist auch eine standardisierte Bauweise, da es für den Betreiber eines Rechenzentrums nur noch notwendig ist, sie an eine Stromversorgung anzuschließen.

Einer der großen Cloud-Computing-Anbieter, Microsoft, hat sein Datacenter Design sehr ausführlich erklärt. Hierbei wird von einem Datacenter der vierten Generation gesprochen, das ein sehr stark modularisiertes Design hat. Konkret bedeutet dies, dass vor allem Container für die einzelnen Module eingesetzt werden. Das neue Design wird folgendermaßen beschrieben „A highly modular, scalable, efficient, just-in-time data center capacity program that can be delivered anywhere in the world very quickly and cheaply, while allowing for continued growth as required". Das fokussiert stark auf Cloud-Computing-Anwendungen, da hier vor allem Flexibilität und Skalierung notwendig sind. Natürlich soll es auch noch kostengünstig sein.

2.2   Virtualisierung

Eine wichtige Technik für Cloud-Computing-Umgebungen ist die Virtualisierung, sie ist vor allem auf Hardwareebene unerlässlich. Kurz gesagt erlaubt es die Virtualisierung, ein Betriebssystem in einem anderen laufen zu lassen. Somit kann man zum Beispiel Windows als virtualisiertes Betriebssystem unter Linux als natives Betriebssystem laufen lassen. Durch Virtualisierung täuscht man dem virtualisierten Betriebssystem vor, dass es auf einer realen Hardware läuft. Hierbei können gängige Virtualisierungslösungen Betriebssystemaufrufe auf die Hardware durchtunneln. Der Nutzen von Virtualisierung ist nun, dass man ganze Instanzen von konfigurierten Installationen einfach replizieren kann. Eine Ausprägung dessen könnte es sein, dass man ein Serverbetriebssystem einige Tage richtig konfiguriert und gewisse Dienste wie Webserver und SQL Server aufsetzt. Da diese Konfigurationen in großen Unternehmen oft vorkommen, kann man mithilfe von Virtualisierung die Installation kopieren und auf beliebig vielen Rechnern ausführen, ohne dies neu konfigurieren zu müssen. Ähnlich verhält es sich bei dem Austausch von virtuellen Maschinen. Sind Updates notwendig, so kann man die virtuelle Maschine einfach überspielen, oder wird sie nicht mehr benötigt, löscht man sie. Ein weiterer Vorteil von Virtualisierung ist, dass Virtualisierung eine Sandbox bietet. Da es sich im Gastbetriebssystem um ein tatsächlich eigenständiges Betriebssystem handelt, haben Modifikationen in diesem System keine Auswirkungen auf das native Betriebssystem. Das native Betriebssystem kann leichtgewichtig sein und nur zum Starten von virtuellen Maschinen dienen. Dadurch kann man unterschiedliche Konfigurationen und Ausprägungen einfach erzeugen. Manche Virtualisierungslösungen erlauben es sogar, das virtualisierte Betriebssystem im Betrieb auf einen anderen Server zu verschieben. So beispielsweise, wenn ein Server stärker ausgelastet ist und andere Server kaum Auslastung haben. Dadurch kann man stets die ideale Auslastung und Performance erreichen. Auch der Ausfall eines Servers stellt keine große Herausforderung mehr dar. Der Endanwender bekommt von einem Serverausfall nichts mit, da das virtualisierte Betriebssystem auf ein anderes System verschoben wird. Klar ist jedoch auch, dass Virtualisierung nicht für sämtliche Anwendungsfälle geeignet ist. Besonders bei grafischen Anwendungen bestehen derzeit noch einige Mängel.

Virtualisierung bringt allerdings unter Umständen erhebliche Performanceprobleme mit sich. Jede zusätzlich eingezogene Schicht bedeutet potenzielle Performanceeinbußen. Um dem entgegenzuwirken, verfügen moderne Chipsätze über unterstützende Befehlssätze für die Virtualisierung.

In der Virtualisierung unterscheidet man zwischen zwei Hauptansätzen, zum einem die Hardwarevirtualisierung und zum anderen die Softwarevirtualisierung. Hardwarevirtualisierung abstrahiert Teile eines physischen Systems, z. B. durch Partitionierung, Prozessorvirtualisierung oder Speichervirtualisierung.

Für Cloud Computing ist der Bereich der Softwarevirtualisierung immer wichtiger geworden. Hierbei unterscheidet man zwischen der Systemvirtualisierung und der Anwendungsvirtualisierung. Die Systemvirtualisierung ermöglicht es, ein gänzlich unabhängiges Betriebssystem zu erzeugen. Diese Technik bietet nicht nur in der Cloud viele Vorteile. Auch Anwender oder Softwareentwickler können davon profitieren. Will man neue Software ausprobieren, kann man dies in einer virtuellen Instanz machen. Genügt die Software nicht den Anforderungen, ist sie durch Löschen der virtuellen Instanz gänzlich verschwunden. In der Softwareentwicklung hat das den Vorteil, dass man Systemumgebungen zum Testen simulieren kann, die sonst nur schwer erreichbar wären. Betriebssystemvirtualisierungen kann man unter anderem mit der VirtualBox von Sun, Microsofts Virtual PC (der seit Windows 7 „Windows Virtual PC" heißt), Parallells Workstation, VMware Workstation oder dem Open-Source-Projekt „Xen" erreichen.

Eine weitere, allerdings für die Cloud nicht so wichtige Technologie ist die Anwendungsvirtualisierung durch die einzelne Anwendungen in einem Betriebssystem ausgeführt werden können, ohne dass sie tatsächlich installiert werden (auch als Terminal Services bezeichnet).

2.2.1 Virtualisierungstechniken

Virtualisierung ist, wie eingangs beschrieben, eine wichtige Technologie für Cloud Computing. Ohne Virtualisierung gäbe es wohl auch keine Cloud. Im Grunde genommen muss jedoch mit Cloud Computing kein Konsument der Technologie mehr tatsächlich arbeiten. Vielmehr ist Virtualisierung etwas, das dem System als Ganzes dient. In diesem Unterkapitel wird überblicksmäßig beschrieben, welche Virtualisierungstechnologien es gibt.

XEN

In der Open-Source-Welt erfreut sich vor allem XEN einer sehr hohen Beliebtheit. Doch nicht nur Open-Source-Begeisterte greifen oft auf XEN zurück, viele Unternehmen setzen diesen Hypervisor ein. Namhafte Unternehmen wie Amazon verwenden XEN für ihre Umgebungen. XEN unterstützt eine Vielzahl von Prozessorarchitekturen, die im folgenden Listing aufgeführt werden:

- x86
- x86-64
- Itanium
- Power PC
- ARM

Ebenso wie eine große Anzahl an Betriebssystemen, die als „Gastbetriebssystem" verwendet werden:

- Linux
- NetBSD
- FreeBSD
- Solaris
- Windows

XEN besteht aus drei Hauptkomponenten, dem XEN Hypervisor, der 0-Domäne und den Gästedomänen. Letztere werden auch als DomainU bezeichnet.

Der Hypervisor ist direkt auf der Hardware angesiedelt und stellt die Anfragen der einzelnen Betriebssysteme, die auf dem Hypervisor laufen, an die Hardware durch. Der Hypervisor kümmert sich um sämtliche I/O-Operationen, CPU-Zuweisungen und dergleichen. Die 0-Domäne dient primär administrativen Zwecken und erlaubt direkten Zugriff auf die Hardware. Virtuelle Systeme werden jedoch auf den Gästedomänen aufgesetzt, die keinen direkten Zugriff mehr auf die Hardware erlauben.

Bei XEN unterscheidet man zwei wichtige Virtualisierungstechniken: Paravirtual und HVM. Verwendet man Paravirtual, weiß das abstrahierte Betriebssystem, das auf XEN läuft, dass es virtualisiert wurde. Bei einer Virtualisierung mittels HVM (Hardware Virtual Machine) hat das virtualisierte Betriebssystem keine Ahnung davon, dass es in einer virtuellen Umgebung läuft. Verwendet man XEN mit Windows, ist HVM für die Virtualisierung notwendig.

Hyper-V

Als Bestandteil von Windows Server 2008 R2 hat Microsoft Virtualisierung quasi zur „Chefsache" erklärt. Mit dem Zukauf von Virtual PC und Virtual Server im Jahre 2003 wurde die Virtualisierungsstrategie von Microsoft gestartet. Mit Windows 7 wurde dank Virtual PC – das dann in Windows Virtual PC umbenannt wurde – der XP Mode eingeführt. Hierbei handelte es sich um die Möglichkeit, Windows-XP-spezifische Treiber und Anwendungen virtualisiert auszuführen.

Wie auch in anderen Virtualisierungsplattformen gibt es ein Hauptsystem, das die Virtualisierung vornimmt. Bei Microsoft wird dies als „Parent System" bezeichnet. Alle darauf aufbauenden Systeme (virtualisierte Instanzen) werden als „Child Systems" bezeichnet. Die „Child Systems" haben nun keinen direkten Zugriff mehr auf die Hardware. Eine weitere Eigenschaft von Hyper-V ist, dass als „Parent System" Windows Server 2008 zum Einsatz kommt. Microsoft Hyper-V benötigt also auf alle Fälle Windows Server für das „Parent System". Dies kann man in etwa mit der 0-Domäne bei XEN vergleichen. Auf dem „Parent System" können jedoch andere Betriebssysteme wie etwa Linux eingesetzt werden. Dadurch wird die gesamte Verwaltung der virtualisierten Instanzen durch die Microsoft Management Console (MMC) ermöglicht.

VMware

VMware ist der Pionier in der Betriebssystemvirtualisierung. Das Unternehmen wurde bereits 1998 gegründet und gehört zu 90 % zu dem US-Konzern EMC. VMware hat im Bereich der Desktopvirtualisierung das Produkt „VMware Workstation" im Einsatz und bietet auf Serverseite den „VMware Server" und weitere Produkte an. Da VMware in Kapitel 6 noch detaillierter behandelt wird, gehe ich an dieser Stelle nicht mehr weiter auf VMware ein.

KVM

KVM ist ein relativ „junges" Virtualisierungstool, das sich vor allem in der Open-Source-Community großer Beliebtheit erfreut. Veröffentlicht wurde KVM im Jahre 2006 und schlussendlich 2008 vom Linux Distributor Red Hat übernommen. KVM benötigt als Grundlage Linux, da es sich in den Kernel integriert. Darauf aufsetzen kann man eine Vielzahl von Gastsystemen wie etwa Windows, Linux oder CentOS. KVM steht für „Kernel-based Virtual Machine" und rührt daher, dass das System, wie bereits erwähnt, sehr tief in den Linux Kernel integriert ist.

Ein wichtiger Anwender von KVM ist IBM, das seine Cloud-Computing-Umgebung, die Test-Cloud, auf KVM virtualisiert hat.

2.3 Selbstverwaltung und Management von Cloud-Computing-Umgebungen

Bei Cloud Computing handelt es sich in den meisten Fällen um riesige Serverfarmen. Als Konsument einer Cloud-Computing-Plattform muss man sich um die Verwaltung oder das Management der einzelnen Systeme dediziert kümmern. Die einzelnen Technologien des Cloud Computings haben die Aufgabe, uns von dieser Bürde zu befreien. Doch die Cloud-Computing-Anbieter, seien es Amazon, Google, VMware oder Microsoft, müssen sich um dieses Problem verstärkt kümmern. Am Markt gibt es hierfür eine ganze Reihe an Anwendungen, die versuchen, dieses Problem zu lösen. Zu Beginn des Kapitels wurde beschrieben, wie man Rechenzentren betreibt. Nun stellt sich jedoch die Frage, wie man die einzelnen Instanzen, welche die Kunden bestellen, effizient bereitstellt und Daten (in Form von Dateien, die auch als „Blob" bezeichnet werden) richtig verteilt. Idealerweise werden die Rechenzentren fast von alleine verwaltet – Systeme, die im Hintergrund laufen, sollen sich selbstständig um die Bereitstellung kümmern. Die Anbieter von Cloud-Computing-Plattformen machen dies nicht zum Selbstzweck, sondern müssen aufgrund der Service Level Agreements (SLAs) vorher definierte Werte liefern. In der Wissenschaft gibt es bereits einige Ansätze, wie selbstverwaltende Systeme funktionieren können. Allen voran sei hierbei die Arbeit der „Distributed Systems Group" an der Technischen Universität Wien hervorgehoben (Brandic, 2009).

Nachfolgend werden einige aktuell verfügbare Systeme vorgestellt, die das Management für private Clouds vereinfachen sollen.

System Center

Microsoft bietet neben dem Windows Server auch eine Verwaltungssoftware für mehrere Instanzen an. Damit ist es möglich, eine große Anzahl an Rechnern und virtuellen Instanzen zu verwalten. Das Produkt von Microsoft unterteilt sich in einige weitere Produkte:

- System Center Configuration Manager

- System Center Operations Manager

- System Center Data Protection Manager

- System Center Virtual Machine Manager

- System Center Essentials

- System Center Service Manager

Vor allem für Cloud Computing ist der System Center Operations Manager von Interesse. Hierbei handelt es sich um eine Software, das mehrere Server und Dienste überwacht und bei Bedarf die Systeme skaliert. Ferner werden mit dem System Center Operations Manager Dienste zur Verfügung gestellt, die es ermöglichen, auf die Anforderungen eines Servicelevels einzugehen.

VMware vCloud Director

Mit VMware vCloud Director kann man virtuelle Instanzen zusammenfassen und eine private Cloud-Computing-Lösung als IaaS-Lösung erstellen. Ziel der vCloud ist es, diese Services unternehmensintern für eine vereinfachte Handhabung der Plattform und damit Anwendungsentwicklung bereitzustellen. Für Letzteres steht ein umfassendes API zur Verfügung, das von den jeweiligen Abteilungen im Unternehmen verwendet werden kann. Die virtuellen Rechenzentren, die mithilfe des VMware vCloud Directors erstellt werden können, verfügen über umfangreiche Compute-, Datenspeicher- und Netzwerkkapazitäten. Das ermöglicht, ähnlich wie andere IaaS-Angebote, eine logische Aufteilung der vorhandenen Ressourcen. Die Sicherheit der privaten Cloud wird durch die Sicherheitstechnologie vShield unterstützt. Der „Infrastructure service catalog", ein elementares Feature des VMware vCloud Directors, erlaubt es den Benutzern der privaten Cloud, die Infrastruktur mittels einfachen Webinterface zu verwenden. Das können beispielsweise vorkonfigurierte Images von Betriebssystemen sein. Im Hintergrund verwendet der VMware vCloud Director ein REST-basiertes API.

VMware vCloud Datacenter Services

Auch die VMware vCloud Data Services werden nicht direkt von VMware angeboten. Sie zielen auf große Unternehmenslösungen für IaaS-Plattformen ab. Hierbei sollen die von Unternehmen benötigte Kompatibilität, Sicherheit und Kontrolle gewährleistet werden. Man kann interne und externe IT-Ressourcen verwalten. Das bedeutet, dass die VMware vCloud Datacenter Services den Ansatz einer Hybrid Cloud unterstützen. Mit den VMware vCloud Datacenter Services kann man auf eine einfache Art und Weise Anwendungen zwischen der Cloud und interne Ressourcen hin- und herschieben. Hierbei ist es jedoch notwendig, dass man auch VMware-Produkte für die interne IT-Infrastrukturgestaltung verwendet.

2.4   Sicherheit in der Cloud

Seit den ersten Viren ist die IT-Sicherheit ein ständig präsentes Thema in der IT. In den vergangenen Jahren hat die Sicherheit viele Hochs und Tiefs durchgemacht. In alten MS-DOS-Zeiten waren es vor allem die 3,5-Zoll-Disketten, die die Sicherheitsbeauftragten in Unternehmen auf Trab hielten. Hierbei war der Unsicherheitsfaktor nicht nur durch potenzielle Viren gegeben. Verlorengegangene Daten aufgrund von Beschädigungen an der Diskette kamen häufig vor. Etwas später, mit Aufkommen des Internets und E-Mails waren E-Mail-Viren immer weiter verbreitet. Den Höhepunkt stellte zweifelsohne der weltweit bekannte „Loveletter" dar. Mit dem nett klingenden E-Mail-Anhang „LOVE-LETTER-FOR-YOU.TXT.vbs" verleitete das Virus dazu, den Anhang zu öffnen. Andere Computerviren oder Trojaner verbreiteten sich über Schwachstellen in einem Betriebssystem oder in einer Anwendung. Nach all diesen Beispielen stellt sich die Frage: Was ist sicher?

- Aus oben genannten Risiken lassen sich einige Anforderungen an Sicherheit ableiten. Sicherheitskritische Probleme können unter folgenden Punkten auftreten:

- Menschen können Fehler machen

- Betriebssysteme und Software haben Fehler

- Menschen machen aus „Boshaftigkeit" sicherheitskritische Dinge

- Daten können verloren gehen oder fehlerhaft abgespeichert werden

Sicherheit in der IT spannt jedoch einen wesentlich weiteren Bogen als die oben genannten Punkte. Der Mensch ist in vielen dieser Punkte direkt oder indirekt involviert. An dieser Stelle muss die Sicherheit des eigenen Mitarbeiters angezweifelt werden.

Man überlege sich das Szenario eines frustrierten Mitarbeiters, der das Ende in der aktuellen Anstellung kommen sieht. Das Management weiß gegebenenfalls noch nicht Bescheid darüber, dass dieser Mitarbeiter nicht mehr motiviert ist und eventuell zu illegalen Aktivitäten neigt, um es dem Management „heimzuzahlen". Einige Tage vor dessen Kündigung beginnt der Mitarbeiter, vertrauliche Daten aus dem Unternehmen auf seinen privaten USB-Stick zu kopieren. Da der Mitarbeiter in einer respektablen Position ist, hat er auch Zugang zu sensiblen Daten. Das ist kein erfundenes Szenario, es kommt häufig vor. Ein weiteres „Praxisbeispiel" kommt aus dem Bankenbereich. Bankmitarbeiter haben vor allem in ländlichen Regionen großes Wissen über den Vermögensstand einer Familie und gehen unter Umständen damit nicht immer sensibel um. Wenn man von IT-Sicherheit spricht, muss man also auch über das Vertrauen den eigenen Mitarbeitern gegenüber sprechen. Es geht jedoch nicht nur um das Vertrauen den Mitarbeitern gegenüber, sondern auch um deren Sicherheitsbewusstsein. Menschen handeln oft aus Emotionen heraus. Das ist schlichtweg menschlich und es wäre falsch, zu versuchen, es zu kontrollieren. Im Umgang mit der IT kann es aber vorkommen, dass Dummheiten geschehen. Ein Beispiel hierfür wäre das eingangs erwähnte Beispiel des Loveletters. Um einen gewissen Grad an Sicherheit zu gewährleisten, muss man auch Sicherheitsbewusstsein im Unternehmen schaffen, z. B. durch fortlaufende Schulungen oder wiederholte Hinweise. Trotzdem wird es absolute Sicherheit nie geben.

Für Cloud Computing ist vor allem eines wichtig: die Verfügbarkeit beziehungsweise Ausfallsicherheit. Cloud-Computing-Anbieter garantieren in deren Service Level Agreements (SLAs) eine Verfügbarkeit von 99,9 %. Dies wird in vielen Fällen monatlich berechnet. Eine ähnlich hohe Verfügbarkeit hat man On-Premise meist nie. Der Grund, warum Cloud Computing in der Verfügbarkeit wesentlich besser ist als bei traditionellem Hosting, ist einfach. Cloud-Computing-Anbieter sind stark spezialisiert und können dadurch wesentlich schneller auf Ausfälle reagieren. In Cloud-Computing-Umgebungen gibt es darüber hinaus immer Server mit geringer Auslastung. Fällt ein Server aus, kann ein anderer sofort einspringen. Möglich macht all dies die Virtualisierung von Betriebssystemen. Damit hat der Rechenzentrumsbetreiber wesentlich mehr Möglichkeiten, Hardwareausfälle zu substituieren. Man kann also festhalten: In einem Rechenzentrum ist die Ausfallwahrscheinlichkeit verschwindend gering. Doch was geschieht, wenn das gesamte Rechenzentrum ausfällt? Es kann durchaus passieren, dass durch Umweltkatastrophen oder andere unvorhersehbare Ereignissen ein Rechenzentrum vom Internet getrennt wird oder nicht mehr funktioniert. In diesem Fall würde eine Virtualisierung auch nichts helfen. Jedoch auch hier haben die Cloud-Computing-Anbieter Lösungen gefunden. Daten, die ein Kunde bei einem Cloud-Computing-Anbieter hostet, werden über mehrere Rechenzentren repliziert. Amazon unterteilt hier beispielsweise die geografischen Zonen weiter in so genannte „Availability Zones". Eine Availability Zone ist eine selbstständig arbeitende Einheit. Fällt eine Availability Zone aus, spring eine Availability Zone in der gleichen geografischen Zone ein. Würde etwa ein Rechenzentrum in Irland ausfallen und der Cloud-Computing-Anbieter betreibt ein weiteres Rechenzentrum in Holland, so springt das Rechenzentrum in Holland ein. Dadurch ist auch die Ausfallsicherheit über Rechenzentren hinaus gesichert. Will man eine ähnlich hohe Verfügbarkeit durch On-Premise Hosting erreichen, ist das nur unter erheblichen finanziellem Einsatz möglich. Ein Problem bleibt bis jetzt jedoch ungelöst: Was ist, wenn nicht im Rechenzentrum, sondern auf Kundenseite ein Problem besteht? Grund könnten auch hier höhere Gewalt oder menschliche Fehler sein. Wenn das Internet im Unternehmen nicht mehr verfügbar ist, ist die Plattform, die man bei einem Cloud-Computing-Anbieter gemietet hat, nicht mehr verwendbar. Dieses Problem ist jedoch individuell vom Kunden zu lösen.

Sicherheitsprobleme entstehen auch durch fehlerhafte Software. Dies kann in der Cloud auf drei Ebenen geschehen. Die erste Ebene ist der Cloud-Computing-Anbieter selbst. Es kann vorkommen, dass das API fehlerhaft ist. Dies führt dann dazu, dass Daten eventuell falsch übertragen werden oder im schlimmsten Fall sich unberechtigte Dritte Zugriff verschaffen. Für den ersten Fall haben alle High-Level APIs Mechanismen, die überprüfen, ob Daten korrekt übertragen wurden. Ist das nicht der Fall, muss die Software, die den Cloud-Computing-Dienst konsumiert, wieder in einen konsistenten Zustand versetzt werden. In den meisten Softwareentwicklungssprachen laufen internetbezogene Dienste asynchron ab. Das ist eine wichtige Eigenschaft, die in einer Software beachtet werden muss. Probleme können auch dann entstehen, wenn sich Hacker aufgrund von Softwarefehlern Zugriff auf ein System verschaffen wollen. Sieht man sich die Sicherheitsmechanismen von Cloud-Computing-Herstellern an, ist sofort erkennbar, dass man in der Cloud eine wesentlich höhere Datensicherheit erreicht als dies in den meisten On-Premise Umgebungen der Fall ist. Natürlich hat man in On-Premise-Umgebungen den Vorteil, dass man im Notfall den Stecker ziehen und somit Server und andere Geräte vom Netzwerk und damit dem Zugriff durch Hacker trennen kann. Bis man einen Angriff bemerkt, kann es zu spät sein. In Cloud-Computing-Umgebungen ist ein Angriff auf Daten sehr schwer. Die Hersteller von Cloud-Computing-Plattformen halten ihre Sicherheitskonzepte größtenteils geheim, oft ist es jedoch so, dass zusammenhängende Datensätze nicht auf einer physikalischen Maschine liegen. In vielen Fällen sind sie auf mehrere physikalische Geräte verteilt. Die Zusammensetzung der Daten ist wiederum anders gespeichert. Das führt dazu, dass ein Hacker, der sich illegal Zugriff auf ein System verschaffen möchte, eine Vielzahl von Hindernissen vor sich hat. Bis er tatsächlich alle Hindernisse überwunden hat und somit an sensible Daten kommt, wurde der Angriff meist bemerkt und es können Gegenmaßnahmen getroffen werden.

Cloud-Computing-Anbieter investieren viel in IT-Sicherheit. Ganze Abteilungen innerhalb der Anbieter kümmern sich um die ständige Aktualisierung und Verbesserung der Sicherheit. Was man jedoch nicht ausschließen kann, ist der staatliche Zugriff auf Daten. Sind die Daten in den Rechenzentren eines Cloud-Computing-Anbieters abgelegt, kann der Staat, wenn das gesetzlich so vorgesehen ist, leicht auf diese Daten zugreifen. Hier kann man jedoch nicht von einem kriminellen Zugriff sprechen.

Viel Aufschluss über das Thema Cloud Computing Security gibt die Fraunhofer-Studie, in der IT-Sicherheit in der Cloud mit traditionellem Hosting verglichen wird. Die Studie unterscheidet hier zwei Sichten auf die IT-Sicherheit. Die erste Sicht ist eine betriebswirtschaftliche, die zweite eine rein technische.

In der betriebswirtschaftlichen Sicht werden vier Punkte dargestellt: die Unternehmensgröße, die strategische Bedeutung von Geschäftsprozessen und die Prozesskonformität, die Kosten- und Zeitaspekte als Wettbewerbsfaktor und die Verfügbarkeit und Performanz der Applikation. Hinsichtlich der Unternehmensgröße profitieren laut dieser Studie vor allem kleine und mittlere Unternehmen von Cloud-Computing-Plattformen. Das liegt darin begründet, dass KMUs wesentlich höher von den hohen Sicherheitsstandards in der Cloud profitieren. Diese Sicherheitsstandards sind auf Großkunden ausgelegt, in der Cloud jedoch auch für kleine Unternehmen verfügbar. Die hohe Verfügbarkeit stellt einen wichtigen Sicherheitsvorteil für die Bedeutung von Geschäftsprozessen und die Prozesskonformität dar. Ein IT-System ausfallsicher zu halten, erfordert viel Know-how und Geld. Die Cloud ist, verglichen mit traditionellen IT-Systemen wesentlich günstiger. Außerdem ist die Verfügbarkeit von Anwendungen, die über ein Service Level Agreement bei vielen Anbietern mit 99,9 % angegeben wird, sehr hoch. Das hat vor allem bei starker Prozessorientierung viele Vorteile für ein Unternehmen. Die hohe Sicherheit von Cloud-Computing-Plattformen gibt ferner einen enormen Kostenvorteil, der Cloud Computing auch im Punkt „Kosten- und Zeitaspekte als Wettbewerbsfaktor" stark begünstigt. Essenziell für gute Anwendungen ist die Verfügbarkeit und Performanz. Cloud-Computing-Anbieter orientieren sich an den Verfügbarkeitsanforderungen von Großkunden, die in der Regel wesentlich höher als jene von kleinen und mittleren Unternehmen sind. Dadurch besteht ein sehr hohes Maß an Verfügbarkeit, das für kleine und mittlere Unternehmen nur sehr schwer möglich ist.

Die technische Sichtweise unterscheidet drei Kriterien. Das erste Kriterium definiert allgemeine Bedrohungsklassen. Im zweiten Kriterium werden die Sicherheit der Datenspeicherung und Datenübertragung dargestellt. Das letzte Kriterium stellt die technische Umsetzung der Sicherheitsmaßnahmen in Cloud-Computing-Systemen dar. Die allgemeinen Bedrohungsklassen identifiziert die Studie mit Spoofing, Tampering, Elevation of Privilege, Information Disclosure und Repudiation. Mit Spoofing täuscht man anderen etwas vor und verschafft sich so Zugang zu einem System. Tampering bedeutet, Daten aus böswilliger Absicht zu verändern. Hat ein Angreifer (meist aufgrund einer Sicherheitslücke) mehr Rechte als er haben dürfte, spricht man von Elevation of Privilege. Der Fall der Information Disclosure tritt dann auf, wenn Daten fälschlicherweise freigegeben werden.

Kann ein angegriffenes System einen Angriff im Nachhinein nicht nachweisen, so spricht man von Repudiation.

In der Fraunhofer Studie wird auch das Thema Datensicherheit aufgegriffen. Die Datensicherheit betrifft sowohl die Speicherung als auch die Übertragung. Um eine hohe Sicherheit in der Speicherung der Daten zu gewährleisten, müssen viele Ressourcen unter teils erheblichem Aufwand von Kapital eingesetzt werden, was jedoch oft nicht möglich ist. Das National Archive and Records Administration in Washington hat festgestellt, dass 93 % aller Unternehmen, die zehn oder mehr Tage einen Ausfall des Datensystems hatten, das nächste Geschäftsjahr nicht überlebten. Aufgerechnet auf ein Jahr muss somit eine Verfügbarkeit von 97,11 % erreicht werden. Cloud-Computing-Anbieter garantieren in den meisten Fällen eine Verfügbarkeit von 99,95 %. Die hohe Verfügbarkeit wird unter anderem durch die Spiegelung von Daten in weitere Rechenzentren, die geografisch entfernt stehen, erreicht. Dies ist für kleine und mittlere Unternehmen nur mit überdurchschnittlich hohem Kapitaleinsatz möglich.

Um die Datensicherheit in Cloud-Computing-Umgebungen sicherzustellen, werden Daten stets verschlüsselt abgespeichert. Dies erfolg meist auf mehreren Ebenen. Die erste Ebene ist die Datenbank selbst. Sollte es jemanden gelingen, Zugriff auf eine Cloud-Datenbank zu erlangen, so findet man dort lediglich verschlüsselte Werte vor. Auf der Höhe der Virtualisierung kann man ebenfalls eine hohe Verschlüsselung erreichen. Da Virtualisierung ein wichtiges Konzept von Cloud Computing ist, ist die Cloud hirsichtlich der Sicherheit auch hier sehr vorteilhaft. Hinsichtlich der Datenübertragung ist eine verschlüsselte Übertragung der Daten die Grundlage der Sicherheit. Oft reicht das jedoch nicht aus. Cloud-Computing-Systeme haben daher Authentifizierungsmechanismen, die das System sicher halten. In vielen Fällen kommt eine Mehrfachauthentifizierung zum Einsatz. Das bedeutet, dass neben dem Accountnamen noch ein Accountschlüssel und ein Secret übermittelt werden. Somit erreicht man eine sehr hohe Komplexität und Sicherheit. Eine weitere Bedrohung sind DoS- (Denial-of-Service-)Attacken, denen man durch eine permanente Überwachung entgegnen kann. Cloud-Computing-Rechenzentren werden permanent überwacht, womit diese Bedrohung auf ein Minimum reduziert werden kann. Wie dies in On-Premise-Plattformen aussieht, obliegt dem jeweiligen Unternehmen.

Viele Studien (unter anderem jene des Fraunhofer Instituts) gehen davon aus, dass Sicherheit in Cloud Computing höher ist als auf On-Premise-Plattformen. Meist wird als Grund hierfür genannt, dass Cloud-Computing-Anbieter präventive Sicherheitsvorkehrungen treffen, wohingegen On-Premise-Lösungen evolutionäre Sicherheitsvorkehrungen treffen. Letzteres bedeutet, dass Sicherheitsmechanismen erst dann implementiert werden, wenn es bereits sicherheitsrelevante Vorfälle gegeben hat. Letztendlich ist es jedoch auch wichtig, dass die eigenen Anwendungen Sicherheitsmechanismen implementieren. Entwirft man Anwendungen in der IaaS oder PaaS Cloud, so nützt die beste Sicherheit nichts, wenn die Anwendung fehlerhaft entwickelt wurde und somit Angreifern eine Chance bietet.

Quellen

- Fielding, R. T. (2000): Architectural Styles and the Design of Network-based Software Architectures. Irvine: University of California, Irvine.

- Manos, M. (2.12.2008): Our Vision for Generation 4 Modular Data Centers – One way of Getting it just right. Abgerufen am 16. 9 2010 von Loose Bolts – The Rants, Raves and Rowdy Behavior of an Infrastructure Technologist Gone Terribly Wrong: *http:// loosebolts.wordpress.com/2008/12/02/our-vision-for-generation-4-modular-data-centers-one-way-of-getting-it-just-right/*

- proDatenrettung: Was sind häufige Ursachen für Datenverlust? Abgerufen am 16. 09 2010 von proDatenrettung: *http://www.pro-datenrettung.net/ursachen-datenverlust.html*

- Tsvihun, I., Stephanow, P., & Streitberger, W. (2010): Vergleich der Sicherheit traditioneller IT-Systeme und Public Cloud Computing Systeme. Fraunhofer-Institut für sichere Informationstechnologie.

3 Rechtliche Grundlagen für Cloud Computing

In vielen Vorträgen und persönlichen Gesprächen hat sich für mich vor allem eines herauskristallisiert: Die rechtlichen Grundlagen für Cloud Computing sind nicht wirklich durchsichtig. Vor allem stellt sich die Frage, an wen man sich wenden soll, wenn es rechtliche Unklarheiten gibt. In vielen Fällen muss man dafür einen Rechtsanwalt konsultieren, da die rechtliche Situation von Staat zu Staat unterschiedlich ist. Außerdem gibt es mehrere Rechtssubjekte und damit verschiedene rechtliche Grundlagen hinsichtlich der Gesetzestexte. Für europäische Angebote gibt es eine Richtlinie seitens der Europäischen Union, die sicherstellen soll, dass alle Mitgliedsstaaten ein ähnliches Rechtssystem in Bezug auf den Datenschutz haben. Diese Richtlinie wurde bereits 1995 ausgearbeitet, wobei jeder Mitgliedsstaat eine unterschiedliche Auslegung dieses Systems hat. Die Europäische Union unterscheidet zwei grundsätzliche Rechtsmöglichkeiten: Richtlinien und Verordnungen. Verordnungen sind allgemein gültige Gesetze, Richtlinien sind in deren Umsetzung den Mitgliedsstaaten überlassen. Somit hat im Fall des Datenschutzgesetzes jedes EU-Mitglied die Möglichkeit, eigene Gesetze hinsichtlich des Datenschutzes zu erlassen, wobei das Problem entsteht, dass es oft unterschiedliche Auslegungen des Rechtesystems in verschiedenen Mitgliedsstaaten gibt. Diese Auslegungen kommen in Deutschland als Bundesdatenschutzgesetz und in Österreich als das Datenschutzgesetz 2000 zur Geltung. Datenschutzgesetze regeln jedoch nur, wie mit Daten zwischen Anbieter und Konsument zu verfahren ist. Was hier nicht abgedeckt ist, sind Verträge zwischen diesen beiden Rechtssubjekten. Das wird durch das so genannte Privatrecht geregelt, das dann zum Einsatz kommt, wenn es Rechtsstreitigkeiten zwischen zwei Unternehmen bzw. Personen gibt. Geht es um das Verhältnis Staat zu einer Rechtsperson beziehungsweise zu einem Unternehmen, spricht man vom öffentlichen Recht. Das Datenschutzgesetz ist das öffentliche Recht, da es vom Staat beziehungsweise der Europäischen Union geregelt wird, Verträge zwischen zwei Unternehmen oder Personen ist das Privatrecht (Abbildung 3.1).

Kapitel 3.1 behandelt den Einfluss des europäischen Datenschutzgesetzes, Kapitel 3.2 beschreibt einige Handlungsempfehlungen für Verträge zwischen Anbieter einer Cloud-Computing-Plattform und deren Kunden.

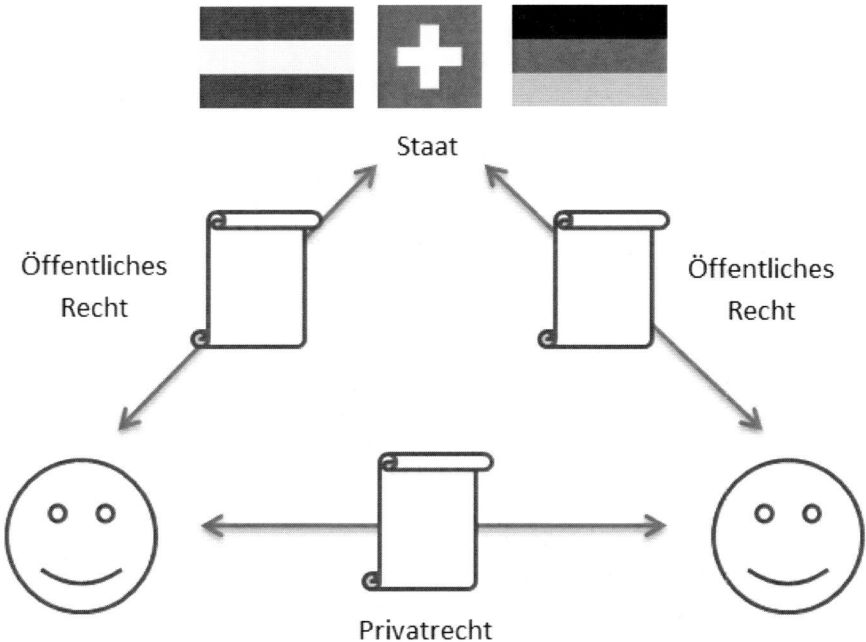

Abbildung 3.1: Die verschiedenen Rechtsbereiche

3.1 Einwirkungen durch das Europäische Datenschutzgesetz

Für all jene, deren Cloud-Computing-Bemühungen in Europa stattfinden, gilt die Richtlinie zum Europäischen Datenschutzgesetz. In dieser Richtlinie werden datenschutzrechtliche Elemente, und deren Ausnahmen geregelt, sie ist frei zugänglich[1]. Die Richtlinie gliedert sich in mehrere Bereiche. Auf höchsten Ebenen sind das die Geltungsbereiche und die einzelnen Kapitel. Ein Kapitel regelt einen thematisch ähnlichen Bereich und kann wiederum in einzelne Abschnitte unterteilt werden. Abschnitte sind jedoch nicht in allen Bereichen vorhanden und werden nur für einige wenige Kapitel angegeben. Ein Kapitel/ Abschnitt ist in verschiedene Artikel unterteilt, die ein konkretes Problem behandeln und wiederum in Absätze gegliedert sind. Abbildung 3.2 verschaulicht diese Hierarchie.

---

1   Link ist in den Quellen ausgewiesen

entwickler.press

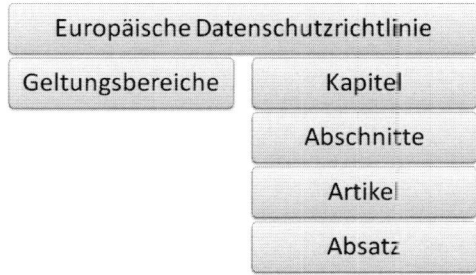

Abbildung 3.2: Hierarchie der Europäischen Datenschutzrichtlinie

Die Datenschutzrichtlinie umfasst 7 Kapitel, die aus insgesamt 34 Artikeln bestehen. Die einzelnen Absätze sind für jeden Artikel neu nummeriert (Abbildung 3.3).

Abbildung 3.3: Kapitel des Datenschutzgesetzes

Geltungsbereiche

Der erste große Abschnitt der Europäischen Datenschutzrichtlinie regelt Geltungsbereiche und Grundregeln. Hier gibt es insgesamt 72 Absätze, wovon hier nur einige wenige exemplarisch ausgeführt werden. Absatz 6 etwa definiert den Grund für das Datenschutzgesetz:

„(6) Die verstärkte wissenschaftliche und technische Zusammenarbeit sowie die koordinierte Einführung neuer Telekommunikationsnetze in der Gemeinschaft erfordern und erleichtern den grenzüberschreitenden Verkehr personenbezogener Daten."

Mit Absatz 6 will die EU-Kommission auf die neuen Herausforderungen des grenzüberschreitenden Datenverkehrs aufmerksam machen. Personenbezogene Daten können mit wenigen Mausklicks in andere Länder versendet werden. Die EU-Kommission regelt in den Geltungsbereichen auch einige Ausnahmen. So sind laut Absatz 12 keine gesonderten Regelungen zu treffen, wenn es sich um eigene Daten handelt.

„(12) Die Schutzprinzipien müssen für alle Verarbeitungen personenbezogener Daten gelten, sobald die Tätigkeiten des für die Verarbeitung Verantwortlichen in den Anwendungsbereich des Gemeinschaftsrechts fallen. Auszunehmen ist die Datenverarbeitung, die von einer natürlichen Person in Ausübung ausschließlich persönlicher oder familiärer Tätigkeiten - wie zum Beispiel Schriftverkehr oder Führung von Anschriftenverzeichnissen - vorgenommen wird."

Ein heikles Thema ist die öffentliche Sicherheit. Häufig wird das Thema der Überwachung und des Überwachungsstaates diskutiert. Eine Überwachung, die der öffentlichen Sicherheit, der Landesverteidigung oder den Tätigkeiten im Bereich des Strafrechts dient, ist durch Absatz 16 von der Richtlinie ausgenommen.

„(16) Die Verarbeitung von Ton- und Bilddaten, wie bei der Videoüberwachung, fällt nicht unter diese Richtlinie, wenn sie für Zwecke der öffentlichen Sicherheit, der Landesverteidigung, der Sicherheit des Staates oder der Tätigkeiten des Staates im Bereich des Strafrechts oder anderen Tätigkeiten erfolgt, die nicht unter das Gemeinschaftsrecht fallen."

Absatz 27 definiert den Umgang mit manuell und automatisch erfassten Daten. Ziel ist es, den optimalen Schutz personenbezogener Daten für beide Verarbeitungsmethoden sicherzustellen und keine Risiken oder Lücken entstehen zu lassen.

„(27) Datenschutz muß sowohl für automatisierte als auch für nicht automatisierte Verarbeitungen gelten. In der Tat darf der Schutz nicht von den verwendeten Techniken abhängen, da andernfalls ernsthafte Risiken der Umgehung entstehen würden. Bei manuellen Verarbeitungen erfaßt diese Richtlinie lediglich Dateien, nicht jedoch unstrukturierte Akten. Insbesondere muß der Inhalt einer Datei nach bestimmten personenbezogenen Kriterien strukturiert sein, die einen leichten Zugriff auf die Daten ermöglichen. Nach der Definition in Artikel 2 Buchstabe c) können die Mitgliedstaaten die Kriterien zur Bestimmung der Elemente einer strukturierten Sammlung personenbezogener Daten sowie die verschiedenen Kriterien zur Regelung des Zugriffs zu einer solchen Sammlung festlegen. Akten und Aktensammlungen sowie ihre Deckblätter, die nicht nach

bestimmten Kriterien strukturiert sind, fallen unter keinen Umständen in den Anwendungsbereich dieser Richtlinie."

Ein Problem des Datenschutzes kann dann entstehen, wenn statistische, wissenschaftliche oder historische Daten verarbeitet werden. Diese werden in Absatz 29 behandelt, der festlegt, dass durch diese Art der personenbezogenen Daten keine Probleme hinsichtlich des Datenschutzes entstehen.

„(29) Die Weiterverarbeitung personenbezogener Daten für historische, statistische oder wissenschaftliche Zwecke ist im Allgemeinen nicht als unvereinbar mit den Zwecken der vorausgegangenen Datenerhebung anzusehen, wenn der Mitgliedstaat geeignete Garantien vorsieht. Diese Garantien müssen insbesondere ausschließen, daß die Daten für Maßnahmen oder Entscheidungen gegenüber einzelnen Betroffenen verwendet werden."

Die Datenschutzrichtline deckt auch den Bereich des Personenschutzes ab. Dieser kann unter Umständen zu Problemen führen, da Daten einer Person, die geschützt werden sollen, nicht zugänglich sein dürfen. Dass hier detaillierte Gesetze gelten, ist in Absatz 31 geregelt.

„(31) Die Verarbeitung personenbezogener Daten ist ebenfalls als rechtmäßig anzusehen, wenn sie erfolgt, um ein für das Leben der betroffenen Person wesentliches Interesse zu schützen."

Eine weitere sinnvolle Ausnahme gibt es im Bereich der Gesundheit von Personen, außerdem bei der sozialen Sicherheit und den Abrechnungen von Leistungen in sozialen Krankensystemen:

„(34) Die Mitgliedstaaten können, wenn dies durch ein wichtiges öffentliches Interesse gerechtfertigt ist, Ausnahmen vom Verbot der Verarbeitung sensibler Datenkategorien vorsehen in Bereichen wie dem öffentlichen Gesundheitswesen und der sozialen Sicherheit - insbesondere hinsichtlich der Sicherung von Qualität und Wirtschaftlichkeit der Verfahren zur Abrechnung von Leistungen in den sozialen Krankenversicherungssystemen, der wissenschaftlichen Forschung und der öffentlichen Statistik. Die Mitgliedstaaten müssen jedoch geeignete besondere Garantien zum Schutz der Grundrechte und der Privatsphäre von Personen vorsehen."

Eine weitere Ausnahme gilt für staatlich anerkannte Religionsgemeinschaften.

„(35) Die Verarbeitung personenbezogener Daten durch staatliche Stellen für verfassungsrechtlich oder im Völkerrecht niedergelegte Zwecke von staatlich anerkannten Religionsgesellschaften erfolgt ebenfalls im Hinblick auf ein wichtiges öffentliches Interesse."

Bei Wahlen werden oft statistische Untersuchungen angestellt. Diese Untersuchungen können ebenfalls ausgenommen werden, wobei jedoch „angemessene Garantien" vorgesehen werden müssen.

„36) Wenn es in bestimmten Mitgliedstaaten zum Funktionieren des demokratischen Systems gehört, dass die politischen Parteien im Zusammenhang mit Wahlen Daten über die politische Einstellung von Personen sammeln, kann die Verarbeitung derartiger Daten aus Gründen eines wichtigen öffentlichen Interesses zugelassen werden, sofern angemessene Garantien vorgesehen werden."

Der in Absatz 34 beschriebene Geltungsbereich für medizinische oder soziale Bereiche kann jedoch auf die hierfür zuständigen Berufsgruppen reduziert werden, für den medizinischen Bereich etwa ein dafür geeignetes Fachpersonal. Damit besteht keine Gefahr, dass sich unberechtigte Dritte Zugang zur Krankheitsgeschichte einer Person über den Rechtsweg verschaffen. Das muss jedoch auch explizit im nationalen Recht so definiert sein.

„(42) Die Mitgliedstaaten können die Auskunfts- und Informationsrechte im Interesse der betroffenen Person oder zum Schutz der Rechte und Freiheiten Dritter einschränken. Zum Beispiel können sie vorsehen, dass Auskunft über medizinische Daten nur über ärztliches Personal erhalten werden kann."

Besonders interessant für Cloud Computing ist Absatz 47, der das Verhältnis von Datenübermittler zu Dateneigentümer beschreibt.

„(47) Wird eine Nachricht, die personenbezogene Daten enthält, über Telekommunikationsdienste oder durch elektronische Post übermittelt, deren einziger Zweck darin besteht, Nachrichten dieser Art zu übermitteln, so gilt in der Regel die Person, von der die Nachricht stammt, und nicht die Person, die den Übermittlungsdienst anbietet, als Verantwortlicher für die Verarbeitung der in der Nachricht enthaltenen personenbezogenen Daten. Jedoch gelten die Personen, die diese Dienste anbieten, in der Regel als Verantwortliche für die Verarbeitung der personenbezogenen Daten, die zusätzlich für den Betrieb des Dienstes erforderlich sind."

Die Absätze 56, 57 und 60 behandeln den grenzüberschreitenden Verkehr von personenbezogenen Daten. Daten können demnach in Drittländer versendet werden, sofern diese einen geeigneten Datenschutz aufweisen. Ist das nicht der Fall, so ist der Datentransfer zu untersagen.

„(56) Grenzüberschreitender Verkehr von personenbezogenen Daten ist für die Entwicklung des internationalen Handels notwendig. Der in der Gemeinschaft durch diese Richtlinie gewährte Schutz von Personen steht der Übermittlung personenbezogener Daten in Drittländer, die ein angemessenes Schutzniveau aufweisen, nicht entgegen. Die Angemessenheit des Schutzniveaus, das ein Drittland bietet, ist unter Berücksichtigung aller Umstände im Hinblick auf eine Übermittlung oder eine Kategorie von Übermittlungen zu beurteilen."

„(57) Bietet hingegen ein Drittland kein angemessenes Schutzniveau, so ist die Übermittlung personenbezogener Daten in dieses Land zu untersagen."

„(60) Übermittlungen in Drittstaaten dürfen auf jeden Fall nur unter voller Einhaltung der Rechtsvorschriften erfolgen, die die Mitgliedstaaten gemäß dieser Richtlinie, insbesondere gemäß Artikel 8, erlassen haben."

Absatz 64 regelt die Zusammenarbeit von Mitgliedsstaaten hinsichtlich des Datenschutzes. Das stellt ähnliche Regelungen innerhalb der Europäischen Union sicher.

„(64) Die Behörden der verschiedenen Mitgliedstaaten werden einander bei der Wahrnehmung ihrer Aufgaben unterstützen müssen, um sicherzustellen, dass die Schutzregeln in der ganzen Europäischen Union beachtet werden."

entwickler.press

Kapitel 1: Allgemeine Bestimmungen

Kapitel 1 der Datenschutzrichtlinie enthält allgemeine Bestimmungen, die in 4 Artikel unterteilt sind. Artikel 1 definiert den Gegenstand der Richtlinie. Artikel 2 enthält die Begriffsbestimmungen, die in den weiteren Kapiteln angewendet werden. Artikel 3 beschreibt den Anwendungsbereich der Richtlinie und die damit verbundene Gültigkeit. Der letzte Artikel enthält Richtlinien für das anwendbare einzelstaatliche Recht.

Kapitel 2: Allgemeine Bestimmungen für die Rechtmäßigkeit der Verarbeitung personenbezogener Daten

Das zweite Kapitel ist das mit Abstand umfangreichste Kapitel der Richtlinie zum Datenschutz. Artikel 5 hängt direkt am Kapitel II und lautet:

Die Mitgliedstaaten bestimmen nach Maßgabe dieses Kapitels die Voraussetzungen näher, unter denen die Verarbeitung personenbezogener Daten rechtmäßig ist.

Abschnitt I regelt die Grundsätze in Bezug auf die Qualität der Daten. Definiert wird etwa, wie lange die Daten gespeichert werden dürfen, wo die Grenzen der Speicherung sind sowie deren Qualität und Aktualität. Abschnitt II definiert Grundsätze in Bezug auf die Zulässigkeit der Verarbeitung von Daten. Hierbei werden fünf Kriterien für die Verarbeitung personenbezogener Daten genannt, etwa lebenswichtige Interessen einer Person oder einer eindeutigen Einwilligung. Abschnitt III deckt besondere Kategorien der Verarbeitung personenbezogener Daten ab, z. B. die Verarbeitung von personenbezogenen Daten, aus denen eine politische Gesinnung, Daten zur Gesundheit oder Sexualleben hervorgehen:

„(1) Die Mitgliedstaaten untersagen die Verarbeitung personenbezogener Daten, aus denen die rassische und ethnische Herkunft, politische Meinungen, religiöse oder philosophische Überzeugungen oder die Gewerkschaftszugehörigkeit hervorgehen, sowie von Daten über Gesundheit oder Sexualleben."

Absatz 2 definiert die Ausnahmen, die gelten, wenn

- die Person die Verarbeitung ausdrücklich erlaubt hat,

- es hinsichtlich des Arbeitsrechts erforderlich ist,

- der Schutz lebenswichtigen Interessen der Person entgegensteht,

- die Verarbeitung durch eine religiös, politisch, philosophisch oder gewerkschaftlich ausgerichtete Stiftung erfolgt oder

- die betroffene Person die Daten offenkundig öffentlich gemacht hat.

Legt man dies etwa auf soziale Medien wie Facebook aus, so muss von Facebook die Zustimmung des Teilnehmers eingeholt werden.

Abschnitt IV definiert Informationen der betroffenen Person, die der Staat über eine Datenverarbeitung erhält. Abschnitt V definiert das Auskunftsrecht der betroffenen Person: Jeder hat das Recht auf Informationen über die Verarbeitung der eigenen Daten. Diese Informationen müssen „frei und ungehindert in angemessenen Abständen ohne unzumutbare Verzögerung oder übermäßige Kosten" verfügbar sein. In Abschnitt VI sind verschiedene Ausnahmen und Einschränkungen geregelt, Abschnitt VII definiert das Widerspruchsrecht der betroffenen Person. Abschnitt VIII klärt die Vertraulichkeit und Sicherheit der Verarbeitung der Daten. Das betrifft oft Personen, die andere personenbezogene Daten weiterverarbeiten sollen. Abschnitt IX definiert schlussendlich eine Meldungspflicht. Das bedeutet, dass verarbeitende Personen oder Unternehmen eine Meldung über diesen Vorgang bei einer Kontrollstelle einreichen müssen. Artikel 19 beschreibt den Inhalt, wie eine Meldung auszusehen hat.

Kapitel 3: Rechtsbehelfe, Haftung und Sanktionen

Kapitel 3 enthält drei Absätze, die beispielsweise die Behandlung von Sanktionen abhandeln, sollten gewisse Punkte nicht oder nicht zufriedenstellend eingehalten werden.

Kapitel 4: Übermittlung personenbezogener Daten

Kapitel 4 behandelt die Übermittlung von personenbezogenen Daten in Drittländer. Artikel 25 regelt die Grundsätze der Übermittlung personenbezogener Daten in Drittländer, Artikel 26 die Ausnahmen.

Kapitel 5: Verhaltensregeln

Kapitel 5 definiert verschiedene Verhaltensregeln, die in den Mitgliedsstaaten jeweils einzeln ausgearbeitet, jedoch von der Kommission gefördert werden. Das umfasst auch Berufsverbände und Vereinigungen, die innerhalb der einzelstaatlichen Verhaltensregeln gesonderte Verhaltensregeln benötigen.

Kapitel 6: Kontrollstelle und Gruppe für den Schutz von Personen bei der Verarbeitung personenbezogener Daten

Kapitel 6 regelt zuständige Kontrollstellen sowie eine Gruppe, die für den Schutz von Personen zuständig ist. Dieses wie auch die nachfolgenden Kapitel sind für Cloud Computing weniger bedeutend. Artikel 28 beschreibt die Kontrollstelle sowie deren Aufbau, Artikel 29 die Datenschutzgruppe und Artikel 30 deren Aufgaben.

Kapitel 7: Gemeinschaftliche Durchführungsmaßnahmen

Kapitel umfasst lediglich einen Artikel, der das Ausschußverfahren regelt, das sich aus Vertretern der Mitgliedstaaten und einem Vertreter der Kommission zusammensetzt. Es ist ein organisatorisches Kapitel, das für den Datenschutz in Cloud-Computing-Plattformen wenig Bedeutung hat.

Schlussbestimmungen

In den Schlussbestimmungen werden Regeln zur Umsetzung der Richtlinie ebenso wie Regeln zu wiederkehrenden Berichten der Umsetzung festgelegt.

3.2   Verträge und Servicelevel-Agreements (SLAs)

Oft kommt es vor, dass individuelle Verträge ausgehandelt oder erstellt werden, die nicht auf einem SLA basieren. Prinzipiell gilt bei uns das freie Vertragsrecht, was bedeutet, dass Individuen oder Unternehmen Verträge selbst abschließen können. Das hat jedoch den Nachteil, dass oft Elemente vergessen werden, die in Folge zu gerichtlichen Streitigkeiten führen. Um das zu vermeiden, empfiehlt es sich, einen Vertrag richtig auszuarbeiten. Dieses Unterkapitel bezieht sich auf die Ergebnisse der „VITE-Group Rahmenbedingungen für Application Service Providing" mit dem Titel „Software as a Service – Verträge richtig abschließen".

Der Leitfaden beschreibt 24 verschiedene Punkte, die in einem Vertrag enthalten sein sollen. Als wichtigster Teil eines Vertrags wird der Vertragsgegenstand angeführt. Danach sollten die einzelnen Begriffe genauer definiert werden, was es auch Personen, die mit der Materie nicht vertraut sind, ermöglicht, den Vertrag zu verstehen. Das gilt besonders für eventuell im Vertrag enthaltene IT-Fachbegriffe. Ein weiterer wichtiger Punkt ist die Definition, wie die Leistung erbracht wird: „Bereitstellung, Betrieb und Betreuung". Treten Fehler oder Probleme auf, muss vertraglich festgelegt werden, wie hier vorzugehen ist. Der Leitfaden unterscheidet zwischen Störungen und Mängeln: Eine Störung ist dabei eine Beeinträchtigung, die sowohl technische als auch organisatorische Fehler umfasst und gegebenenfalls negative Einwirkungen auf die Software haben kann. Ein Mangel ist dem Leitfaden nach ein juristischer Begriff, der rechtliche Konsequenzen nach sich ziehen kann. In der Betriebswirtschaft gibt es viele verschiedene Mängel, die sich in ihrer Tragweite unterscheiden. Oft wird zwischen offenen Mängeln (bekannte Sicherheitslücken) und geheimen Mängeln unterschieden. Geheime Mängel können arglistig oder nicht arglistig verschwiegen sein. Ist ein Mangel arglistig verschwiegen, hat der Softwarehersteller Mängel seiner Software in Kauf genommen und sie dem Kunden verheimlicht. Kommt es zu Problemen, kann das umfangreiche Konsequenzen für den Anbieter der Software haben.

Ein Vertrag für eine SaaS-Leistung soll stets auch die Datensicherheit und den Datenschutz definieren. Hier kommt das Datenschutzgesetz zum Einsatz. Was ebenfalls geregelt werden muss, sind die technische Unterstützung und Systemvoraussetzungen beim Kunden. Für eine SaaS-Plattform wäre es unangenehm, wenn der Kunde in gewissen Bereichen über keinen Internetzugang verfügt. Ein Beispiel ist die schlechte Verfügbarkeit von mobilem Internet in Zügen beziehungsweise stark abgelegenen Gebieten.

Software unterliegt einem ständigen Wandel. Das macht es notwendig, Updates von Software und Zusatzentwicklungen in den Vertrag einzuschließen. Wird eine Software an den Endbenutzer übergeben beziehungsweise für ihn erstellt, so müssen Regeln hinsichtlich der Dokumentation, Schulung und Support getroffen werden.

Zahlungsmodalitäten stellen einen ebenso wichtigen Teil eines jeden Vertrags dar. Es wird festgelegt, wann eine Zahlung zu erfolgen hat, welche Kündigungsfristen vorgesehen sind und wie lange der Vertrag dauert. In Cloud-Computing-Umgebungen sind

Laufzeiten oft auf ein Monat oder ein paar Stunden begrenzt. Verträge, die den Kunden für 18 Monate binden, wie im Mobilfunk, sind in der Cloud unüblich. Erhält der Vertragspartner besonders tiefe Einblicke in das Know-how eines Unternehmens, kann man Geheimhaltungsvereinbarungen treffen. Sie kommen in der Softwareentwicklung häufig vor und werden mit „NDA – Non disclosure Agreement" bezeichnet. Verträge sehen oft auch Informationen hinsichtlich eines Schadenersatzes vor. Fällt eine Cloud-Computing-Plattform für eine gewisse Zeit aus, so wird dem Kunden im Normalfall ein vertraglich festgelegter Prozentsatz rückerstattet.

Individualverträge kommen in Cloud-Computing-Umgebungen kaum vor. Die meisten Anbieter setzen als Vertrag zwischen Anbieter und Kunde SLAs ein. Es ist aber hilfreich, die nötigen Vertragsbestandteile zu kennen. Will man rechtlich auf der sicheren Seite sein, empfiehlt es sich, einen Rechtsanwalt oder Notar mit der Vertragserstellung zu beauftragen.

3.3 Fazit

Rechtliche Bereiche sind in vielen Gebieten ein Streitfall. Genauso wird es sich bei Cloud Computing verhalten. Verträge geben uns eine gewisse Sicherheit, dass Vereinbarungen eingehalten werden. Viele Fragestellungen sind jedoch immer noch nicht gänzlich geklärt.

Ein typisches Problem von Cloud Computing ist die Frage, was passiert, wenn der Anbieter den Dienst nicht mehr bereitstellen kann. Ein Unternehmen verlegt seine ganze IT-Infrastruktur in die Cloud zu Anbieter B. Dieser kann jedoch den Dienst nicht mehr bereitstellen, da er in Konkurs gegangen ist. Dass ein solches Szenario gar nicht so abwegig ist, haben wir im Jahr 2008 durch die Wirtschaftskrise erlebt. Vermeintlich gesunde Unternehmen sind binnen weniger Tage pleite gegangen und haben ihre Finanzdienste nicht mehr angeboten. Man stelle sich vor, einer der großen Cloud-Anbieter stellt innerhalb von drei Tagen den Dienst ein. Diese Zeit ist zu gering, seine Anwendungen auf einen anderen Hersteller auszulagern. Im schlimmsten Fall ist das Unternehmen sogar ebenfalls im Konkurs, da essenzielle Dienste nicht mehr verwendet werden können, z. B. ein CRM-System für Lieferanten und Kunden, interne Abwicklungsplattformen oder Verrechnungssysteme. In diesem Fall hilft nicht einmal mehr eine Klage gegen den vorherigen Anbieter, da man vielleicht bereits selbst im Konkurs ist. Um diesen speziellen Fall zu umgehen, soll die Architektur der Anwendung so abstrakt gestaltet sein, dass man mit nur wenigen Änderungen der Anwendungslogik zu einem anderen Anbieter wechseln kann. Eine Alternative wäre es, die Cloud zu standardisieren. Versuche in diese Richtung hat es bereits gegeben, sie werden im letzten Kapitel vorgestellt.

Eine weitere sensible Frage ist die des Dateneigentums. Wer ist nun der Eigentümer der Daten? Ist es der Kunde, der diese Daten erstellt hat, oder der Anbieter, der die Daten hostet? In vielen Fällen ist es eine Frage des Privatrechts, da es sich hier um Verträge zwischen zwei privaten Personen oder Firmen handelt. Viele der großen Anbieter regeln explizit, dass Daten den Kunden gehören. Das ist jedoch für jeden Hersteller separat zu klären.

Quellen

- Meinl, P. (2008). Software as a Service - Verträge richtig abschließen. Wien Vienna IT Enterprises.

- Richtlinie 95/46/EG des Europäischen Parlaments und des Rates. (23. 11 1995). Richtlinie 95/46/EG des Europäischen Parlaments und des Rates. Abgerufen am 22. 09 2010 von Richtlinie 95/46/EG des Europäischen Parlaments und des Rates: *http://eur-lex.europa.eu/LexUriServ/LexUriServ.do?uri=CELEX:31995L0046:DE:HTML*

4 Wirtschaftliche Grundlagen

"Those of us who grew up with time sharing understand going back to timesharing, even with great capacity, is not that great." – Bill Gates

In diesem Kapitel geht es um die Preismodelle, die für Cloud Computing oft angewendet werden; das „Pay-as-you-go"-Preismodell wird genauer definiert. Außerdem gibt es weitere auf monatlichen Zahlungen basierende Preismodelle, die jedoch nicht „Pay as you go" als Basis haben. Ein weiterer wichtiger Punkt sind die Verträge für Cloud-Computing-Dienste. In vielen Fällen kommen hierbei so genannte Service Level Agreements (SLAs) zum Einsatz, die zu Beginn des Kapitels beschrieben werden. Im Anschluss daran werden die Preismodelle vorgestellt. Beispiele zur Berechnung der jeweiligen Preise werden in Kapitel 5 dargestellt.

4.1 Service Level Agreements (SLAs)

Im Bereich von Cloud Computing taucht oft der Begriff der „Service Level Agreements" auf. Es handelt sich dabei um Vereinbarungen, die die Eigenschaften des Vertrags regeln. Typische Punkte in SLAs sind die Verfügbarkeit und was geschieht, wenn sie nicht eingehalten wird. Üblicherweise garantiert der Plattformanbieter eine bestimmte Verfügbarkeit der Services (z. B. 99,95 %). Je nach Preismodell werden gewisse Anteile bei Ausfällen zurückerstattet. Das ist wiederum abhängig vom jeweiligen SLA. In der IT gibt es viele SLAs, und jeder Anbieter gibt unterschiedliche Bestimmungen und Vereinbarungen in diesen Verträgen an. Prinzipiell handelt es sich um eine Vereinbarung zwischen Dienstanbieter und Kunden. Der Dienstanbieter regelt, was der Service umfasst und welche Möglichkeiten es für den Kunden gibt, wenn die Vereinbarungen nicht eingehalten werden. Außerdem sichert sich der Dienstanbieter häufig gegen Rechtsansprüche des Kunden ab, die aus dem Ausfall des Dienstes resultieren. SLAs kommen aus dem Bereich des IT-Servicemanagements. Große Unternehmen investieren etwa 50 % der[1] Ausgaben in den IT-Bereich. Von diesen Ausgaben entfallen lediglich 20 % auf die IT-Entwicklung, die restlichen 80 % fallen für Integration, Betrieb und Auffindung von IT-Lösungen an. Aus diesem Grund ist das Servicemanagement von hoher Bedeutung. Die primären Bereiche des Servicemanagements sind der Performance- und Verfügbarkeitssupport, Endanwender- und Help-Desk-Support sowie Ausbildung und Trainings. Der SLA entstand durch die ehemalige CTTA, die Best Practices für das IT-Servicemanagement entwickelt haben.

---

[1] Aus: Theo Jan Renkema (1995): „Managing the informationinfrastructure for business value"

Die CTTA, die seit 2001 OGC heißt, arbeitet im Auftrag der Britischen Regierung und kümmert sich unter anderem um die Entwicklung von Standards und Anleitungen für Projekte. Die Best Practices, die von der OGC entwickelt wurden, werden auch IT Infrastructure Library (ITIL) genannt.

In den Best Practices wird beschrieben, dass SLAs nicht als reine Vereinbarung der Kosten beziehungsweise des Preises eines Service bereitstehen, sondern die Erwartungen der Kunden befriedigen sollen.

SLAs haben, da sie eine neue Form in der IT sind, noch viele Schwächen, z. B., dass eine Response Time nie Bestandteil des Vertrags ist. Hierfür gibt es verschiedenste Gründe. Der Hauptgrund ist, dass die Belastung der Webanwendung und des Traffics kaum berechenbar ist und somit ständigen Schwankungen unterliegt. Ein weiterer Grund ist die Komplexität von Multi-Tier-Systemen in der Cloud. Speziell im wissenschaftlichen Bereich gibt es einige Forschungen, die dynamisch skalierende Systeme mit vorher bestimmten Antwortzeiten ermöglichen (Iqbal, et al., 2010). In diesem Ansatz wird beschrieben, wie mithilfe eines EUCALYPTUS-basierenden Systems Engpässe in der Cloud gemessen werden. Wird dies korrekt umgesetzt, kann man in Service Level Agreements auch Antwortzeiten für Cloud-basierte Systeme integrieren.

Oft werden die Vereinbarungen zum SLA unklar spezifiziert. Je nach Anbieter können sie sehr oberflächlich bis äußerst detailliert beschrieben sein. Hierbei stellt sich oft die Frage, was ein Service Level von 99 % bedeutet. Einige Anbieter rechnen in Monaten, andere im Jahresintervall. Daher wird unter 99 % Verfügbarkeit nicht in jedem SLA dasselbe verstanden. Microsoft rechnet in seiner Plattform Windows Azure in einem Monatsintervall. Hierbei darf der Service lediglich einige wenige Minuten im Monat ausfallen. Andere Anbieter rechnen im Jahresintervall, was zur Folge hat, dass ein Service gegebenenfalls mehrere Tage ausfallen kann, der Service Level von 99 % aber noch erfüllt ist. Für geschäftskritische Anwendungen kann sich das zu einem sehr großen Problem entwickeln. Auch hier bestätigt sich die Kritik an der fehlenden Standardisierung von SLAs, die es daher jeweils vor Unterzeichnung einer gründlichen rechtlichen Prüfung zu unterziehen gilt.

Eingangs wurde erwähnt, dass viele Anbieter unterschiedliche SLAs anbieten, was dazu führt, dass häufig unterschiedliche Vereinbarungen getroffen werden. Vereinbarungen, die kaum vorkommen, sind jene zum Thema Sicherheit und Wiederanlauf. Speziell die Sicherheit der eigenen Daten ist ein sehr heikles Thema in Cloud-Umgebungen, sowohl den unbefugten Zugriff durch Hacker wie auch den Zugriff durch Regierungen betreffend, wobei ein häufig auftretendes Problem die Lagerung der Daten betrifft. Werden sie beispielsweise in den USA gelagert, ergeben sich nicht nur rechtliche Probleme (siehe Kapitel 7), sondern auch Probleme mit einer potenziellen Industriespionage seitens des amerikanischen Geheimdienstes. Viele Personen, die in der IT beschäftigt sind, haben Bedenken, dass die US-Regierung deren meist hochsensible Daten durchforsten könnte.

Oft sind auch die Kosten sehr undurchsichtig gestaltet. Viele SaaS-Plattformen bieten einen fixen Preis pro Benutzer und Monat an. Das ist noch sehr einfach. Komplexer gestaltet es sich bei PaaS- oder IaaS-Angeboten. Hier kommen sehr viele variable Kosten hinzu (eine genauere Beschreibung finden Sie unter 4.2). Damit diese Kosten berechenbar werden können, ist bereits einiges an Fachwissen in der IT notwendig.

Alles in allem führt das dazu, dass SLAs zwar bekannt sind, oft jedoch nicht verstanden werden. Die folgenden Unterkapitel sollen einen Überblick über mögliche Punkte eines SLAs geben. Diese Punkte sind den SLAs einiger großer Cloud-Plattform-Anbieter entnommen, soweit Service Level Agreements vorhanden waren. In Kapitel 4.2 folgt eine genauere Definition der Preismodelle, die deren Berechnung verdeutlichen soll.

4.1.1   Begrifflichkeiten in Service Level Agreements

In den SLAs wird eine Vielzahl von Begrifflichkeiten verwendet, die in den meisten Fällen dort definiert werden. Es finden sich folgende Definitionen:

Anspruch	Ein Anspruch kann durch den Kunden geltend gemacht werden, sofern der Dienstanbieter seinen Verpflichtungen nicht nachkommt. Das ist beispielsweise die Verfügbarkeit einer Plattform oder Anwendung.
Kunde	Der Konsument einer Plattform.
Kundensupport	Dienstleistungen, die ein Anbieter eines Dienstes oder Plattform dem Kunden bei Unklarheiten oder Ausfällen bietet.
Vorfall	Der Ausfall eines Dienstes, der einen Vertragsverstoß einleitet.
Service	Der dem Kunden zur Verfügung gestellte Dienst oder die Plattform.
Servicegutschrift	Eine Gutschrift, die wegen Nichteinhaltung eines Vertragsbestandteils zurückerstattet wird, oft in Prozent des bezahlten Monatsbetrags angegeben.
Service Level	Die garantierte Verfügbarkeit, oft in Prozenten angegeben. Ein Service Level von 99 % bedeutet, dass der Dienst in einem Monat mit 30 Tagen nur 7,2 Stunden ausfallen darf. In vielen Fällen sind Service Levels mit 99,95 % üblich, also etwa 21 Minuten.

4.1.2   Inhalte von SLAs

SLAs enthalten verschiedene Punkte, die je nach Hersteller variieren können. Die Punkte, die bei den wichtigsten Anbietern enthalten sind, werden in dieser Sektion zusammengefasst.

Servicegutschriftansprüche

Einige Plattformen, die einen fixen Betrag pro Monat verrechnen, stellen dem Kunden die Möglichkeit von Servicegutschriften zur Verfügung. Sie treten im Normalfall dann ein, wenn die garantierte Verfügbarkeit nicht erreicht wird. Die garantierte Verfügbarkeit ist ebenfalls in den SLAs geregelt. Der Punkt der Servicegutschriftsansprüche gibt an, wann Servicegutschriften möglich sind. In den meisten Fällen obliegt es dem Dienstekonsument, den Anspruch an den Dienstanbieter zu stellen. Hierbei muss eine bestimmte Frist von einigen Werktagen eingehalten werden. Die meisten Anbieter stellen diese Gutschriften nicht von sich aus aus. In diesem Punkt kann ebenfalls die Gültigkeit eines solchen Anspruchs geregelt werden, z. B. der folgende Abrechnungsmonat sein.

SLA-Ausschlüsse

SLA-Ausschlüsse regeln den Umstand, wann ein Service Level Agreement nicht gültig ist. Das betrifft vor allem Ausfälle oder Performanceprobleme der angebotenen Plattform. Der Probebetrieb von Plattformen (Betaphase) ist ebenfalls ein möglicher Ausschlussgrund. Hierbei stellt der Anbieter einen Dienst oder eine Plattform in einem unfertigen Zustand zur Verfügung. Ferner sichert sich der Anbieter gegen Versäumnisse der Kunden ab, z. B. eine Umstellung von Diensten oder neue Konfigurationen. Häufig sichert sich der Anbieter auch gegen Einflüsse höherer Gewalt ab.

Servicegutschriften

Durch Servicegutschriften werden die Möglichkeiten, die der Kunde bei Nichteinhaltung eines Vertrags hat, festgelegt, und es wird festgehalten, wie im Fall eines Vertragsverstoßes vorzugehen ist. Außerdem werden Ausnahmen geregelt. Oft sichert sich der Dienstanbieter gegen weitere entstehende Kosten ab, z. B., wenn der Kunde Schaden durch den Ausfall hat und ihn gegenüber dem Dienstanbieter geltend machen möchte. Der Anbieter sichert sich rechtlich ab, indem er festlegt, was im Schadensfall maximal zurückerstattet wird. Das ist in vielen Fällen höchstens der monatlich vom Kunden zu zahlende Betrag.

Abänderungen des SLAs

Einige Hersteller behalten sich das Recht vor, SLAs zu modifizieren und an neue Gegebenheiten anzupassen. Meist wird dabei vermerkt, ab wann die neuen Servicevereinbarungen gültig sind. Einige Hersteller räumen den Kunden eine 30-tägige Frist ein. Sollte der Kunde das SLA nicht binnen der Frist akzeptieren, wird der Service eingestellt. Wie das rechtlich aussieht, wird in Kapitel 7 erläutert.

Geplante Wartungen

Hin und wieder findet sich der Punkt „geplante Wartungen" in einem SLA. Mit geplanten Wartungen räumt sich ein Anbieter die Möglichkeit ein, Wartungen aufgrund von Fehleranfragen der Kunden durchzuführen. Diese Wartungszeiten sind im Normalfall nicht Bestandteil der garantierten Verfügbarkeit und müssen somit von der Berechnung der Verfügbarkeit ausgenommen werden. Hier kann auch angegeben werden, was die maximale Zeit pro Monat für geplante Wartungen ist.

Meldung von Serviceverstößen

Unter dem Punkt „Servicegutschriftsansprüche" wird erklärt, dass sich der Kunde beim Anbieter melden muss, sollte ein Verstoß gegen das SLA vorliegen. In einigen SLAs wird das explizit definiert. Dem Kunden wird eine bestimmte Zeit eingeräumt, um den Anbieter des Dienstes über einen Serviceverstoß zu informieren. Meist ist das der Abrechnungszeitraum, im Normalfall 30 Tage.

4.2   Preismodelle

Die Preismodelle für Cloud-Computing-Umgebungen sind auf den ersten Blick sehr einfach, doch auch hier gibt es Ausnahmen. In einigen Angeboten gibt es zusätzliche Elemente in der Preisgestaltung, welche die Berechnung wesentlich komplexer machen. Damit der Rechenvorgang verstanden wird, ist oft ein technisches Grundverständnis der Funktionsweise solcher Dienste notwendig. Datenspeicher zahlt man zum Beispiel oft für „Storage-Transaktionen", also für REST-Operationen. Oft wird für 10 000 solcher Anfragen bezahlt. Damit man sie jedoch korrekt berechnen kann, sind zum einen Erfahrung mit der IT und zum anderen ein Verständnis von REST notwendig. Bei PaaS und IaaS werden Kosten für ein- und ausgehenden Datenverkehr (Traffic) einkalkuliert, die bei Anfragen an eine Anwendung verursacht werden. Weitere Kosten entstehen durch die Verteilung (Verfügbarkeit) der Plattform, die in Compute Hours berechnet wird. Sie stellen für diese Plattformen die Anzahl der verbrauchten Stunden je CPU dar; im Normalfall 24 Stunden pro Tag. Erstellt man jedoch eine intelligente Anwendung, kann man einige Instanzen bei geringerer Auslastung abschalten und so zusätzlich Kosten sparen. Einige Anbieter haben auch so genannte „reservierte Instanzen", wo man einen bestimmten Betrag anzahlt. Dieser Betrag ist eine Reservierung auf jene Instanz. Im Gegenzug ist bei reservierten Instanzen der variable Anteil der Kosten geringer, was die Kosten pro Stunde meist erheblich senkt. Eine Gemeinsamkeit aller Plattformen sind die monatlich wiederkehrenden Kosten.

Fixe Kosten

Fixe Kosten treten primär bei SaaS-Angeboten auf. Hierbei zahlt man meist nur für eine gewisse Anzahl an Benutzern pro Monat. In den meisten Fällen ist hier mit keinem variablen Anteil an Kosten zu kalkulieren. Der Vorteil dieser Berechnungsform sind die einfach kalkulierbaren Ausgaben. Da man für 100 Benutzer immer denselben Betrag zahlt, sind keine schwer berechenbaren Kosten für Bandbreite und Storage-Transaktionen zu kalkulieren, wie das bei IaaS- und PaaS-Angeboten häufig der Fall ist. SaaS-Angebote werden öfter in Paketen von Benutzern verkauft. Das kann bedeuten, dass man für einen bestimmten Preis eine definierte Anzahl an Benutzern bekommt. Im Gegensatz zu On-premise-Lösungen fallen hier keine Wartungs- und Instandhaltungskosten an. Das einfache Berechnungsschema lautet:

Gesamtkosten = Anzahl der Benutzer x Kosten pro Benutzer

Ferner bleibt der Vorteil der einfachen Skalierung erhalten. Benötigt man mehr Benutzer, können mit geringem administrativem Aufwand weitere Benutzer angelegt werden. Abbildung 4.1 zeigt, wie die Kosten sich in etwa entwickeln können. Als Beispiel wurde eine Enterprise-Content-Management-Plattform verwendet, die 5 Euro pro Benutzer und Monat kostet.

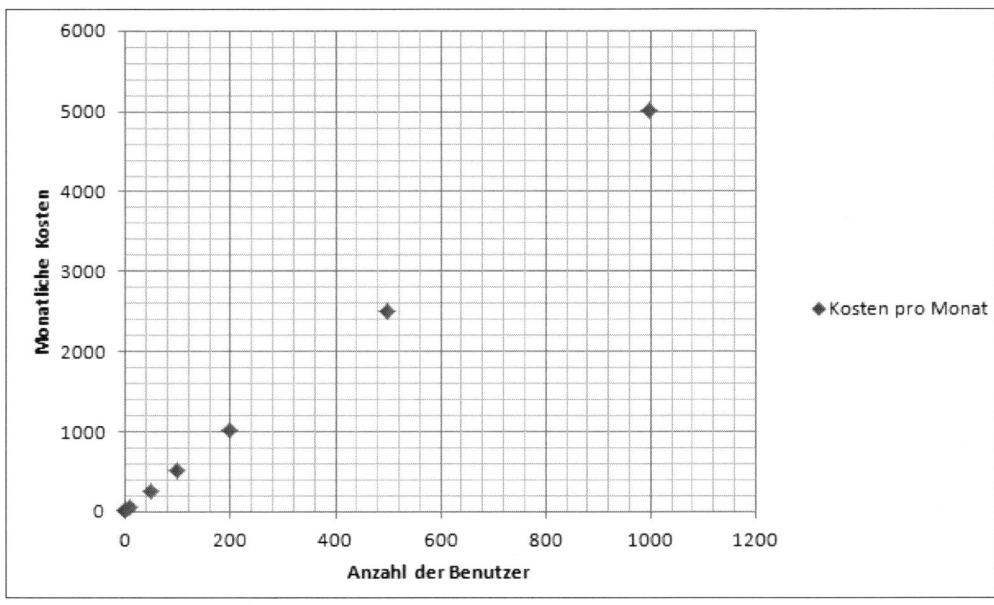

Abbildung 4.1: Kostenentwicklung anhand einer steigenden Anzahl an Benutzern

Variable Kosten

Variable Kosten sind die Kosten, die häufig bei PaaS- und IaaS-Anwendungen anfallen, z. B. für folgende Punkte:

Name	Beschreibung
Compute Hours	Die Anzahl der Stunden, die eine verteilte Anwendung verbraucht, also die Zeit, in der die Anwendung verfügbar ist. Bei 24 Stunden am Tag und sieben Tagen pro Woche verbraucht eine Anwendung 168 Compute Hours pro Woche. Außerdem werden oft mehrere Instanzen und damit mehr CPU-Stunden benötigt, wenn die Anwendung skalierbar sein soll. In einigen Fällen gibt es eine Kombination mit so genannten Worker Roles, die rechenintensive Operationen aus der Anwendung auslagern. Auch hier entstehen weitere Compute Hours.
Incoming/Outgoing Bandwith Costs	Die Bandbreite, die die Anwendung verbraucht, sowohl eingehende Daten (Besuch der Website oder Upload von Daten) als auch ausgehende Daten (Anzeige von Inhalten, Download von Dateien). Damit man diese Kosten effektiv berechnen kann, muss man den Bandbreitenverbrauch der Plattform kennen.
Storage Costs	Die Speicherung von Daten, z. B. Tabellen, Nachrichten oder binäre Daten (Bilder, Videos, Dokumente, besser bekannt als BLOBs (Binary large Objects)), in den meisten Fällen pro GB berechnet.

entwickler.press

Name	Beschreibung
Storage Transaction Costs	Kosten, die für Operationen auf Speicher (wie o. g. Kosten) vorkommen. werden meist pro 1 000-10 000 Operationen angegeben und entstehen, wenn man neue Daten erstellt oder verändert. Operationen, bei denen Daten gelöscht werden, sind häufig kostenlos.
Weitere Kosten	Einige Angebote haben noch weitere Kosten, die für eine Plattform anfallen, z. B. die Abarbeitung von Tasks (Aufgaben) oder der E-Mail-Versand. Hierbei zahlt man auch pro verbrauchte Einheit.

Tabelle 4.1: Mögliche Kosten

Zusammengefasst berechnen sich variable Kosten folgendermaßen:

Anzahl der Kosten pro Compute Hour x Anzahl der Compute Hours

+ *Anzahl der Kosten pro gespeicherten Daten x Anzahl der gespeicherten Daten*

+ *Anzahl des eingehenden Datentransfers x Kosten pro eingehenden Datentransfer*

+ *Anzahl des ausgehenden Datentransfers x Kosten pro ausgehenden Datentransfer*

+ *Anzahl der Storage Transaction Costs x Anzahl der Storage Transaction Costs.*

Mischformen

Einige Anbieter bieten auch Mischformen in der Preisgestaltung an. Hierbei zahlt man einen bestimmten einmaligen Betrag, erhält dafür jedoch die Rechenleistung pro Stunde wesentlich günstiger. Das macht dann Sinn, wenn man sich Instanzen reservieren will, weil die Auslastung noch nicht voraussehbar ist. Sinnvolle Anwendungsbereiche ergeben sich auch, wenn Instanzen für etwaige Ausfälle vorreserviert werden müssen. Das hat vor allem für das Disaster Recovery eine große Bedeutung.

Vereinzelt kommen auch marktplatzähnliche Zahlungsmodelle zum Einsatz. Hierbei wird der Preis pro Stunde an die jeweiligen Anfragen angepasst. Bei geringerer Auslastung wird auch der Preis pro Stunde günstiger. Steigt die Auslastung wieder, steigt auch der Stundenpreis der Plattform. Dieses Modell macht dann Sinn, wenn Anwendungen nicht zeitkritisch ausgeführt werden müssen. Da einige Anbieter die Möglichkeit anbieten, einen Höchstpreis festzulegen, kann die Anwendung bei Überschreiten dieses Höchstpreises beendet werden. Damit bestehen noch mehr Möglichkeiten, Geld zu sparen.

4.3   Outsourcing als Produktivitätsfaktor?

Oft diskutiert und auch gerne eingesetzt ist IT-Outsourcing. Bereits zu Beginn wurde in der IT und den damit verknüpften wissenschaftlichen Disziplinen Outsourcing als Produktivitätssteigerung genannt. Durch das Aufkommen der PCs geriet das Outsourcing auf Rechenzentren in Vergessenheit und kam erst in den letzten Jahren wieder verstärkt in Mode. Gründe hierfür kann man in verschiedenen Ebenen suchen. Häufig genannt wird natürlich die Notwendigkeit, Kosten zu sparen, was spätestens seit der Wirtschaftkrise 2009 noch wichtiger wurde. Richtig in Fahrt kam es jedoch erst durch Cloud Computing. In diesem Unterkapitel sollen einige Vor- und Nachteile des Outsourcings gegenübergestellt werden, die den Vor- und Nachteilen von Cloud Computing gleichzusetzen sind. In der wissenschaftlichen Literatur werden sie in die fünf Kernbereiche Strategie, Leistung, Kosten, Personal und Finanzen (Wildemann, 1987) unterteilt.

Strategie

Vorteil: Konzentration auf das Kerngeschäft

Ein essenzieller Vorteil von Outsourcing ist die Konzentration auf das Kerngeschäft, also das Geschäft, das das Unternehmen groß gemacht hat und am besten läuft. Ein Flugzeugbauer hat normalerweise wenig IT-Know-how und kann Kosten sparen und Risiken minimieren, wenn IT-Dienste von spezialisierten Unternehmen übernommen werden. Das Beispiel des Flugzeugbauers kann sogar noch eine Stufe weiter getragen werden: viele Teile werden hierbei (ähnlich wie im Autobau) von spezialisierten Unternehmen zugekauft. Somit ist es auch für die IT von Vorteil, Dienstleistungen und Services auszulagern. Dem Unternehmen bleibt dadurch der Fokus auf dessen Hauptbereich, und es kann mehr an Forschung und Entwicklung in diese Bereiche investiert werden. Die IT-Abteilungen in Unternehmen können vermehrt verwaltende Aufgaben übernehmen.

Vorteil: Flexibilität

Vor allem im Cloud Computing besteht eine sehr hohe Flexibilität, die sich nicht nur auf die Anpassung der Rechenleistung bezieht, vielmehr ist man auch weniger ortsgebunden. Ein Rechenzentrum, das aus rechtlichen Gründen in eine andere geografische Zone verschoben werden muss, ist nicht flexibel. Mit Cloud-Plattformen ist das mit wenigen Mausklicks erreicht.

Vorteil: Risikotransfer

Das Risiko wird für das dienstkonsumierende Unternehmen wesentlich geringer. Ausfälle von Servern muss der Anbieter behandeln, nicht das Unternehmen. Ferner hat es wesentlich weniger Personalverantwortung. Diese trägt der Anbieter, der IT-Fachpersonal für die Wartung der Server und Plattformen beschäftigen muss. Im dienstkonsumierenden Unternehmen sind lediglich IT-Verantwortliche nötig, die den Zukauf der Dienste überwachen, planen und kontrollieren.

Vorteil: Standardisierung

IT-Landschaften in Cloud-Computing-Umgebungen sehen für das konsumierende Unternehmen meist sehr ähnlich aus. In der Regel ist keine Infrastruktur mehr vorhanden, und außerdem werden Rechenzentren oft standardisiert gebaut, wie in Kapitel 2 beschrieben.

Nachteil: Entstehung von Abhängigkeiten

Bei jeglicher Art des Outsourcings von Dienstleistungen entstehen gewisse Abhängigkeiten, die zu Problemen führen können. In der Wirtschaft spricht man von „Vendor Lock-In". Das bedeutet, dass man von einem Anbieter abhängig wird. Hebt er die Preise, muss man das meist akzeptieren, da der Umstieg auf alternative Plattformen meist einen erheblichen Kostenaufwand bedeuten würde. Standards für Cloud-Plattformen gibt es noch nicht. Diverse Ansätze, sie einzuführen, sind bis jetzt gescheitert. Mehr zu Standardvorschlägen in Kapitel 7.

Nachteil: Störung zusammenhängender Prozesse

Häufig sind Prozesse in Unternehmen eng miteinander verknüpft. Prozesse bedeuten in dieser Hinsicht Abläufe gewisser Arbeitsvorgänge wie der Einkauf. Damit diese Prozesse korrekt abgebildet werden können, müssen viele andere Aspekte wie die Produktion, die auf den Einkauf angewiesen ist (funktioniert der Einkauf nicht bzw. kommen gekaufte Waren zu spät an, steht auch die Produktion), mit eingearbeitet werden. Damit wird mit einer Einkaufsanwendung auch eine Produktionsanwendung benötigt, die mit der Einkaufsanwendung kooperiert. So ist man schnell wieder bei einer ERP-Lösung, die viele bis alle Bereiche des Unternehmens abdecken muss.

Leistung

Vorteil: Hohe Kompetenz und Spezialisierung des Dienstleisters

Ein klarer Vorteil von Outsourcing durch Cloud Computing ist die hohe Spezialisierung des Dienstleisters. Während sich das dienstkonsumierende Unternehmen auf seine Kernbereiche konzentrieren kann, ist es dem Dienstleister möglich, sich auf die angebotene Plattform zu konzentrieren. Somit kann der Dienstleister ein hohes Know-how in diesem Bereich aufbauen und seine Dienstleistungen kontinuierlich verbessern.

Vorteil: Klar definierte Leistungen und Verantwortlichkeiten

Der Konsument einer Cloud-Computing-Plattform kauft vorher klar definierte Leistungen ein, die bei Nichteinhaltung des Dienstleisters gegebenenfalls eingeklagt werden können. Ist die IT im eigenen Unternehmen vorhanden, ist das kaum möglich, da eine Klage gegen eigene Mitarbeiter für Unmut sorgen könnte.

Vorteil: Starke Serviceorientierung

Ein weiterer wichtiger Vorteil ist die Serviceorientierung. Ein Dienstleister kann sich auf das Angebot von Cloud-Computing-Services spezialisieren. Unternehmen können somit verschiedene Angebote am Markt einkaufen.

Vorteil: Raschere Verfügbarkeit von Kapazitäten

Kapazitäten sind in Cloud-Computing-Plattformen im Normalfall sehr schnell verfügbar. Ist die IT on-premise, wird das meist kompliziert, weil die Planung und Anschaffung von neuen Kapazitäten wie Rechenzentren, Hard- und Software meist einen langwierigen Prozess durchläuft. In Cloud-Computing-Umgebungen bestellt man mit wenigen Mausklicks mehr Kapazitäten.

Nachteil: Know-how-Verlust

Konträr zur Spezialisierung auf das Kerngeschäft steht der Know-how-Verlust, aufgebautes IT-Know-how wird aus der Hand gegeben. Bei Ausfällen von Plattformen oder Services ist geeignetes Fachpersonal unter Umständen im eigenen Unternehmen nicht mehr verfügbar.

Kosten

Vorteil: Kostenreduktion im laufenden Betrieb

Im laufenden Betrieb können dank Cloud-Computing-Plattformen viele Kosten gespart werden. Vor allem im laufenden Betrieb sind viele Einsparungen möglich: Es fallen kaum Personal- und Wartungskosten an, die bei On-premise-Hosting die Bilanz belasten.

Vorteil: Variable statt fixe Kosten

Ein wesentlicher Vorteil von Cloud Computing und Outsourcing ist die Umstellung von Fixkosten auf variable Kosten. Bei Outsourcing-Angeboten zahlt man stets das, was auch tatsächlich konsumiert wird. Ist die Auslastung geringer, zahlt man entsprechend weniger.

Vorteil: Gute Planbarkeit

Ein wichtiger Vorteil von Cloud Computing ist die gute Planbarkeit. Werden zusätzliche Dienste benötigt, sind sie sofort verfügbar, so kann man die notwendige Leistung sehr schnell anpassen.

Nachteil: Transaktionskosten

Ein Nachteil sind Kosten, die durch das Auffinden, Evaluieren, Verhandeln und Kontrollieren von Cloud-Computing-Plattformen entstehen. Diese Kosten werden auch als Transaktionskosten bezeichnet.

Nachteil: Switching Costs

Einen erheblichen Mehraufwand können unter Umständen Switching Costs verursachen, die entstehen, sobald man auf Cloud-Computing-Dienste wechselt, z. B. für die Schulung der Mitarbeiter oder eventuelle Anpassungen der Plattform an das Unternehmen und dessen Prozesse. Diese Kosten entstehen jedoch auch, wenn man neue Dienste im Unternehmen einführt, etwa durch eine Bürosoftware.

Personal

Vorteil: Mittelfristige Reduzierung der Personalprobleme

Vor allem in der IT sind Fachkräfte oft Mangelware. Durch Outsourcing wird deutlich weniger Personal in der IT benötigt, so verringert sich das Problem der Rekrutierung von Fachpersonal für IT-Unternehmen.

Nachteil: Motivationsprobleme

Ein erhebliches Problem von Outsourcing stellt der eventuelle Abbau von Fachpersonal in IT-Abteilungen dar. Das kann negative Auswirkungen auf die Psyche der Mitarbeiter haben und zu Motivationsproblemen in der Umstellungszeit führen.

Finanzen

Vorteil: Auswirkung auf Jahresabschluss

Outsourcing wirkt sich in den meisten Fällen positiv auf die Bilanz aus, weil die Kosten direkt in die Bilanz übergehen und nicht erst per Abschreibungen. Das verschönert den Jahresabschluss und bietet wesentlich mehr Flexibilität. Die Erklärung der Auswirkungen auf den Jahresabschluss würde jedoch den Rahmen dieses Buches sprengen.

4.4 Wann macht es Sinn, Cloud Computing zu verwenden?

Damit man versteht, wann Cloud Computing sinnvoll ist, muss man drei verschiedene Anwendungsbereiche, die den Einsatz von Cloud-Computing-Umgebungen gegenüber traditionellen Plattformen begünstigen, betrachten. Jene drei Punkte sind die variablen Auslastung mit Belastungsspitzen, zeitlich begrenzte Plattformen oder Projekte sowie das kontinuierliche Wachstum. Innerhalb dieser Faktoren gibt es wiederum Unterscheidungsmerkmale, auf die im Folgenden genauer eingegangen wird.

Variable Auslastungen mit Belastungsspitzen

Der Faktor der variablen Auslastung betrifft viele IT-Abteilungen und Plattformen. Auslastungen können stark variieren, Belastungsspitzen auf verschiedenste Weise zustande kommen. Je nach Anwendungsfall kann man voraussehbare und nicht voraussehbare

Belastungsspitzen haben. In Abbildung 5.1 wird eine vorhersehbare Belastungsspitze anhand der Tageszeit dargestellt.

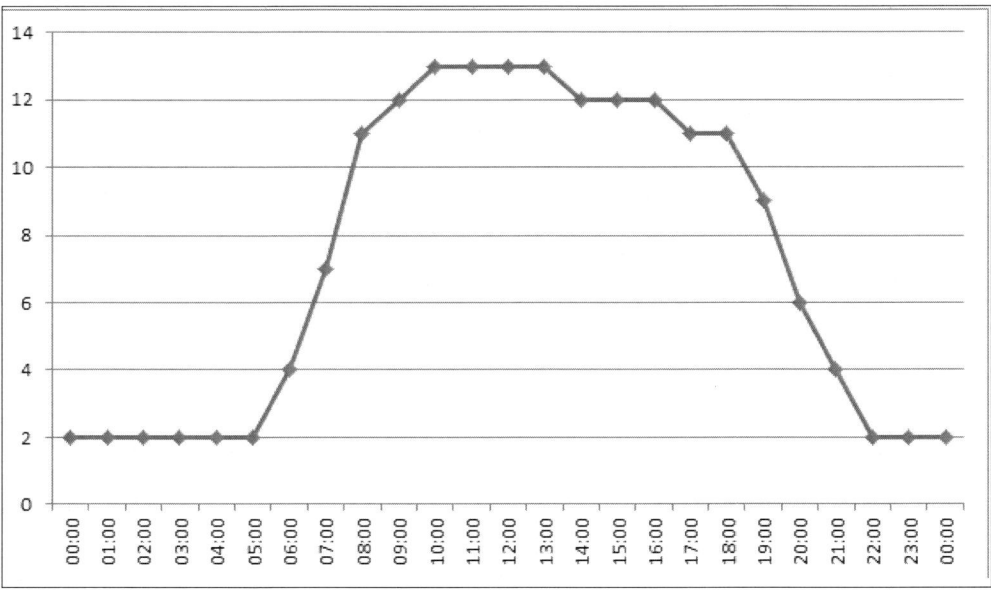

Abbildung 4.2: Variable Belastungsspitze – vorhersehbar

Vorhersehbare Belastungsspitzen kommen meist dann zustande, wenn Plattformen nur für gewisse Stunden pro Tag genutzt werden, z. B. die Plattform eines Amtes. Stellt das Amt Onlineformulare zur Verfügung, werden sie meist primär während des Tages abgerufen werden, abends und nachts wird die Auslastung eher gering sein. Traditionelle Plattformen können bei hohen Anforderungen während des Tages eventuell aufgrund der hohen Last in die Knie gehen. Am Abend oder in der Nacht wird der Server vermutlich nur sehr geringe Belastungen haben. Auf Cloud-Computing-Plattformen kann man während der Nacht die Anzahl der Instanzen reduzieren und somit Kosten sparen. Ähnlich verhalten kann es sich bei dem Dokumentenmanagementsystem eines Unternehmens. Ausgehend von dem Szenario eines in Deutschland ansässigen Unternehmens, das primär in der DACH-Region (Deutschland, Österreich (A) und Schweiz (CH)) tätig ist, ist das Dokumentenmanagementsystem primär während der Hauptgeschäftszeiten stark ausgelastet. Wird On-premise-Hosting verwendet, kann das während der Hauptgeschäftszeiten zu hohen Belastungen und Ausfällen der Server führen. Cloud Computing skaliert in diesem Fall mit der Belastung, wodurch mögliche Ausfälle des ganzen Systems auf ein Minimum reduziert werden und damit auch die Opportunitätskosten bei Ausfällen. Ein weiteres Szenario ist für Onlinekaufhäuser denkbar. Verkaufsplattformen wie beispielsweise Amazon haben zur Weihnachtszeit die höchsten Auslastungen. Damit man aufgrund von hohen Zugriffen keine Serverausfälle zu verzeichnen hat, ist die Auslagerung auf eine Cloud-Plattform in diesem Anwendungsfall sehr sinnvoll. Serverausfälle würden für das Unternehmen hohe Opportunitätskosten bedeuten, in diesem Fall nicht erhaltene Bestellungen.

Wesentlich komplexer gestaltet sich die Thematik, wenn die variable Auslastung unvorhersehbare Belastungsspitzen aufweist. Hierbei geht man von einer konstanten Auslastung mit einigen Belastungsspitzen aus. Plötzlich tritt der Sonderfall auf, dass überdurchschnittlich viele Zugriffe auf die Plattform erfolgen, die normalerweise nach kurzer Zeit wieder zurückgehen. Das kann die Server mancher Organisationen zum Absturz bringen. Nicht vorhersehbare Belastungsspitzen werden auch von unvorhersehbaren Ereignissen hervorgerufen, beispielsweise, wenn eine lokale Nachrichtenplattform eine „Jahrhundertstory" an Land gezogen hat. Aufgrund der heutigen starken Vernetzung kann diese Seite sehr häufig verlinkt werden. On-premise-Hosting bringt auch hier nicht die notwendige Skalierung mit und könnte somit aufgrund von Überlastung nicht mehr funktionieren. Ein weiteres Beispiel könnte die Entwicklung eines überdurchschnittlich innovativen Produkts sein. Wenn das eigene Unternehmen ein enorm interessantes Produkt entwickelt, kann es vorkommen, dass die Seite dieses Unternehmens unzählige Male verlinkt wird. Das könnte zur Folge haben, dass die Seite nicht mehr erreichbar ist und das Unternehmen somit potenzielle zukünftige Kunden verliert. Diese Belastungsspitze ist als Diagramm in Abbildung 4.3 dargestellt.

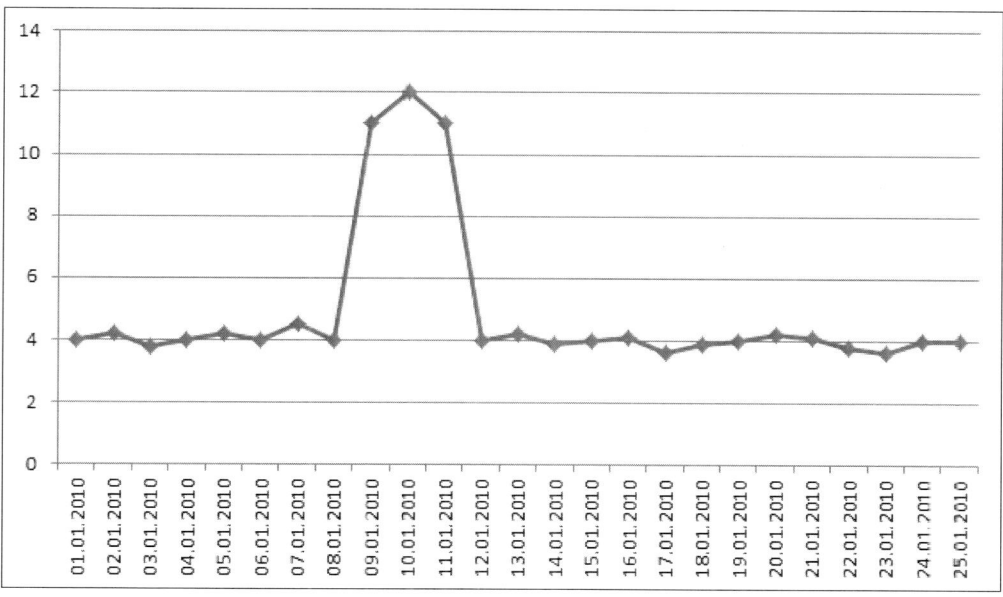

Abbildung 4.3: Variable Auslastung mit unvorhersehbaren Belastungsspitzen

In der englischsprachigen Literatur werden die variablen Belastungsspitzen und deren Vorhersehbarkeit oft mit „predictable" und „non-predictable" bezeichnet.

Zeitlich begrenzte Plattformen oder Projekte

Oft kommt es vor, dass eine Plattform oder Anwendung erstellt wird, die nur eine begrenzte Zeit verfügbar sein soll, von wenigen Tagen bis zu einigen Monaten. Auch hier ist Cloud Computing mit einigen Vorteilen gegenüber On-premise-Lösungen vertreten. Betrachtet man die Alternativen, so gibt es kaum eine andere Möglichkeit, außer auf Clouds zu setzen. Für Plattformen, die nur eine gewisse Zeit laufen sollen, muss Hardware angeschafft werden, es fallen Servicestunden für die Inbetriebnahme an, und für die Zeit muss auch der störungsfreie Betrieb garantiert werden. Damit dies gewährleistet wird, sind meist zusätzliche Techniker vonnöten, was zusätzliche Ausgaben bedeutet. Durch Cloud Computing wird dies auf ein Minimum reduziert. Mögliche Szenarien für zeitlich begrenzte Plattformen sind beispielsweise intensive Rechenvorgänge wie das Encoden von Videomaterial, Bulk-Versand von E-Mails für bestimmte Events, oder komplexe Analysealgorithmen, die jedoch nur einmalig durchlaufen müssen (z. B. bei der Digitalisierung von Bibliotheken). Sinn macht Cloud Computing auch dann, wenn eine Webanwendung bzw. Website nur für eine beschränkte Zeit online sein muss, z. B. bei einmaligen Events. Hier kommt ferner der Vorteil der Belastungsspitzen zum Tragen. Besonders bei zeitlich begrenzten Plattformen hat man durch Cloud Computing starke Einsparmöglichkeiten, wie Abbildung 4.4 zeigt.

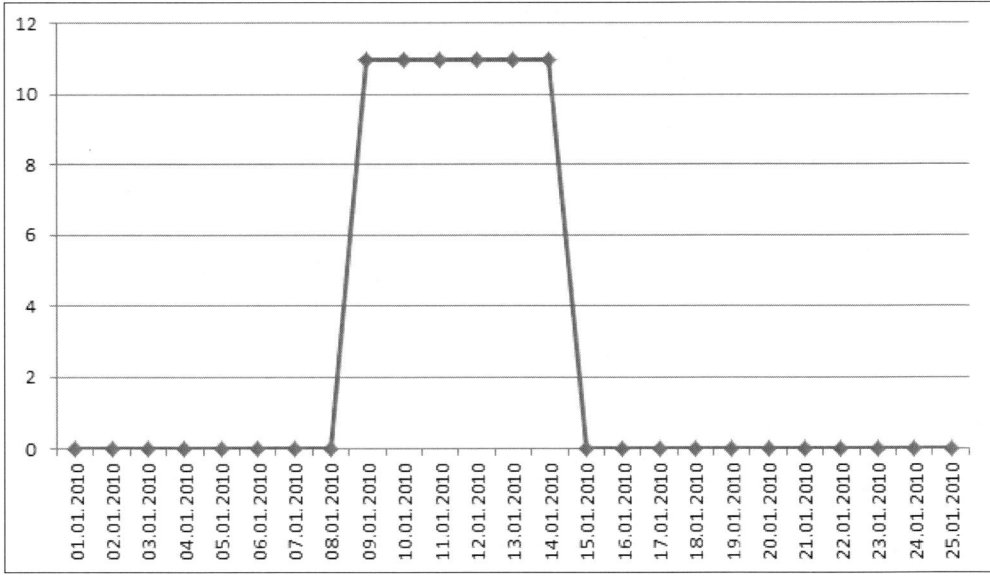

Abbildung 4.4: Zeitlich begrenzte Plattformen

Kontinuierliches Wachstum

Ein klassisches Szenario für Cloud Computing ist das des kontinuierlichen Wachstums einer Plattform oder Anwendung. Der Vorteil von Cloud Computing gegenüber traditionellen On-premise-Lösungen liegt hier in der Einfachheit der Skalierung. Es ist nicht mehr nötig, neue Hardware zu kaufen. Ferner funktioniert das Wachstum auch nicht schnell genug. Es kann einige Wochen bis Monate dauern, bis neue Rechenzentren gebaut und betriebsbereit sind. Hier können Kunden jedoch aufgrund schlechter Performance oder Verfügbarkeit der Plattform bereits zu anderen Anbietern abgewandert sein. In Cloud-Computing-Umgebungen ist das Wachstum sehr einfach möglich: Ein zuständiger Mitarbeiter der IT-Abteilung startet eine neue Instanz einer virtuellen Maschine, und schon steht wesentlich mehr Leistung für die Kunden zur Verfügung. Um den Vorteil von Cloud Computing in Zahlen darzustellen, braucht man daher Wissen über IT-Opportunitätskosten.

Cloud Computing hat jedoch nicht nur Vorteile, wenn es um Plattformen oder Services für Kunden geht. Auch für das eigene Unternehmen bietet die Cloud hier einige interessante Lösungen. Da sie hochskalierbar ist, können diese Dienste mit dem eigenen Unternehmen mitwachsen. Das ist für Startups ebenso interessant wie für bereits etablierte Unternehmen. Geht man von einer Kollaborationslösung aus, so benötigen junge Unternehmen meist nur wenige Postfächer. Wächst das Unternehmen, wird die Skalierung des Dienstes zunehmend schwieriger. Einige Anbieter (die in Kapitel 6 genauer beschrieben werden) bieten solche Dienste kostengünstig an. In Abbildung 4.5 ist das kontinuierliche Wachstum abgebildet.

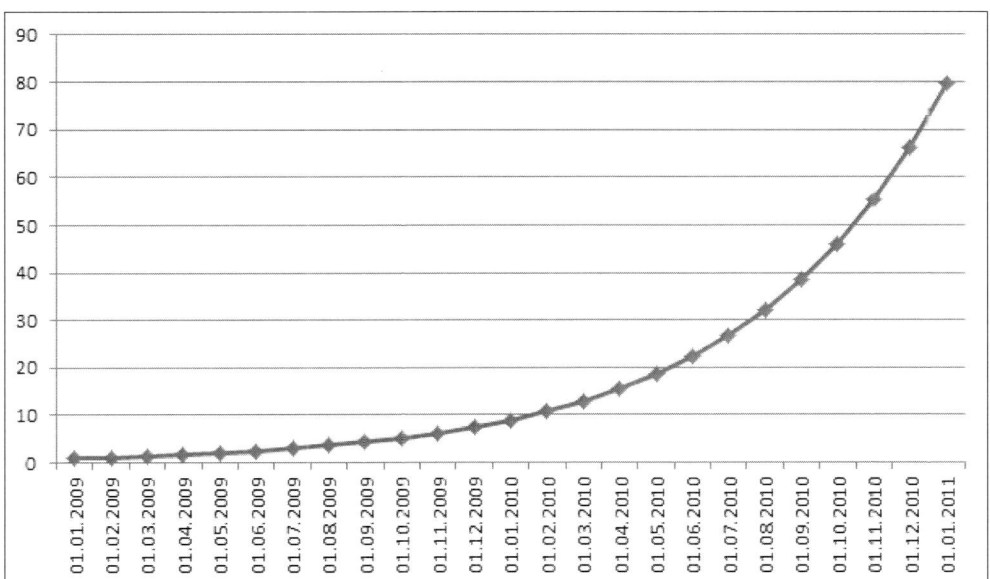

Abbildung 4.5: Kontinuierliches Wachstum

4.5 Kostenbeispiele

In diesem Unterkapitel sollen einige Beispiele gegeben werden, wie die Einsparungen und Möglichkeiten von Cloud Computing tatsächlich aussehen. Diese Beispiele basieren auf realen Plattformen, werden jedoch anonymisiert dargestellt. Ferner sind die Beispiele nach den Ebenen des Cloud Computings (SaaS, PaaS, IaaS) geordnet, um einen Überblick zu erhalten. Als Vergleichsobjekte werden hier tatsächlich vorhandene Hard- und Software angegeben, ohne Hardware- oder Softwarehersteller zu nennen. Die Preise beziehen sich auf den Zeitpunkt der Verfassung dieses Kapitels (Juli 2010). Die Szenarien der einzelnen Beispiele werden kurz umrissen, bevor Rechenbeispiele folgen und mit On-premise-Hosting verglichen werden. In den Rechenbeispielen wird der Einfachheit halber auf Zinsrechnungen verzichtet. Diese würden sich für Cloud Computing nochmal positiv auswirken, da bei On-premise-Lösungen hohe Anfangsinvestitionen notwendig sind. Diese können entweder mittels Kredit finanziert werden oder schmälern den Gewinn des Unternehmens.

4.5.1 SaaS-Beispiele

Die einfachste Kategorisierung innerhalb der einzelnen Plattformen bietet eindeutig der SaaS-Ansatz. Hierbei werden drei Szenarien vorgestellt: Das erste stellt eine Collaboration (Zusammenarbeit-)Lösung für ein IT-Startup-Unternehmen vor, das zweite eine Sales-Plattform für einen Konzern und das dritte eine Bürolösung für ein unabhängig operierendes Touristenbüro.

Collaboration-Lösung für ein IT-Startup

Dieses Szenario geht von einem IT-Startup-Unternehmen mit 15 Mitarbeitern aus. Das Unternehmen wickelt Softwareprojekte für größere Unternehmen ab, wobei ein hoher administrativer Aufwand hinsichtlich des Dokumentenmanagements gefragt ist. Um agil in Projekten agieren zu können, ist es wichtig, Dokumente unternehmensweit korrekt verwalten zu können. Es gibt hierfür einige Lösungen von großen Softwareunternehmen, die jedoch hinsichtlich der Administration und Hardware- wie auch Softwarekosten sehr teuer sind. Ferner gibt es auch in der Cloud einige Anbieter und Dienste, die eben diese Aufgaben lösen. Für das Szenario wird ein Produkt verwendet, das folgende Kosten pro Monat und Benutzer produziert:

Produkt	Kosten pro Einheit und Monat	Einheiten	Gesamtkosten
E-Mail und Dokumentendienst	8,52 €	15	127,80 €

Aufsummiert liefert dies für 15 Mitarbeiter folgende jährliche Kosten:

Monatliche Gesamtkosten	Jährliche Gesamtkosten
127,80 €	1 533,60 €

Bei einer On-premise-Lösung fallen folgende Kosten an:

Produkt	Kosten pro Einheit	Einheiten	Gesamt
Serverhardware (QuadCore, 16 GB RAM, Betriebssystemlizenzen, Virtualisierungslizenzen, 4x 146 GB SAS Platte)	7 509,00	1	7 509,00
Kosten für SQL-Datenbank-Lizenz	15	191,90	2 878,50
Kosten für Dokumentenmanage-mentsystem	15	97,00	1 455,00
E-Mail-System zu je 5 Lizenzen	4	472,50	1 417,50

Diese Kosten basieren auf in der IT-Branche häufig vorkommenden Produkten. Diese sind vom selben Anbieter wie die hier vorgestellten Cloud-Lösungen. Die unterschiedlichen Kosten erkennt man, wenn man sich Abbildung 4.6 ansieht. Hierbei gilt jedoch zu beachten, dass keine weiteren Verzinsungen angegeben wurden.

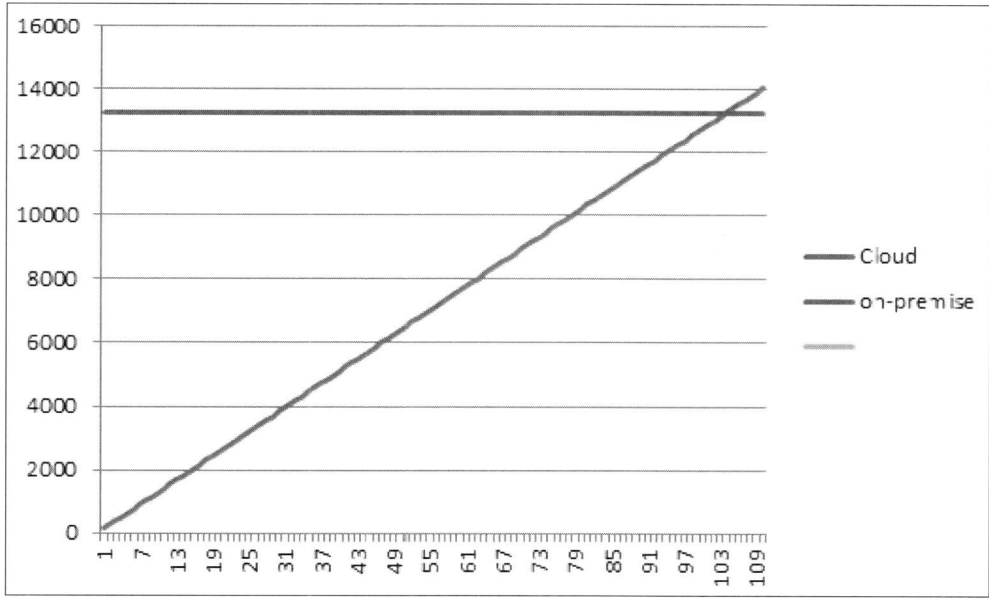

Abbildung 4.6: Kostenvergleich 1 – SaaS-Collaboration-Lösung

Wie aus Abbildung 4.6 hervorgeht, sind die Kosten einer Cloud-Computing-Plattform erst nach etwa 100 Monaten höher als die einer On-premise-Plattform, wobei noch keine Verzinsungen mit eingerechnet wurden. Außerdem gilt es anzumerken, dass ein System nach 100 Monaten, also mehr als 8 Jahren, mehr als überholungsbedürftig ist. Dieser Vergleich zeigt jedoch deutlich, wie viel Kosteneinsparungen durch Cloud Computing möglich sind.

Sales-Plattform für eine Sales-Abteilung in einem Konzern

In diesem Szenario wird auf eine Sales-Abteilung innerhalb eines Konzerns eingegangen. Die Verkaufsabteilung benötigt ein komfortabel zu verwendendes Tool, das die Verwaltung der Kunden und deren Aufträge sowie deren Überwachung bearbeitet. Es werden 120 Verkaufsmitarbeiter von diesem Tool Gebrauch machen. Eine SaaS-Plattform hat folgende Kosten pro Benutzer und Monat:

Produkt	Kosten pro Einheit und Monat	Einheiten	Gesamtkosten
Vertriebsplattform	70 €	120	8 400 €

Je nach eigesetzter On-premise-Lösung fallen Server- und Personalkosten für die Wartung an. Viele Verkaufsplattformen haben zudem ein sehr teures Lizenzmodell.

Bürolösung für ein selbstständiges Touristenbüro

Für dieses Szenario wird von einem kleinen, wenige Personen umfassenden Touristenbüro der für den Fremdenverkehr bedeutenden Stadt Salzburg ausgegangen. Die fünf Mitarbeiter des Touristenbüros sollen auf Dokumentenverwaltung und E-Mail-Dienste zugreifen und Dokumente gegebenenfalls gemeinsam bearbeiten können. Diese Lösung würde auf On-premise-Plattformen sehr teuer werden, da ein Dokumentenmanagementsystem und Bürosoftwarepakete nötig wären. Für dieses Beispiel wird eine Cloud-Anwendung eingesetzt, wie in Kapitel 6 beschrieben.

Produkt	Kosten pro Einheit und Jahr	Einheiten	Gesamtkosten
Bürosoftware, Dokumentenverwaltung und E-Mail-Dienst	40 €	5	200 €

On-premise würden sich somit etwa folgende Kosten ergeben:

Produkt	Kosten pro Einheit	Einheiten	Gesamt
Serverhardware	854,00	1	854,00
Kosten für Bürosoftware	289,00	1	289,00
Kosten für Bürosoftwarelizenzen	192,90	1	192,90

Auch hier ist deutlich erkennbar, dass sich die Kosten einer On-premise-Plattform ohne eine Berechnung der Zinsen erst nach 10 Jahren rentieren würden. Bis zu diesem Zeitpunkt sind sowohl Hard- als auch Software bereits veraltet. Somit ist Cloud Computing auch für Unternehmen, die nicht im IT-Bereich tätig sind oder große Sales-Abteilungen unterhalten, interessant.

4.5.2 PaaS-Beispiele

Wesentlich komplexer gestaltet sich die Beispielsuche bei PaaS-Lösungen. Hier liegt die Schwierigkeit vor allem darin, den Unterschied zu IaaS-Lösungen zu finden. PaaS und IaaS unterscheiden sich nicht mehr so signifikant wie SaaS. Prinzipiell können ähnliche Lösungen mit beiden Ebenen erledigt werden. In den PaaS-Beispielen wird daher primär auf Webanwendungen eingegangen.

Eventseite für ein einmaliges stattfindendes Event

In diesem Szenario wird eine Eventseite für ein Großevent erstellt, die drei Monate vor dem Event verfügbar sein soll. Zwei Monate vor dem Event soll die Registrierung beginnen, wobei wesentlich höhere Belastungen für den Server erwartet werden. Außerdem müssen komplexe Aufgaben wie der E-Mail-Versand, die Generierung von Rechnungen als PDF und Überprüfung von Zahlungen erledigt werden. Diese sollen idealerweise in einer eigenen virtuellen Maschine erfolgen. Die Eventseite soll noch einen Monat nach dem Event verfügbar sein, was einer 4-monatigen Verfügbarkeit entspricht. Für die Hauptzeit von zwei Monaten sollen mehrere virtuelle Instanzen die Belastung übernehmen. Als Datenspeicher soll die SQL-Datenbank eines namhaften Herstellers zum Einsatz kommen, die bei einer Cloud-Lösung ebenfalls in der Cloud liegt. Es werden wenige Transaktionen (REST) notwendig sein, da lediglich eine Kommunikation zwischen den Rollen erfolgt.

Die Berechnung der Compute Hours ist noch am trivialsten. Es sind zwei Monate mit einer Instanz und zwei Monate mit zwei Instanzen notwendig.

Beschreibung	Compute Hours	Monate	Instanzen	Gesamt
Erster und letzter Monat	720	2	1	122,69
Zwei Hauptmonate	720	2	2	245,38

Die Anwendung soll Tag und Nacht verfügbar sein, also bei 30 Tagen in etwa 720 Stunden pro Monat. Im ersten und letzten Monat wird nur jeweils eine Instanz benötigt, wohingegen in den zwei Hauptmonaten zwei Instanzen benötigt werden. Eine Instanz ist für die Anzeige der Webinhalte notwendig, die zweite kümmert sich um E-Mail-Versand und Registrierung. Weitere Kosten fallen für einen SQL-Dienst an, für den eine 10 GB große Instanz zum Einsatz kommt.

Beschreibung	Kosten pro Monat	Monate	Gesamt
SQL-Datenbank	70,91	4	283,65

Komplex wird es bei der Berechnung des Traffics (Verkehr auf der Leitung). Hier muss man meist auf Erfahrungswerte ausweichen. Da die Registrierung jedoch nicht medienintensiv ist und Videos und Bilder auf den hierfür gedachten Plattformen wie YouTube oder Flickr gehostet werden, fallen lediglich 20 GB pro Monat an eingehendem Verkehr und 10 GB an ausgehendem Verkehr an.

Beschreibung	GigaByte	Preis/GigaByte	Monate	Gesamt
Eingehend	20	0,071	4	5,68
Ausgehend	10	0,1064	4	4,26

Noch komplizierter gestaltet es sich, wenn man die Kosten des Datenspeichers angibt. Hier werden nur sehr geringe Kosten anfallen, da alle Daten in der SQL-Datenbank gespeichert werden. Die einzigen anfallenden Kosten sind die für die Kommunikation zwischen den Rollen, wobei über die gesamte Laufzeit nicht mehr als 1 GB anfallen wird.

Beschreibung	Preis pro GB	Gesamtpreis
Kosten Storage	0,1064	0,1064

Außerdem fallen Kosten für Storage Transactions an. Eine Storage Transaction ist eine REST-Anfrage durch die HTTP-Verben (vgl. Kapitel 5). Die Anzahl der Transaktionen sind genau zwei pro Benutzer (ein Benutzer registriert sich und schreibt einen Eintrag in die Queue). Dieser Eintrag wird dann durch die zweite Instanz ausgelesen. Des Weiteren entstehen Kosten für sekündliches Pulling nach Daten. Die zweite Instanz überprüft, ob neue Messages verfügbar sind. Somit fällt eine Transaktion pro Sekunde für die gesamte Laufzeit der Instanz an.

Beschreibung	Anzahl der Transaktionen in 10 000	Kosten pro 10 000 Transaktionen	Gesamt
Kosten Storage Transactions	1 056,8	0,0071	7,50

Insgesamt ergibt das folgende Kosten:

Beschreibung	Kosten
Compute – erster und letzter Monat	122,69
Compute – zwei Hauptmonate	245,38
Kosten für SQL-Dienst	283,65
Eingehender Traffic	5,68
Ausgehender Traffic	4,26
Kosten für Storage	0,11

Beschreibung	Kosten
Kosten für Storage Transactions	7,50
Gesamt	**669,26**

Der Vergleich mit den On-premise-Kosten fällt sehr schwer. Prinzipiell ergeben sich zwei Möglichkeiten:

1. Kauf von zusätzlichen Servern und somit auch Softwarelizenzen. Hier hätten die Kosten ein ähnliches Ausmaß wie in Beispiel 1. Es wäre ein leistungsfähiger Rechner nötig, außerdem müsste eine Lizenz für eine SQL-Lösung gekauft werden. Das würde Kosten von etwa 10 384,50 Euro ergeben.

Die zweite Lösung wäre es, die Kapazitäten im Unternehmen weiter zu verwenden. Hier besteht jedoch die Gefahr, dass die Skalierung nicht hoch genug ist für die zu erwartenden Belastungsspitzen. Damit könnte das System bei hohem Zugriff für mehrere Stunden ausfallen, was eventuell zu Umsatzeinbußen führen würde. Insofern sind die Kosten der Cloud-Computing-Plattform wesentlich berechenbarer. Die Zuverlässigkeit ist auch in den meisten Fällen wesentlich höher als in On-premise-Umgebungen.

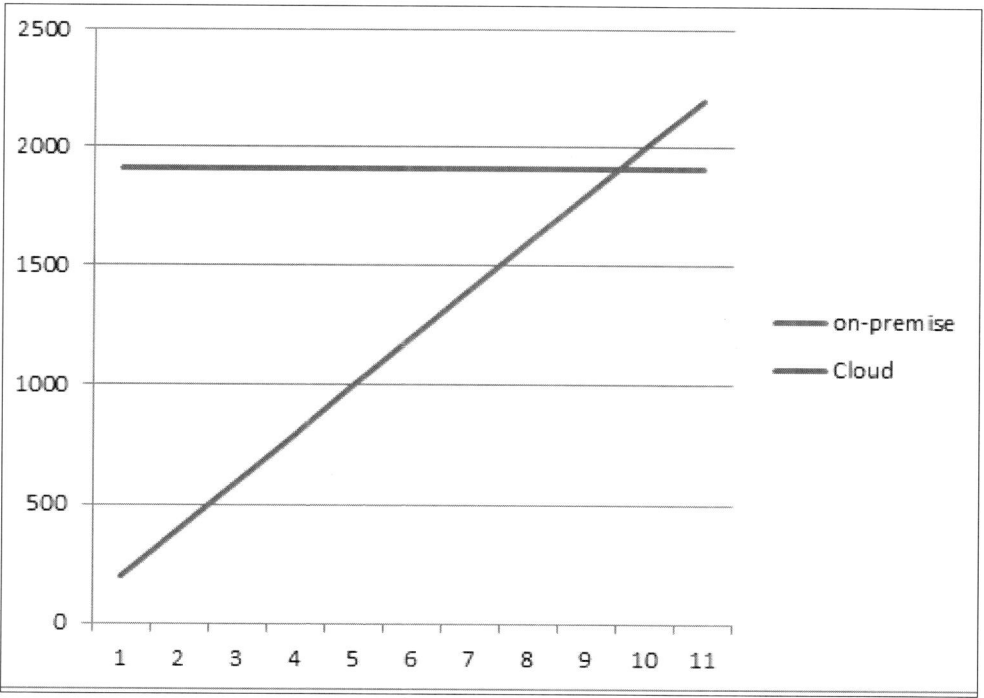

Abbildung 4.7: Kostenvergleich Eventseite

Task-Verwaltungsanwendung für Unternehmen

Das letzte Beispiel stellt eine Anwendung dar, die auf einer PaaS-Lösung entwickelt und als SaaS-Produkt weiterverkauft wird. Es handelt sich um ein Task-Verwaltungssystem, das es den Mitarbeitern von Unternehmen ermöglichen soll, ihre Aufgaben (Tasks) effektiver zu verwalten. Da die Plattform stark skalieren soll, bietet Cloud Computing hier einige Vorteile: Zum einen in der Entwicklung, da keine Kosten für Server und Softwarelizenzen anfallen und man sich bereits während der Entwicklung auf die Anwendung konzentrieren kann. Vor allem, wenn es sich um ein junges IT-Startup handelt, können diese Kosten entscheidend sein. Weitere Vorteile ergeben sich, wenn eine Skalierung notwendig ist, wobei in vielen Fällen zusätzliche Server gekauft und gewartet werden müssen. In der Cloud aktiviert man diese Server einfach mit wenigen Mausklicks.

4.5.3 IaaS-Beispiele

Wie in der Beschreibung für PaaS erwähnt, ist es sehr schwierig, den Unterschied zu IaaS-Plattformen zu definieren. Letztere ist vorzuziehen, wenn man Standardsoftware wie Enterprise-Content-Management-Anwendungen auf Server verteilen will oder Anwendungen hat, die auf das darunterliegende Betriebssystem zugreifen müssen. PaaS ist vorzuziehen, wenn keines der beiden Elemente zum Tragen kommt. Der Grund ist die einfachere Entwicklung von Anwendungen auf PaaS-Lösungen, da sie einfachere APIs anbieten.

Internes Portal eines großen Unternehmens mit 10 000 Mitarbeitern

In diesem Szenario soll ein Standardprodukt, das bereits als Lizenz im Unternehmen vorhanden ist, in eine IaaS-Cloud ausgelagert werden. Hierfür kommt eine Serverfarm von 60 Servern zum Einsatz, die geografisch auf drei Kontinente verteilt sind. Das Produkt, das verwendet wird, ist ein Enterprise-Content-Management-System. Da das System in jeder geografischen Lage nur für 12 Stunden voll einsatzbereit sein muss, ist zu erwarten, dass lediglich 70 % der gesamten CPU-Stunden laufen. Daher können für die restliche Zeit einige Instanzen abgeschaltet werden (Hinweis: viele Anbieter haben Management-APIs, womit das einfach möglich ist). Außerdem werden Datenbanken für die Daten verwendet. Für die Compute-Instanzen werden folgende Kosten pro Monat anfallen:

Text	Kosten/CPU-Stunde	Instanzen	Summe Stunden	Auslastung	Kosten
Instanzen Nordamerika	0,0852	20	14 400	0,7	858,82
Instanzen Europa	0,0852	30	21 600	0,7	1 288,22
Instanzen Asien	0,0852	10	7 200	0,7	429,41
				Summe	2 576,45

Für den Datenverkehr fallen in unterschiedlicher Region andere Kosten an. In diesem Beispiel sind die Kosten für Nordamerika und Europa gleich. Ein Unterschied besteht lediglich zu Asien.

Text	Kosten pro GB	GB pro Monat	Gesamtkosten
Eingehender Verkehr – Nordamerika	0,071	100	7,1
Eingehender Verkehr Europa	0,071	150	10,65
Eingehender Verkehr – Asien	0,2128	70	14,90
Ausgehender Verkehr – Nordamerika	0,1064	30	3,19
Ausgehender Verkehr – Europa	0,1064	40	4,26
Ausgehender Verkehr – Asien	0,3192	10	3,19
		Summe	43,29

Für den Datenspeicher soll eine SQL-Datenbank zum Einsatz kommen. Die Plattform benötigt 400 GB in Europa, 300 GB in Nordamerika und 150 GB in Asien. Das ergibt folgende Kosten:

Text	Kosten pro 50 GB	GB	Summe
Datenbank – Nordamerika	354,57	300	2 127,39
Datenbank – Europa	354,57	400	2 836,52
Datenbank – Asien	354,57	150	1 063,70
		Summe	8 647,34

Für eine On-premise-Lösung werden in diesem Fall lediglich die Hardwarekosten und die Kosten für den SQL-Dienst mit berechnet. Das würde bei der Anschaffung von Servern als On-premise-Lösung etwa folgende Aufwände ergeben:

Text	Einheiten	Kosten pro Einheit	Summe
Serverhardware	60	7 509,00	450 540,00
SQL-Lizenzen	10	8 4557,90	84 557,90
		Summe	535 097,90

In dieser Aufstellung sind keine Kosten für Grund und Boden (Serverfarmen benötigen zusätzlichen Standplatz) sowie Wartung und Gebäudebau mit berechnet. Abbildung 5.7 zeigt den Vergleich der Kosten.

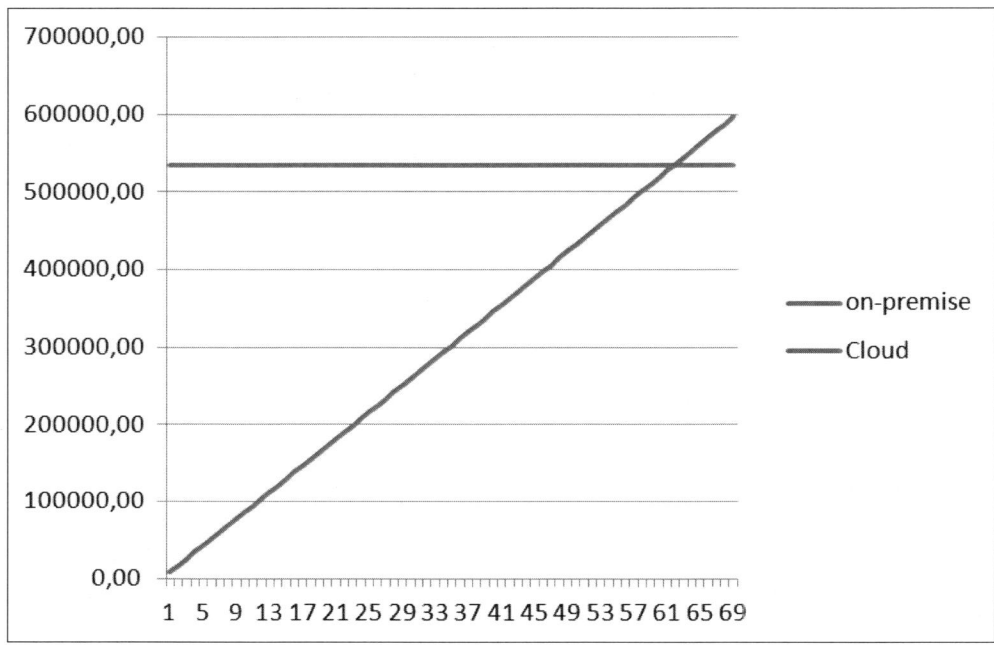

Abbildung 4.8: Kostenvergleich IaaS

Hier ist deutlich zu erkennen, dass sich die Kosten einer On-premise-Lösung erst nach 5 Jahren rentieren. Jedoch noch einmal: Es wurden keinerlei Kosten für die Serverfarmen und deren Instandhaltung berechnet. Da in der Cloud-Lösung Kosten von 8 647 Euro anfallen, sind diese Kosten bereits oftmals geringer als Personalkosten der On-premise-Lösung, sodass sich Cloud Computing auch für das Outsourcing von sehr großen Lösungen anbietet.

Encoding von Mediadaten eines TV-Senders, der 50 parallele Prozesse für eine Woche braucht

Oben wurde bereits geschrieben, dass Cloud Computing auch Sinn macht, wenn es sich um zeitlich begrenzte Anwendungen handelt. Häufig kommt es vor, dass für kurze Zeit sehr viel Rechenleistung nötig ist, z. B. beim Encoding von Mediadaten eines TV-Senders, wobei mehrere Threads parallel ablaufen müssen, um diese Aufgaben zu bewältigen. Für diesen Anwendungsfall macht es wenig Sinn, sich Server neu anzuschaffen.

In den Mediadaten soll nach bestimmten Objekten auf Bildern gesucht werden, die dann in eine Storage-Tabelle gespeichert werden. Die Daten, die durchsucht werden sollen, umfassen in etwa 2 TB. Diese 2 TB müssen an den Dienst gesendet werden und sind somit eingehende Daten. Die analysierten Daten werden vorerst in einer Tabelle zwischengespeichert und nach Beendigung des Vorgangs abgeholt, wobei 10 GB an Traffic anfallen. Daraus ergeben sich folgende Kosten:

Beschreibung	Preis je Einheit	Einheiten	Gesamtkosten
Eingehnder Traffic-Compute Hours für 50 virtuelle Instanzen und 1 Woche	0,0710,0852	2 0008 400	142,00 €715,68 €
Ausgehender Traffic	0,1064	10	1,06 €
Kosten Storage	0,1064	10	1,06 €
Kosten Storage Transactions	10 000 je 10<	0,0071	71,00 €
		Gesamt	930,81 €

Die Kosten von 930 € sind verglichen mit dem, was diese Art der Anwendung leistet, beinahe verschwindend gering. Wollte man diese Anforderung on-premise umsetzen, so würde man 50 frei verfügbare Server brauchen, die auch tatsächlich für eine Woche nicht benötigt werden. Da eine solche Menge an Servern in den wenigsten Organisationen verfügbar ist, müssen sie erst gekauft werden. Das braucht Zeit und übersteigt die Kosten von 930 € bereits nach dem ersten Server (Beispiel 1). So wird deutlich, wo Cloud Computing Vorzüge gegenüber anderen Plattformen bietet.

4.5.4   Case Studies

In dieser Sektion werden verschiedene Case Studies vorgestellt: reale Projekte, die umgesetzt wurden. Weitere Case-Studies finden Sie unter *www.cloudratgeber.de*.

Ausgangssituation

Das Unternehmen hatte eine mehrere Jahre alte, auf Lotus Domino basierende Messaging-Infrastruktur. Der CIO plante, sie auf Microsoft Exchange zu migrieren und erwog als Variante auch eine Cloud-basierte Alternative, in diesem Fall Microsoft Office365. Die neue Lösung musste Zugriff über ActiveSync (für mobile Endgeräte), Outlook Anywhere (RPC/HTTP) und Outlook Web Access bieten sowie die derzeit bestehende Fax-Lösung integrieren. Als Beratungs- und Umsetzungspartner wurde das herstellerunabhängige Cloud-Consultingunternehmen Hexa Business Services ausgewählt.

Das Szenario (was wird genau umgestellt?)

Es erfolgte die Migration von der vorhandenen lokalen Lotus-Domino-Umgebung auf Exchange Services in der Cloud. Zusätzlich wurde die Domain von Windows 2003 auf Windows 2008 (R2) aktualisiert. Das Hauptaugenmerk bei der Konzeption der Migrationsphase wurde darauf gelegt, dass es keine Koexistenz der beiden Groupware-Lösungen gibt, wodurch sowohl Kosten als auch Komplexität (auch für die Anwender) reduziert werden können.

Das Hexa-Team setzte sich zum Ziel, keine On-premise-Instanzen für den gesamten Migrationsprozess zu verwenden. So wurde für die Migration der Lotus-Domino-Mailboxen und -Archive ein Cloud-Service als Migrationswerkzeug eingesetzt. „CMT for Exchange" der Firma BinaryTree wurde verwendet, um die vollständige Migration aller Inhalte sicherstellen zu können.

Der Einsatz des Migrationswerkzeugs erforderte eine temporäre Migrationsumgebung, mithilfe derer der Content aus der lokalen Lotus-Domino-Umgebung transformiert und auf die neue Exchange-Umgebung in der Cloud migriert werden konnte. Abhängig von der Migrationsphase musste eine unterschiedliche Anzahl von Servern bereitgestellt werden, da z. B. vor allem die Transformation ressourcenintensiv war und durch Parallelisierung beschleunigt wurde.

Diese Anforderungen konnten mit einer Realisierung der Migrationsumgebung in der Cloud am besten abgedeckt werden, da hier flexibel Server mit den aktuell benötigten Ressourcen hinzugeschaltet werden können. Zu diesem Zweck wurden die Amazon Web Services verwendet. Die Cloud-Plattform selbst wurde mittels eines Site-2-Site VPNs in das interne Netzwerk des Unternehmens eingebunden, sodass eine sichere Kommunikation zu jedem Zeitpunkt gewährleistet war.

Die Migrationsumgebung bestand aus:

- 3-7 Amazon-Web-Service-EC2-Instanzen, davon ein Domain Controller, ein SQL Server und ein bis fünf Migrationsserver

- Storage Volumes wurden über das Amazon EBS Service erzeugt

- Die Server wurden über Amazons Virtual Private Cloud in das Unternehmensnetzwerk eingebunden

Die Skalierung erfolgte halbautomatisch per vorbereitetem eigenem Image (Amazon Machine Image, AMI); die Installation wurde per Amazon API über vorbereitete Scripts angestoßen und die letzten Konfigurationen manuell durchgeführt.

Die Umstellung erfolgte in folgenden Schritten:

- Einbinden der Hexa Migration Cloud (Amazon Web Services)

- Vorbereiten des Active Directory für den Directory Sync

- Etablierung des Directory Syncs

- Vorbereiten der Mailboxen für die Migration

- Durchführen der mehrstufigen Migration mithilfe von BinaryTree

Success für den Kunden, z. B. Kosteneinsparungen

Durch den Einsatz der Exchange Services aus der Cloud wurden hohe Anfangsinvestitionskosten vermieden, Hard- und Softwarewartung sowie der Betrieb der Plattform aus der eigenen IT-Mannschaft eliminiert und somit Kosten und Ärger gespart. Für das Kundenunternehmen verlief die Migration transparent und unproblematisch. Auch das Expertenteam der Hexa Business Services konnte durch den punktgenauen Einsatz unterschiedlicher Cloud-Dienste die Transition in die Wolke mit hoher Flexibilität und Performance durchführen. Einzig die Bandbreite wurde initial etwas gering bemessen und musste temporär erhöht werden.

Weiterführende Literatur

- Google Inc.: Vorteile von Google Apps. Abgerufen am 06. 07 2010 von Google Apps for Businesses: *http://www.google.com/apps/intl/de/business/features.html*

- Microsoft Deutschland GmbH: Business Productivity Suite Kostenrechner. Abgerufen am 06. 07 2010 von Business Productivity Suite: *http://www.microsoft.com/online/de-de/productpurchase.aspx*

- Wildemann, H. (1987): Strategische Investitionsplanung. Wiesbaden.

- Bouman, Jacques, Trienekens, Jos und van der Zwan, Mark: Specification Of Service Level Agreements, Clarifiying Concepts On The Basis Of Practical Research [Journal]. Eindhoven: IEEE.

- Clayton, Steve: Geek in Disguise. MSDN Blogs. - 13. 06 2010. - *http://blogs.msdn.com/b/stevecla01/archive/2008/07/01/bill-gates-talks-cloud-computing-tees-up-ozzie-nicely.aspx*.

- Iqbal, Waheed et al.: SLA-Driven Automatic Bottleneck Detection and Resolution for Read Intensive Multitier Applications Hosted on a Cloud [Journal] // LNCS 6104. - [s.l.] : Springer, 2010. - S. 37-46.

- Microsoft Corporation: Microsoft SQL Azure – Vereinbarung zum Servicelevel (SLA). 2010.

5 Architekturelle Grundlagen

Dieses Kapitel widmet sich primär den architekturellen Grundlagen von Cloud Computing. Der wesentliche Unterschied zu Kapitel 2 (technische Grundlagen) besteht darin, dass es sich hier gänzlich um die Software- und Plattformentwicklung dreht. Kapitel 2 ist eine Grundlage für dieses Kapitel – alles, was in Kapitel 2 erstellt wurde, z. B. Load Balancing, Virtualisierung oder das Rechenzentrum an sich, wird hier auf einem abstrakten Level verwendet. Hier geht es darum, wie man Anwendungen (z. B. SaaS-Anwendungen) für Cloud-Plattformen baut. Als Grundlage kann entweder die eigene, private Cloud oder aber auch einige der in Kapitel 6 vorgestellten public Clouds verwendet werden.

5.1 Datenbanken in der Cloud

Ein elementarer Bestandteil jeglicher Software ist ein Datenspeicher. Dieser Begriff kann von sehr komplexen Datenbanken, die typischerweise durch SQL-Datenbanken der bekannten Hersteller repräsentiert werden, bis hin zu einfachen Dateien reichen. Für verteilte Systeme bedarf es oft stärker skalierender Datenbanken, die wiederum auch als „NoSQL" bezeichnet werden. NoSQL steht nicht für „kein SQL", sondern für Not Only SQL – also einem „Zufluchtsort" für sämtliche alternative Datenbanken. Die drei wichtigen Technologien, SQL, NoSQL und Blob Storages, werden in diesem Kapitel detailliert erklärt. Oft spricht man bei diesen Technologien auch von BigData.

5.1.1 NoSQL

Auch hinsichtlich Datenbanken weicht Cloud Computing von der traditionellen IT ab. Bei Cloud Computing steht die Skalierung im Vordergrund. Traditionelle, relationale Datenbanken können das nicht ausreichend umsetzen. Ein Problem von SQL ist, dass es zwar auf einem hohen Abstraktionsniveau angesiedelt ist, meist werden Ausführungsdetails dadurch jedoch nicht mehr sichtbar. Das bedeutet, dass die Leistung negativ beeinflusst wird. Ein einfacher Durchlauf der Daten wäre am effektivsten, SQL braucht z. B. bei Joins oft mehrere Durchgänge. Außerdem sind Datenzugriffe in SQL in Unternehmen zwar gut, doch wird es in Cloud-Umgebungen in der Performance schlechter, da Disk-Operationen keinen Vorteil mehr bringen. Eine Abhilfe bieten hier so genannte „NoSQL", also nichtrelationale Datenbanken, die eine höhere Skalierung hinsichtlich der Größe der Datenbank und der Zugriffsgeschwindigkeit wie auch der Verteilbarkeit bieten, da eben keine Relationen zwischen den Tabellen bestehen. Man kann diese Art der Datenbank als eine Ansammlung von „losen" Tabellen sehen. Datenbanken in der Cloud haben oft wenig Notwendigkeit, komplexe Business-Intelligence-Anwendungen laufen zu lassen. Betrachtet man manche Systeme, so kann es vorkommen, dass einige Millionen Benutzer für eine Anwendung (z. B. eine Social Platform) benötigt werden. Hierbei sind Skalierung und Verteilung sehr wichtig. Oft wird in der Cloud mit unstrukturierten Daten gearbeitet, wobei die Verwendung von NoSQL-Datenbanken von Vorteil ist. Nachteile von NoSQL-Datenbanken sind vor allem im analytischen Bereich und im Data Warehousing zu finden. Hat man für die eigene Anwendung viel mit Reporting zu tun, ist hier SQL klar von Vorteil. Wichtig für NoSQL-Datenbanken ist die wesentlich höhere Notwendigkeit, Daten über verschiedene Server zu verteilen. In vielen NoSQL-Datenbanken in der Cloud wird das bereits über den Anbieter geregelt. Einige Anbieter fordern jedoch, dass die Verteilung vom Softwareentwickler beziehungsweise Tabellenersteller gemacht wird.

Ein Vorteil von NoSQL-Datenbanken gegenüber SQL-Datenbanken ist neben der höheren Skalierung die Möglichkeit, Replikationen zu vereinfachen. Für die Sicherheit von Daten in einer Cloud-Computing-Umgebung ist dies essenziell. In den letzten Jahren ist das NoSQL-Paradigma immer stärker betrieben worden. Speziell durch die Implementierung von Google (Google BigTable) und Amazon (Amazon Dynamo) haben sich NoSQL-Datenbanken immer mehr verbreitet. Vor allem der CTO (Chief Technology Officer) von Amazon, Werner Vogels, predigte früher oft den „BASE"-Begriff. „BASE" steht im Gegensatz zum „ACID" der SQL-Datenbanken und bedeutet „Basically Available, Soft state, Eventual consistency". Die gesamte Thematik von NoSQL stammt in gewisser Weise aus dem CAP-Theorem, das besagt, dass aus den drei Datenbankeigenschaften Consistency, Availability, Partition Tolerance (Konsistenz, Verfügbarkeit und Partitionstoleranz) nur jeweils zwei von einem Datenbanksystem erfüllt werden können. So erfüllen SQL-Datenbanken die Konsistenz und Partitionstoleranz, können jedoch der Verfügbarkeit nicht Rechnung tragen. In komplexen, hochverfügbaren verteilten Systemen kann dies verstärkt zu Problemen führen. Daher haben sich für verteilte Systeme wie beispielsweise Facebook, Twitter, Amazon oder Google, Theorie und Praxis auf die beiden anderen Themen – nämlich Verfügbarkeit und Partitionstoleranz – gestürzt.

Mittlerweile gibt es NoSQL-Implementierungen beinahe wie Sand am Meer. Die bekanntesten davon im Open-Source-Bereich sind Cassandra, CouchDB oder Hbase. Viele bekannte Plattformen wie etwa Facebook, Twitter, Amazon und Google setzen auf NoSQL-Datenbanken. Ein weiterer wichtiger Vorteil gegenüber relationalen SQL-Datenbanken ist auch die Tatsache, dass das Upgrade-Verhalten von NoSQL wesentlich einfacher ist. Eine SQL-Datenbank hat ständig ein Schema. Im Laufe der Zeit verändern sich jedoch die Anforderungen an eine Anwendung. In vielen Fällen betrifft das auch die Datenbank, die neue Anforderungen abdecken muss. Schema-Updates und Datenupdates können somit zu einer sehr unangenehmen Aufgabe werden.

Ein weiterer erheblicher Vorteil von NoSQL ist die Tatsache, dass die meisten Implementierungen Open Source und somit sehr günstig zugänglich sind. Dadurch hat sich ein großes System an verschiedenen Implementierungen von NoSQL-Datenbanken ergeben.

In einem späteren Unterkapitel wird Yahoos Hadoop-Implementierung vorgestellt, die sich speziell für die Analyse großer Daten eignet. Große Binärdaten sind besser in Buckets aufgehoben, wie bei Amazon S3 der Fall.

5.1.2 SQL

Obwohl NoSQL eine höhere Bedeutung bekommen wird, ist SQL keine vom Aussterben bedrohte Technologie. Viele Cloud-Computing-Anbieter haben in den letzten Monaten ihre Angebote um relationale Datenbanken stark erweitert. Selbst Google hat mit der Google AppEngine for Businesses eingestanden, das SQL-Datenbanken für Geschäftsanwendungen wichtig sind. Mit wachsender Bedeutung für NoSQL hat jedoch der zukünftige Anwender eine wesentlich höhere Entscheidungsmöglichkeit. Somit kann man für jede Spezialanwendung die bessere Datenbanktechnologie wählen.

Da SQL ein in Wissenschaft und Lehre sehr häufig vorkommendes Thema ist, wird an dieser Stelle im Buch eine genauere Erklärung ausgespart, da das Thema ohnehin bekannt sein dürfte.

In Kapitel 6 werden einige dieser Systeme dargestellt. Vor allem folgende Anbieter haben Datenbanken auf Basis von SQL im Angebot:

Microsoft

Microsoft bietet mit SQL Azure seinen SQL Server in der Cloud an. Hierbei werden viele der Funktionen, die aus SQL Server 2008 bekannt sind, als SQL-Datenbank in der Cloud angeboten.

Oracle

Oracle selbst hat zum Zeitpunkt der Erstellung dieses Kapitels keine eigene Datenbank als Cloud-Dienst. Es gibt jedoch die Möglichkeit, Oracle-Datenbanken auf Amazon EC2 und der IBM SmartBusiness Cloud zu hosten. Mehr dazu in den jeweiligen Unterkapiteln des Kapitels 6.

MySQL

MySQL, das mit der SUN-Übernahme durch Oracle ebenfalls zu diesem Konzern gehört, hat auch keine eigene Datenbank in der Cloud. Die Datenbank MySQL kann jedoch einfach über Amazon EC2 über deren Service „RDS – Relational Database Service" bezogen werden.

Weitere Angebote

Viele Startup-Dienste wie Heroku bieten SQL-basierte Dienste in der Cloud als Add-on an. Oftmals wird jedoch NoSQL aufgrund der Skalierbarkeit und Verfügbarkeit vorgezogen.

5.1.3 Massenspeicher (Blobs)

Sehr wichtig für Cloud Computing ist auch die Möglichkeit, große Datenmengen abzuspeichern. Dabei kann es sich um Daten wie zum Beispiel Dokumente, Bilder, Videos oder Audiodaten handeln. Einige Plattformen bezeichnen sie auch als „Blob" (Binary Large OBject). Viele Plattformen wie zum Beispiel Facebook speichern eine sehr große Anzahl an Bildern. Will man solch eine Plattform selbst entwerfen, kann man auf verschiedene Cloud-Dienste zugreifen, beispielsweise Amazon S3 (Simple Storage Service), Amazon EBS (Elastic Block Storage) oder Windows Azure Blob Storage. Auf diese Technologien gehe ich an dieser Stelle nicht weiter ein, da sie ausführlich in Kapitel 6 behandelt werden. Viele dieser Speichertechnologien erlauben es auch, Dateien zu partitionieren. Dadurch ist es wesentlich einfacher, sie in das System einzuspielen.

5.2 Elementare Web- und Web-Service-Technologien

Web Services spielen eine zentrale Rolle in jeder Webanwendung. Dadurch ist auch die Bedeutung für Cloud Computing sehr groß. Vor allem für serviceorientierte Architekturen (SOA) spielen die beiden Technologien, SOAP und REST, eine wichtige Rolle. In diesem Kapitel werden die beiden Technologien dargestellt.

5.2.1 REST

REST wird auch als RESTful API bezeichnet und wurde vor allem durch die Dissertation von Roy Fielding bekannt[1]. Anhänger von REST bezeichnen sich auch als „Restafaris". Doch worum handelt es sich nun bei REST? REST ist ein Akronym für „REpresentational State Transfer". REST ist zustandslos und protokollunabhängig, wird aber mit HTTP verwendet und nutzt dessen Möglichkeiten.

Es gibt prinzipiell fünf Punkte, die die Eigenschaften von RESTful Services beschreiben: Adressierbarkeit, eindeutige und klar definierte Operationen, Repräsentationsorientiertheit, zustandslose Kommunikation und Verwendung von Hypermedia als Motor für den Anwendungszustand. Letzteres ist frei übersetzt und wird auch als „HATEOAS" bezeichnet (Hypermedia As The Engine Of Application State). Um Verwirrungen vorzubeugen, sehen wir uns im Folgenden die Eigenschaften etwas genauer an.

Adressierbarkeit

Jede verteilte Anwendung benötigt eine eindeutige Adresse, damit sie von Service-Consumern auffindbar ist. Das ist oft nicht trivial, da vor allem die Ressourcen eines Ressource

---

1   Siehe Fielding, R. T. (2000)

Identifiers (Webadressen) zur Adressierung verwendet werden. Der Aufbau sieht in etwa so aus:

schema://host:port/pfad/abfrage?parameter#fragment

Das Verb „schema", da REST üblicherweise über HTTP oder HTTPS läuft, „Host" bezeichnet die Domäne oder die IP-Adresse des Serviceanbieters, wobei ein optionaler Port hinzugefügt werden kann, sollte es sich nicht um den Standard-Port für HTTP handeln. Danach kann man einen Pfad angeben, der mehrere Pfadsegmente beinhalten kann, die jeweils durch ein „/" getrennt werden müssen. Eine optionale Abfrage kann Parameter übergeben, welche die Ausführung des Services beeinflussen. Wichtig ist jedoch, dass dies keine Aktionen wie „delete" oder „update" sind. Diese werden in REST anders behandelt – mehr dazu später. Ein Fragment kann schlussendlich einen Bereich direkt ansprechen. Wichtig ist auch noch anzumerken, dass, wie für HTTP üblich, nicht alle Zeichen verwendet werden können. Will man ein Leerzeichen übergeben, ist es notwendig, dass man hierfür ein „+" in die Adresse eingibt. Weitere Einschränkungen sind Sonderzeichen, die durch einen „%" und einen Hexcode angegeben werden.

http://codeforce.at/customers
Diese Adresse soll alle Kunden zurückliefern.

http://codeforce.at/customers/123
Diese Adresse soll exakt den Kunden mit der Kundennummer 123 zurückliefern.

http://codeforce.at/customers?zipcode=1120
Diese Adresse soll alle Kunden mit der Postleitzahl 1120 zurückliefern.

Eindeutige und klar definierte Operationen

REST verwendet einige Operationen, die aus den HTTP-Verben bestehen. Mit diesen Operationen sollen alle Anwendungsfälle einer Applikation abgedeckt werden: GET, PUT, POST, DELETE, HEAD und OPTIONS. Viele Leser werden jetzt vermutlich verwundert sein: Diese sechs Schlüsselwörter sollen ganze Services beschreiben können? Doch mit diesen Operationen kann man hochskalierbare und komplexe Services erstellen. Jede Operation ist für unterschiedliche Fälle zuständig. Dazu sehen wir uns die Operationen nun im Detail an.

GET

Get ist ein sehr einfaches HTTP-Verb. Hierbei wird eine Anfrage an ein Service gestartet. Üblicherweise werden mit einem GET ein oder mehrere Parameter übergeben. Diese Parameter sind an den URL mit einem „?" angehängt. Mehrere Parameter werden mit dem Zeichen „&" verknüpft. Der Server sendet hierfür eine Response zurück, die in den verschiedensten Formaten, zum Beispiel XML oder JSON, sein kann. Ferner werden Header-Informationen mitgesendet wie der Statuscode (der im Normalfall 200 – OK ist) oder die Sprache.

PUT

Ein PUT erstellt eine Ressource am Server. Hierfür wird die gewünschte Adresse dieser Ressource angegeben, im Body ist deren Inhalt angegeben. Das können beispielsweise eine Datei oder ein Objekt (Artikel) sein.

POST

Mit POST ist es möglich, Ressourcen zu manipulieren, z. B. eine Bilddatei zu verändern. Der Inhalt der neuen oder veränderten Ressource ist hierbei nicht in dem URL, sondern im Body der Anfrage enthalten.

DELETE

Mit einem DELETE werden einzelne Ressourcen vom Server gelöscht. Hierbei wird der Befehl mit der Adresse der zu löschenden Ressource angegeben.

HEAD

Verhält sich ähnlich wie ein GET, jedoch sendet der Server nur Header-Informationen an den Client zurück. Das ist dann sinnvoll, wenn überprüft werden soll, ob eine Ressource vorhanden ist.

OPTIONS

Mit OPTIONS werden Optionen für eine Ressource abgefragt, meist Informationen über mögliche Kommunikationen mit einem Objekt.

Repräsentationsorientiertheit

REST hat die Eigenschaft, die Repräsentation der Ressource flexibel zu gestalten. Das bedeutet, dass das Format, das man in Operationen erhält, bzw. sendet, flexibel sein kann. Meist wird XML verwendet, es ist aber auch möglich, ein beliebiges anderes Format zu verwenden. Es obliegt dem Serviceersteller, um welches Format es sich hierbei handelt. Mögliche andere Formate wären JSON, CSV, YAML.

Zustandslose Kommunikation

Ein zentrales Element von REST ist die Zustandlosigkeit bei einer Kommunikation. Das bedeutet, dass sich der Webserver nicht mehr um den Zustand einer Anwendung kümmert, sondern der Client diese Aufgabe übernimmt. Für eine REST-Anfrage bedeutet dies, dass sämtliche Parameter oder Daten in einer Anfrage mitgesendet werden müssen, damit sie auch verstanden wird. Man kann sich nicht darauf verlassen, dass Daten am Server vorhanden sind, die einen Zustand repräsentieren.

Verwendung von Hypermedia als Motor für den Anwendungszustand (HATEOAS)

HATEOAS lässt sich mit „Hypermedia als Motor für den Anwendungszustand" übersetzen. Diese Eigenschaft ist recht unkompliziert. Es bedeutet lediglich, dass Standard-Hypermedia-Elemente für REST verwendet werden sollen, beispielsweise Links. Hat eine

Anfrage viele Kundendaten, kann man einen einzelnen Kunden wiederum durch eine REST-Anfrage darstellen. Somit wird die Rückgabe von Daten wesentlich schlanker.

Folgendes demonstriert die Rückgabe von Kunden:

```
<customers>
<customer>
<id>1</id>
<name>Anonymous</name>
<place>Vienna</place>
</customer>
<customer>
<id>2</id>
<name>Super Anonymous</name>
<place>Linz</place>
</customer>
  ...
</customers>
```

Unter Rücksichtname auf HATEOAS kann die Anfrage folgendermaßen aussehen:

```
<customers>
<customer>https://codeforce.at/services/customers/?id=1</customer>
<customer>https://codeforce.at/services/customers/?id=2</customers>
</customers>
```

Das macht eine Anfrage wesentlich einfacher und schlanker.

Damit die Eigenschaften von REST deutlicher werden, wollen wir ein Szenario für eine Geschäftslogik entwerfen. Stellen wir uns einen Buchverlag vor. Dieser Buchverlag soll Autoren und Bücher haben, die Bücher haben einige Attribute, etwa ISBN-Nummer, Autor, Preis, Titel und vorhandene Lagermenge. Der Autor hat die Attribute der geschriebenen Bücher, Vor- und Nachnamen sowie Geburtsdatum. Das entsprechende Diagramm ist in Abbildung 5.1 dargestellt.

Abbildung 5.1: Autoren und Bücher als Klassendiagramm

Nun werden für dieses Szenario einige grundlegende Operationen benötigt, am augenscheinlichsten sind die Auflistung der Autoren und der Bücher. Das funktioniert über einen einfachen HTTP GET. Zu beachten gilt jedoch, dass es bei großen Datenmengen zu etwaigen Verzögerungen oder im schlimmsten Fall zu einem Timeout kommt. Daher sollten nur Teile zurückgeliefert werden. Wie das gehandhabt wird, obliegt der eigenen Anwendung und dem Web Service.

Will man alle Autoren abfragen, sieht das folgendermaßen aus:

GET https://codeforce.at/rest/api/authors

Nun bekommt man eine Response als Rückgabe. Da REST auf kein bestimmtes Format ausgelegt ist, kann das beliebig aussehen. Es wäre beispielsweise eine CSV-Liste denkbar:

```
Response Status:
HTTP/1.1 200 OK
Response Headers:
Content-Type: application/text
Date: Fri, 15Aug 201023:00:00 GMT
Server: CodeForce AT Services Server

Response Body:
0,Mario,Meir-Huber,Tue 3 Jan 1984 06:04:00 GMT
1,Daniel,Meir-Huber,Tue 3 Sep 1986 12:00:00 GMT
```

In den meisten Fällen wird für diese Art von Services jedoch XML verwendet. Liefert der eben adressierte Service XML-Daten zurück, könnte es folgendermaßen aussehen:

```
Response Status:
HTTP/1.1 200 OK
Response Headers:
Content-Type: application/text
Date: Fri, 15 Aug 2010 23:00:00 GMT
Server: CodeForce AT Services Server

Response Body:
<AuthorsList>
<Author>
<Guid_ID>0</Guid_ID>
<Author_Firstname>Mario</Author_Firstname>
<Author_Lastname>Meir-Huber</Author_Lastname>
<Author_Birthday>3 Jan 1984 06:04:00 GMT</Author_Birthday>
</Author>
<Author>
<Guid_ID>0</Guid_ID>
<Author_Firstname>Daniel</Author_Firstname>
<Author_Lastname>Meir-Huber</Author_Lastname>
<Author_Birthday>3 Sep 1986 12:00:00 GMT</Author_Birthday>
</Author>
</AuthorsList>
```

entwickler.press

Hier sieht man bereits, dass man mit REST eine sehr hohe Flexibilität hat. Will man einen einzelnen Datensatz haben, kann das mit einem Identifier (der in unserem Fall die Guid_ ID ist) regeln. Der Identifier wird entweder per URL oder mit einem Parameter gesetzt. Per URL sieht es folgendermaßen aus:

```
GET https://codeforce.at/rest/api/authors/1
```

Und per Parameter:

```
GET https://codeforce.at/rest/api/authors/?id=1
```

Wichtig ist auch die korrekte Verwendung von DELETE. Will man ein Buch löschen, geschieht das mit dem DELETE-Befehl. Es ist ein großer Fehler, wenn Ressourcen über Parameter gelöscht werden. Wird ein Buch gelöscht, würde das so aussehen:

```
DELETE https://codeforce.at/rest/api/books/1
```

In diesem Fall wird das Buch mit dem Index 1 gelöscht, im Diagramm in Abbildung 2.2 das Buch mit der Book_ID auf 1. Komplexer wird das Beispiel nun, wenn man zwischen einem Post und einen Put unterscheiden will. Ein Put hat die Aufgabe, neue Ressourcen am Server zu erstellen. Das ist auch unsere erste Aufgabe. Wir nehmen an, dass wir das Buch „Cloud Computing" am Server erstellen wollen. Eine Anfrage kann folgendermaßen aussehen:

```
PUT https://codeforce.at/rest/api/books/2
```

Der Inhalt (Body) des Put könnte folgendermaßen aussehen:

```
<Book>
<Book_ID>0</Book_ID>
<Author_ID>1</Author_ID>
<Price>34,99</Price>
<Title>Cloud Computing</Title>
<Value_OnStock>1000</Value_OnStock>
</Book>
```

Ein Post wird eingesetzt, wenn das Buch bereits vorhanden ist und man Daten manipulieren möchte, z. B. folgendermaßen:

```
POST https://codeforce.at/rest/api/books/2
```

Und der Inhalt kann so aussehen:

```
<Book>
<Book_ID>5</Book_ID>
<Author_ID>1</Author_ID>
<Price>44,99</Price>
<Title>Cloud Computing 2010</Title>
<Value_OnStock>1000</Value_OnStock>
</Book>
```

5.2.2   Soap

SOAP ist eine sehr wichtige Technologie für Web Services und somit für serviceorientierte Architekturen. Im vorigen Kapitel wurde REST eingehend beschrieben. Nun wollen wir uns SOAP als weitere wichtige Technologie ansehen.

SOAP baut auf Standards wie XML zur Repräsentierung der Daten und auf den Webstandards wie zum Beispiel HTTP(s) zum Austausch von Nachrichten auf. Die aktuelle Version von SOAP ist SOAP 1.2 und wurde am 27. April 2007 als Standard verabschiedet. Eine SOAP-Nachricht besteht aus einem Hauptelement, der als „Envelope", also Umschlag, bezeichnet wird. Darin befindet sich nun das „Body"-Element, das die eigentlichen Daten enthält. Für Metainformationen steht noch das optionale „Header"-Element zur Verfügung. Will man von einem Web Service Informationen über das Buch „Der Cloud Computing Ratgeber" erhalten, so könnte eine Anfrage folgendermaßen aussehen:

```
<?xml version="1.0"?>
<s:Envelope xmlns:s="http://www.w3.org/2007/04/soap-envelope">
<s:Body>
<m:BookName xmlns:m="http://www.cloudratgeber.de/protocols/soap">
Der Cloud Computing Ratgeber
</m:TitleInDatabase>
</s:Body>
</s:Envelope>
Die Antwort des Servers könnte nun folgendermaßen aussehen:
<?xml version="1.0"?>
<s:Envelope xmlns:s="http://www.w3.org/2007/04/soap-envelope"
<s:Body>
<m:ServiceResponse xmlns:m="http://www.cloudratgeber.de/protocols/
                                                              soap >
<m:Book value=" Der Cloud Computing Ratgeber">
<m:Choice value="1">Cloud Computing: Einführungsstrategien und
Praxisratgeber</m:Choice>
</m: Book>
</m:ServiceResponse >
</s:Body>
</s:Envelope>
```

In diesem Beispiel gilt zu beachten, dass es rein Pseudocode und daher nicht lauffähig ist. SOAP wird von einer großen Reihe an Technologien implementiert. Microsofts Umgebung, das .NET Framework, implementiert SOAP über WCF (Windows Communication Foundation), Java unterstützt SOAP über die JAX-WS-Implementierung. Ferner verwenden viele Cloud-Dienste, allen voran Amazon, SOAP als ein Protokoll. Amazon verwendet jedoch sowohl SOAP als auch ReST für seine Dienste. Somit ist es schlussendlich der Präferenz des Entwicklers überlassen, welche Technologie er verwendet.

5.2.3 HTML als wichtiger Antreiber für verteilte Anwendungen

HTML ist eine über den IT-Sektor bekannte Technologie, nachdem sie von jedem verwendet wird, der ein internetfähiges Gerät hat. Mit HTML5 ist ein weiteres wichtiges Update zu dieser Technologie hinzugekommen. Ein starker Fokus war – neben anderen Gebieten natürlich – Media. Mit HTML5 ist es nun möglich, eine Vielzahl an Medieninhalten zu erstellen. Das betrifft nicht nur Animationen, sondern auch Videos. So setzt etwa You-Tube bereits HTML5 für eine Flash-freie Version ein. Viele mobile Geräte wie etwa das iPhone und Android-basierte Geräte implementieren bereits viele Features von HTML5. Somit ist für den Softwareentwickler in gewisser Weise ein Umdenkvorgang notwendig. Viele Elemente von modernen Webanwendungen benötigen schon lange keine Round-trips mehr zum Server. Dadurch können viele Elemente einer Anwendung clientSeitig mit JavaScript umgesetzt werden. Das hat zur Folge, dass die Serverlast minimiert werden kann. Dank jQuery und anderen Technologien wurde die clientseitige Entwicklung von Webanwendungen wesentlich vereinfacht. Im Folgenden werden einige zum aktuellen Zeitpunkt sehr vielversprechende clientseitige Technologien vorgestellt. Die Liste erhebt keinen Anspruch auf Vollständigkeit.

jQuery

jQuery ist die meistverwendete JavaScript-Bibliothek und wurde 2006 von John Resing entwickelt. Neben vielen Webseiten setzen unter anderem auch Microsoft und Nokia auf diese Bibliothek. jQuery vereinfacht vor allem die JavaScript-Entwicklung für clientseitige Anwendungen enorm. Neben der Selektion von Elementen gibt es mittlerweile eine ganze Reihe an weiteren Subprojekten, wovon viele auf das GUI abzielen. Da es auf JavaScript aufsetzt, wird jQuery von den meisten internetfähigen Geräten unterstützt. jQuery ist auf den mobilen Betriebssystemen Android und iOs (iPhone und iPad) funktionsfähig und somit diversen Rich-Internet-Application-Technologien um einiges voraus.

Paper.js

Besonders interessant ist die Technologie „Paper.js". Diese Technologie setzt auf JavaScript und HTML5 auf. Konkret wird das HTML5 Canvas verwendet, um vektorbasierte Elemente zu zeichnen. Paper.js erlaubt es somit, Animationen und Zeichnungen ähnlich wie Plug-in-basierten Systemen wie Flash zu erstellen. Besonders interessant ist die Möglichkeit der „Collision Detection", die vor allem für neuartige Steuerelemente sehr interessant werden könnte. Paper.js ist noch in einem sehr frühen Entwicklungsstadium, doch bietet es eine große Menge an Potenzial.

WebGL

Am 01. März 2011 wurde die erste Version von WebGL vorgestellt. Einige Browser, etwa Google Chrome und Mozilla Firefox, unterstützten diese Technologie bereits in den aktuellen Versionen. Mit WebGL handelt es sich um eine Technologie, die mithilfe von JavaScript und dem HTML Canvas 3-D-Elemente in den Browser bringt. Die 3-D-Elemente werden durch die Grafikkarte berechnet. Besonders interessant an WebGL ist die Möglichkeit, Spiele aus der Cloud zu laden und keine lokalen Installationen mehr zu haben. WebGL hätte somit die Möglichkeit, das Spielebusiness umzukrempeln. Als Spieler kauft man sich nicht mehr das Spiel, sondern „Spielzeit". Bei einigen Spielen wie World of Warcraft ist das bereits jetzt der Fall. WebGL bietet hier einiges an interessanten Möglichkeiten für Spielestudios.

Fazit

Die Bedeutung von HTML und dessen zugehörigen Technologien für Cloud Computing sind gewiss nur sehr indirekt für Cloud Computing von Bedeutung. Fakt ist jedoch, dass die ständig stattfindende Standardisierung dieser Technologien und deren Implementierung auf verschiedenen Geräten tatsächlich das Thema Web fördert und dadurch auch das Thema Cloud Computing, auch wenn es nur einen kleinen Teil der Möglichkeiten für Cloud Computing abdeckt.

5.3 Architekturen für verteilte Anwendungen

Spricht man von Architekturen für verteilte Anwendungen, so spricht man auch in vielen Fällen, wenn nicht sogar in den meisten Fällen, auch von Architekturen für Cloud Computing. Hierbei gilt es jedoch die unterschiedlichsten Merkmale zu beachten. In diesem Kapitel soll ein Überblick über die verschiedensten Architekturentscheidungen gegeben werden, die beim Erstellen einer Anwendung für die Cloud getroffen werden müssen. Grundsätzlich kann es jedoch nur ein Überblick über jene Technologien sein, da ein tiefergehender Einblick ein ganzes Buch ausschließlich zum Thema „verteilte Anwendungen" füllen würde.

5.3.1 MapReduce für große Datenmengen

MapReduce ist eine von Google entwickelte Technik, mit dessen Hilfe parallele Vorgänge ausgeführt werden können. Google hat für MapReduce im Jahr 2010 ein Patent auf diesen Algorithmus erhalten. MapReduce ist vor allem für die Berechnung sehr großer Datenmengen, die sich im PetaByte-Bereich ansiedeln, sehr gut geeignet. Ein häufiger Anwendungsfall von MapReduce ist auch in der Statistik und Wissenschaft zu finden. Prinzipiell unterscheidet man bei dem MapReduce-Algorithmus zwei Phasen. In der ersten Phase, die mit „Map" bezeichnet wird, werden mehrere Wertepaare aus einer Liste von Werten gebildet. Jedes Wertepaar wird in die „Map"-Funktion gesendet. Wichtig ist auch, dass die „Map"-Funktion gänzlich unabhängig von jeder anderen „Map"-Funktion ist, was es erlaubt, dass die verschiedenen Wertepaare problemlos parallel abgearbeitet werden können. Sobald die „Map"-Funktion fertig ist, wird die „Reduce"-Funktion aufgerufen. In dieser Funktion werden Ergebnisse als Paare in einer Ergebnisliste gesammelt.

entwickler.press

Hadoop

Für MapReduce gibt es eine ganze Reihe an Implementierungen. Exemplarisch soll an dieser Stelle „Hadoop" vorgestellt werden, ein Projekt der Apache Foundation, das unter anderem den MapReduce-Algorithmus implementiert, und eine hierarchische Datenbank. Mithilfe des MapReduce-Algorithmus ist es möglich, Berechnungen über große Datenmengen anzustellen. Hadoop implementiert den MapReduce-Algorithmus für Java und ermöglicht somit dessen Ausführung im Framework. Ein großer Contributor von Hadoop ist Yahoo. Yahoo verwendet Hadoop in vielen Bereichen der Suche, Analyse und Informationsbeschaffung. Das Hadoop-Projekt hat ebenfalls eine NoSQL-Datenbank namens „HBase", und alle Projekte im Hadoop-Projekt erfüllen die Skalierungsanforderungen für Cloud-Computing-Technologien. Will man sich eine eigene Cloud erstellen, kann das ein Einstiegspunkt sein. Yahoo selbst verwendet Hadoop im ganz großen Stil. Hierbei sind 4 000 Knoten mit 20 000 Rechnern miteinander in einem Verbund verknüpft[2].

5.4 Skalierungstechniken

In vielen Diskussionen über Cloud Computing, in Blogeinträgen und Fachbeiträgen wird die Skalierung oft als zentrale Eigenschaft von Cloud Computing angesehen. Doch wie funktioniert Skalierung? Und vor allem: Was muss man selbst dazu beitragen?

Skalierung hat in vielen Fällen mit parallelen Rechensystemen zu tun. Eine Anwendung hat in der Cloud beinahe beliebig viele Ressourcen zur Verfügung. Somit kann die Anwendung schnell wachsen, wenn es notwendig sein sollte. Außerdem ist der zur Verfügung gestellte Datenspeicher einer Anwendung nahezu unendlich. Skalierung hat jedoch auf zwei Ebenen zu geschehen. Es ist klar, dass Rechenzentren von sich aus skalieren, hierfür implementieren sie verschiedene Technologien. Auf der anderen Seite ist es natürlich auch notwendig, dass die Architektur der eigenen Anwendung eine Skalierung erlaubt. Nur weil eine Skalierung möglich ist, bedeutet das nämlich noch lange nicht, dass die Anwendung auch tatsächlich mitskalieren kann.

Rechenzentren skalieren durch ihre zugrunde liegende Technologie. Wichtig für Skalierung ist zum einem die Betriebssystemvirtualisierung. In Cloud-Computing-Umgebungen ist es nicht mehr notwendig, dass ein Betriebssystem und dessen Konfiguration komplex aufgesetzt werden müssen. Die Skalierung von Datenspeichern wie Blobs (Binary Large Objects) funktioniert über eine Vielzahl an Fileservern. Interessanter wird eine Skalierung für Tabellen. Wie im Abschnitt „Datenbanken" erklärt, wird hier verstärkt auf NoSQL gesetzt. NoSQL-Datenbanken haben eine wesentlich höhere Skalierbarkeit, jedoch den Nachteil der Datenkonsistenz. Um Letzteres muss sich der Softwareentwickler

---

2 Daten stammen aus einem persönlichen Telefonat mit Eric Baldeschwieger, Leiter des Hadoop-Projekts bei Yahoo.

selbst kümmern. In der Cloud kann man ohne Probleme mehrere 100 Terabyte an Daten ablegen. Das einzige Hindernis sind die Kosten für diese Größenordnung.

Die Skalierung ist jedoch von zwei essenziellen Dingen abhängig, zum einen von der Finanzierung, zum anderen von der Architektur. Eine Anwendung, die nicht auf hohe Skalierung ausgelegt ist, kann die vielen Vorteile von Cloud Computing nicht nutzen. Eine konkrete Architekturbeschreibung an dieser Stelle wäre wohl etwas zu umfangreich. Abstrakt formuliert muss man auf die Herausforderung schwankender Auslastungen dynamisch reagieren können. Betreibt man eine Webanwendung, die beispielsweise als Plug-in für ein bestehendes System funktioniert (etwa Google Apps oder Salesforce), kann es natürlich vorkommen, dass die eigene Anwendung sehr stark benutzt wird. Auf Webserverseite ist es notwendig, dass Dienste wie AutoScale und Elastic Load Balancing verwendet werden. Diese Dienste erlauben es, Auslastungen über verschiedene virtuelle Maschinen zu verteilen[3]. Für die Datenbank muss man je nach Hersteller eine sinnvolle Strategie für die Partitionierung entwerfen. Viele Datenbankhersteller decken diese Funktion jedoch bereits durch eigene Partitionierungsstrategien ab. Essenziell für eine Skalierung ist auch die Möglichkeit, Aufgaben, die eine hohe CPU-Zeit benötigen, auf andere virtuelle Instanzen auslagern zu können. Hierfür können Worker Threads eingesetzt werden, die über Benachrichtigungen (Messages) Arbeitsvorgänge abarbeiten. Verschiedene Technologien wie Amazon CloudWatch erlauben die Überwachung von Maschinen. Sind in einer Anwendung besonders viele Arbeitsanweisungen in Form von Benachrichtigungen enthalten, kann man die Anzahl der virtuellen Instanzen erhöhen. Ebenso ist es natürlich möglich, virtuelle Instanzen zu beenden. Ist ein Dienst wie Amazon CloudWatch nicht vorhanden, muss diese Möglichkeit in eine eigene virtuelle Instanz ausgelagert werden.

Quellen

- *SOAP Specifications*. (27. 04 2007). Abgerufen am 11. 09 2011 von SOAP Specifications: *http://www.w3.org/TR/soap/*

- Brewer, E. A. (2000). Towards Robust Distributed Systems.

- *jQuery*. (kein Datum). Abgerufen am 11. 09 2011 von jQuery – Write less, do more: *http://jquery.com/*

- Lai, E. (23. 02 2010). *Twitter growth prompts switch from MySQL to 'NoSQL' database*. Abgerufen am 21. 09 2011 von Computerworld.com: *http://www.computerworld.com/s/article/9161078/Twitter_growth_prompts_switch_from_MySQL_to_NoSQL_database*

- Michael, S. (22. 06 2010). *Inside Facebook's Open Source Infrastructure*. Abgerufen am 21. 09 2011 von Developer.com: *http://www.developer.com/open/article.php/3894566/Inside-Facebooks-Open-Source-Infrastructure.htm*

---

3   Siehe Kapitel 6.1

entwickler.press

- *Usage of JavaScript libraries for websites.* (kein Datum). Abgerufen am 11. 09 2011 von W3Techs Statistics: *http://w3techs.com/technologies/overview/javascript_library/all*

- Vogels, W. (22. 12 2008). *Eventually Consistent - Revisited.* Abgerufen am 21. 09 2011 von All things distributed: *http://www.allthingsdistributed.com/2008/12/eventually_consistent.html*

- Fielding, R. T. (2000): *Architectural Styles and the Design of Network-based Software Architectures.* Irvine: University of California, Irvine.

6 Cloud-Computing-Plattformen und -Anbieter

Die Kapitel 1-5 widmeten sich primär den theoretischen Grundlagen des Cloud Computing, technisches und wirtschaftliches Grundwissen wurde vermittelt. Dieses Wissen soll nun auf die Plattformen und Cloud-Computing-Anbieter angewandt werden. Der Fokus dieses wesentlich umfangreicheren Kapitels liegt darauf, Plattformen kennen zu lernen und deren Potenzial zu durchleuchten. Dazu werden die bekanntesten Cloud-Computing-Plattformen vorgestellt.

6.1 Amazon

Amazon hat eine lange Vergangenheit in der Cloud. Was Amazon von den meisten anderen Anbietern unterscheidet, ist, dass es keinen typischen Hintergrund als Softwarehersteller oder Diensteanbieter hat. Amazon ist vor allem für seinen Onlinehandel bekannt, hat es jedoch geschafft, sich in puncto Cloud Computing einen Namen zu machen. Überträgt man das Sprichwort „Schuster, bleib bei deinen Leisten" in den Unternehmensbereich, so sollte man seinem Kerngeschäft treu bleiben und keine Experimente wagen. Daher könnte man sich fragen, warum Amazon zu einem Cloud-Computing-Anbieter geworden ist. Sehen wir uns dazu die Hintergründe an: Amazon betreibt riesige Rechenzentren, die die Verfügbarkeit des Onlineshops gewährleisten und, wie es für Cloud-Computing-Plattformen üblich ist, starken Auslastungsschwankungen unterliegen. Da Amazon auf eine zuverlässige und stets verfügbare Plattform angewiesen ist, sind eine ausreichende Menge an Rechenzentren und Kapazitäten essenziell, um auch starke Auslastungen zu meistern, die vor allem zum Weihnachtsgeschäft kommen. Das ist auch die Zeit, zu der Amazon einen großen Anteil des Umsatzes macht, während die Plattform zu anderen Zeiten im Jahr kaum ausgelastet ist. Als bei Amazon nach einer Möglichkeit gesucht wurde, wie die wenig ausgelastete Plattform besser verwendet werden könnte, kam man auf die Idee, Rechenkapazität zu vermieten. Die im Jahr 2002 eingeführte Amazon-Cloud-Computing-Plattform wird als „Amazon Web Services" bezeichnet. Über die Plattform werden verschiedene Dienste zur Verfügung gestellt, die auf anderen Webseiten oder Anwendungen mithilfe von APIs verwendet werden können. Das umfasst nicht nur die Dienste, die das Kerngeschäft (den Onlineshop), sondern auch jene, die die Cloud betreffen.

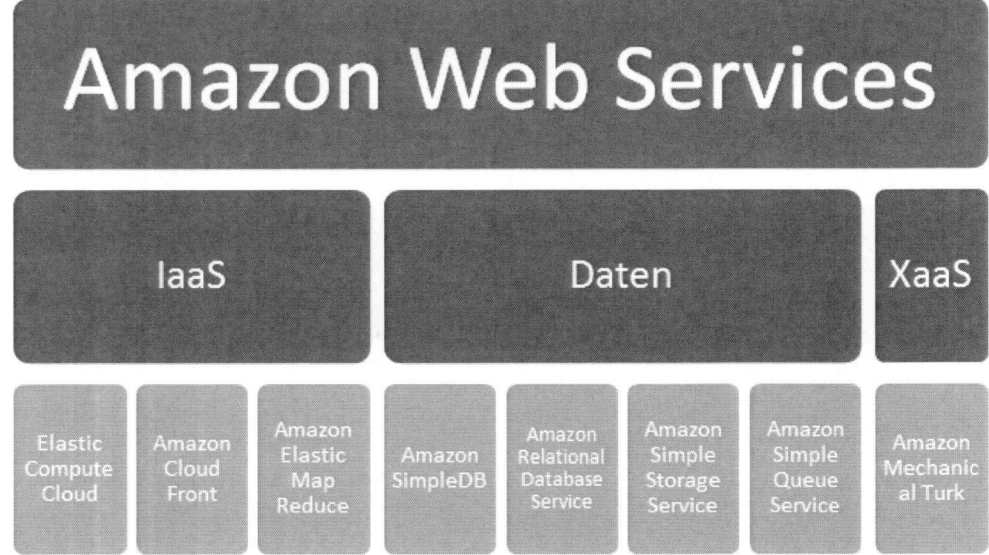

Abbildung 6.1: Die wichtigsten Bestandteile der Amazon Cloud

Abbildung 6.1 stellt einige der wichtigsten Produkte der Amazon-Plattform dar. Ein bekanntes Produkt ist die „Elastic Compute Cloud", kurz EC2. Diese Cloud ist die IaaS-Schiene von Amazon, bei der man die Möglichkeit hat, aus einer Vielzahl von virtuellen Maschinen auszuwählen. EC2 bietet neben verschiedenen Betriebssystemen wie Windows Server und Linux auch verschiedene Instanzen der Rechenleistung. „Amazon Cloud Front" ermöglicht es, Inhalte zur Verfügung zu stellen und kann verwendet werden, um Daten schnell und effektiv über verschiedene Standorte zu verteilen. Mit „Amazon Elastic Map Reduce" bietet Amazon eine Implementierung des Hadoop-Algorithmus an, damit können datenintensive Anwendungen erstellt werden, etwa eine Indizierung von großen Inhalten, Analyse großer Datenbestände, Finanzanalysen oder wissenschaftliche Simulationen.

Amazon bietet einige interessante Produkte für die Arbeit mit Daten an, z. B. „Amazon SimpleDB", eine hierarchische Datenbank, die auf Skalierung ausgelegt und entsprechend auch nicht relational ist. Damit wird der Ansatz verfolgt, die Verwaltung der Datenbank so gering wie möglich zu halten. Viele Geschäftsanwendungen benötigen jedoch eine Business Logic, die sich durch hierarchische Datenbanken kaum oder nur sehr schwer abbilden lässt. Damit dieses Problem in der Cloud nicht zu Komplikationen führt, bietet Amazon „Amazon Relational Database Service" an, eine relationale Datenbank in der Cloud, bei der MySQL zum Einsatz kommt. Viele Webanwendungen benötigen jedoch wesentlich mehr Möglichkeiten, Daten abzulegen, wobei ein „Blob" in einer Datenbank oft nicht die richtige Herangehensweise ist. Dieses Problem wird durch „Amazon Simple Storage Service" gelöst, der es ermöglicht, beliebig große Dateien im Web abzulegen. Er verwendet dieselbe Infrastruktur wie die Onlineplattform Amazon.com.

Cloud-Computing-Anwendungen bestehen in vielen Fällen nicht nur aus einer einzelnen Instanz, vielmehr können mehrere Instanzen an ähnlichen Vorgängen arbeiten. Damit ist die Verwaltung der verschiedenen Instanzen nötig, die auch dezentral laufen kann. Um das zu ermöglichen, müssen zwischen den Instanzen Nachrichten versendet werden können, beispielsweise durch „Amazon Simple Queue Service". Amazon Simple Queue Service ist eine Warteschlange, um Nachrichten zwischen Instanzen zu versenden, in den meisten Fällen Arbeitsanweisungen. Vor allem für parallele Arbeitsvorgänge ist das sehr wichtig.

Ein interessantes Angebot ist „Amazon Mechanical Turk" aus der XaaS-Reihe, ein Huaas-Angebot, mit dem Unternehmen auf menschliche Intelligenz zugreifen können. Das ist vor allem wichtig, wenn eine künstliche Intelligenz einen Task nicht korrekt abarbeiten kann.

Amazon bietet noch eine ganze Reihe weiterer Services, die in Abbildung 6.1 nicht aufgeführt sind, z. B. Auto Scaling, das die Möglichkeit bietet, dynamisch auf Belastungsspitzen reagieren zu können. Sollten unerwartet mehr Anfragen an die eigene Plattform eingehen, kann die Anzahl der Amazon-EC2-Instanzen einfach erhöht werden. Auto Scaling bietet die Möglichkeit, das vorher zu definieren. Ein weiterer Service ist „Amazon Simple Notification Service", der es den Benutzern erlaubt, Nachrichten über verschiedene Protokolle wie HTTP oder E-Mail zu verteilen, was beispielsweise für mobile Anwendungen von Interesse ist. Wird zusätzlicher Speicher in einer Instanz benötigt, der jedoch nicht über den Amazon Simple Storage Service verwendet werden soll, bietet Amazon die Möglichkeit, mittels des „Amazon Elastic Block Store" einen Datenträger in die Amazon-EC2-Instanz einzubinden.

Die Überwachung von Amazon-EC2-Instanzen kann über den Dienst „Amazon Cloud-Watch" geregelt werden, der Daten über verschieden Amazon-EC2-Instanzen sammelt, die über Web Services oder die AWS Management Console (die später vorgestellt wird) ausgewertet werden können. Damit die Fehlertoleranz gering gehalten wird, gibt es „Elastic Load Balancing", das es der Benutzern erlaubt, die Last auf verschiedene Instanzen innerhalb der EC2-Instanzen zu verteilen. So werden auch Anfragen an fehlerhafte Instanzen durch Elastic Load Balancing an fehlerfreie Instanzen weitergeleitet

Amazon bietet einige Services für Datensicherheit und Bezahlvorgänge an. Sensible Daten in einem Unternehmen können über die Amazon Virtual Private Cloud ausgetauscht werden, die eine Brücke zwischen On-premise-Lösungen und der Cloud bildet. Für Softwareentwickler und Unternehmen, die Dienste auf der Amazon-Cloud-Plattform anbieten, besteht ferner die Möglichkeit, Amazon DevPay für Bezahlvorgänge zu verwenden, wobei die Abwicklung der Zahlungsvorgänge durch Amazon erledigt und erheblich vereinfacht wird. Durch „Amazon Flexible Payments Service" ist es ferner möglich, Zahlungsvorgänge an Amazon auszulagern, wobei dieselben Login-Daten wie für die Plattform Amazon.com verwendet werden.

Schon dieser Überblick lässt auf die Komplexität der Amazon-Plattform schließen. In den folgenden Unterkapiteln werden die einzelnen Produkte und Services genauer behandelt.

6.1.1 Amazon Elastic Compute Cloud (EC2)

Ein wichtiger Bestandteil der Amazon Cloud ist Amazon EC2, das tatsächliche IaaS-Angebot von Amazon, mit dem man eine Vielzahl von virtuellen Servern starten und damit die Kapazität von Rechenleistung schnell skalieren kann. Wird ein Rechner nicht mehr benötigt, wird er einfach abgeschaltet. Man zahlt nur für die Kapazität, die man tatsächlich nutzt. Amazon EC2 besteht aus einer Reihe von vorkonfigurierten virtuellen Images, wobei unterschiedliche Betriebssysteme wie Linux oder Windows zum Einsatz kommen. Wichtig im Unterschied zu PaaS ist die Notwendigkeit von Updates der virtuellen Maschinen. Amazon bietet außerdem eine Reihe von Amazon Machine Images (AMIs), bei denen bereits vorkonfigurierte Software installiert ist. Sollte das noch nicht reichen, gibt es eine große Anzahl von Community Images, vorkonfigurierte virtuelle Images aus der Community. Jede Amazon-EC2-Instanz kann in einer bestimmten Zone errichtet werden: in den USA, in Europa oder Asia-Pacific. Regionen, in denen Amazon-EC2-Instanzen gestartet werden, werden auch als „Availability Zone" bezeichnet und sind eigenständige Rechenzentren, die von Ausfällen einer anderen Availability Zone unbeeinflusst bleiben, womit eine sehr hohe Verfügbarkeit sichergestellt ist. Amazon garantiert in seinem SLA eine 99,95 %ige Verfügbarkeit für jede Region. Amazon bietet drei Kategorien, die sich durch die Größe des Speichers und die CPU-Größe unterscheiden: Standardinstanzen (für allgemeine Anwendungen und Standardsoftware), High-Memory-Instanzen (zeichnen sich vor allem durch einen hohen Datendurchsatz aus, z. B. für das Hosting von Datenbanken) und High-CPU-Instanzen (hier steht proportional zum Arbeitsspeicher mehr CPU-Speicher zur Verfügung als bei den anderen Instanzen). In den folgenden drei Tabellen sind diese Gruppen detailliert dargestellt. Eine Compute Unit entspricht einem 2007er Opterion oder Xeon-Prozessor. Die Rechenleistung setzt sich aus dem virtuellen Kern mal den Compute Units (CU) zusammen.

Name	RAM	Kern	CU	Instanzspeicher	Plattform
Small	1,7 GB	1	1	160 GB	32 bit
Large	7,5 GB	2	2	850 GB	64 bit
Extra Large	15 GB	4	4	1690 GB	64 bit

Tabelle 6.1: Standardinstanzen

Name	RAM	Kern	CU	Instanzspeicher	Plattform
High Memory Extra Large	17,1 GB	2	3,25	420 GB	64 bit
High Memory Double Extra Large	34,2 GB	4	3,25	850 GB	64 bit
High Memory Quadruple Extra Large	68,4 GB	8	3,25	1690 GB	64 bit

Tabelle 6.2: High-Memory-Instanzen

entwickler.press

Name	RAM	Kern	CU	Instanz-Speicher	Plattform
High CPU Medium	1,7 GB	2	2,5	350 GB	32 bit
High-CPU Extra Large	7 GB	8	2,5	1 690 GB	64 bit

Tabelle 6.3: High-CPU-Instanzen

Ein weiteres Unterscheidungsmerkmal für Amazon EC2 sind die On-Demand-, reservierten und Spot-Instanzen. On-Demand-Instanzen sind die Instanzen, die pro Stunde und Typ anfallen, das ist die ursprüngliche Form des IaaS-Angebots von Amazon. Hiervon unterscheiden sich die reservierten Instanzen, bei denen man einmalig einen bestimmten Fixbetrag zahlt und sich damit eine Instanz reserviert. Wenn man sie benötigt, kann sie zu einem ermäßigten Stundensatz angemietet werden, für die Laufzeit ist der Preis dann reduziert. Diese Option empfiehlt sich vor allem, wenn man bekannte Auslastungsspitzen abfangen möchte. Interessant sind auch die Spot-Instanzen, auf die man bieten kann. Es gibt einen so genannten Spot-Preis, der je nach Region und Auslastung mal höher, mal geringer als der Preis für On-Demand-Instanzen ist, also eine Art Aktienkurs darstellt. Man kann angeben, welchen Maximalpreis man bereit ist zu zahlen. Spot-Instanzen sind vor allem geeignet, wenn es sich um Anwendungen mit flexiblen Start- und Endzeiten handelt, Anwendungen, die geringe Compute-Preise benötigen, oder solche, die große Mengen an Zusatzkapazitäten erfordern.

Wichtig ist es, noch anzumerken, dass viele Dienste aus dem Amazon-Web-Services-Bereich vor allem für die Zusammenarbeit mit Amazon EC2 konzipiert sind.

Betriebssysteme und Software

Amazons Elastic Compute Cloud bietet eine große Anzahl an vorkonfigurierten Betriebssystemen an, die nur noch gestartet werden müssen und bereits einsatzfähig sind. Je nach Betriebssystem können dabei unterschiedliche Kosten entstehen, was meist mit Softwarelizenzierungskosten, wie bei Windows üblich, verbunden ist. Alle unterstützten Betriebssysteme sind in Tabelle 6.4 dargestellt.

Betriebssystem
Red Hat Enterprise Linux
Windows Server 2003
Windows Server 2008
Oracle Enterprise Linux
OpenSolaris
openSUSE Linux
Ubuntu Linux

Betriebssystem
Fedora
Gentoo Linux
Debian

Tabelle 6.4: Unterstützte Betriebssysteme

Die virtuellen Instanzen, die Linux verwenden, sind günstiger als diejenigen, die Windows Server verwenden. Zusätzlich gibt es einige Betriebssysteme, die bereits vorinstallierte Serverdienste haben, beispielsweise der SQL Server von Microsoft oder die Oracle-11g-Datenbank auf Oracle Enterprise Linux. Amazon behält sich vor, die Kosten pro Stunde für Instanzen mit Windows zu erhöhen, sofern Microsoft die Preise für die Lizenzierungskosten hebt. Das hat jedoch keinen Einfluss auf den Reservierungspreis bei reservierten Instanzen.

Amazon Machine Images

Amazon bietet eine Vielzahl von vorkonfigurierten Images an, die auf den Betriebssystemen Linux oder Windows basieren. Es gibt Images für Datenbanken, bei denen MySQL, Oracle Database 11g, Microsoft SQL Server oder IBM DB2 vorkonfiguriert sind. Sie erlauben auch die einfache Verwendung von Hadoop (Kapitel 2) oder von Webserverdiensten über Apache und IIS. Benutzer können vorkonfigurierte Images selbst erstellen und der Community rund um EC2 zur Verfügung stellen. So erweitert sich die Liste der vorkonfigurierten virtuellen Images ständig. Die Community hat unter anderem Amazon Machine Images für die beliebten Open-Source-Plattformen WordPress (Blogplattform) und Drupal zur Verfügung gestellt. Aufbauend auf diesen AMIs kann man weitere virtuelle Images erstellen.

Technische Funktionsweise

Amazon setzt mit EC2 stark auf den IaaS-Bereich. Dadurch ist es im Prinzip möglich, jegliche Funktionsweise von lokalen Servern nachzubilden. Die Administration der Server obliegt jedoch den Kunden von Amazon EC2, ebenso die Entscheidung, wie die Architektur der verschiedenen Amazon-Instanzen aussieht. Es ist beispielsweise möglich, eigene Datenbankserver einzurichten, den Webserver und den E-Mail-Server auf eine eigene virtuelle Instanz zu legen. Will man Kosten sparen, kann man die Anwendungen natürlich auf eine Instanz legen. Wichtig ist jedoch, dass man nie eine physische Instanz zur Verfügung haben wird, sondern immer nur virtuelle Instanzen.

Sämtliche Instanzen sind über die Amazon Management Console verwaltbar, eine einfache, webbasierte Anwendung zur Verwaltung der Amazon-Web-Services-Dienste (Abbildung 6.2).

entwickler.press

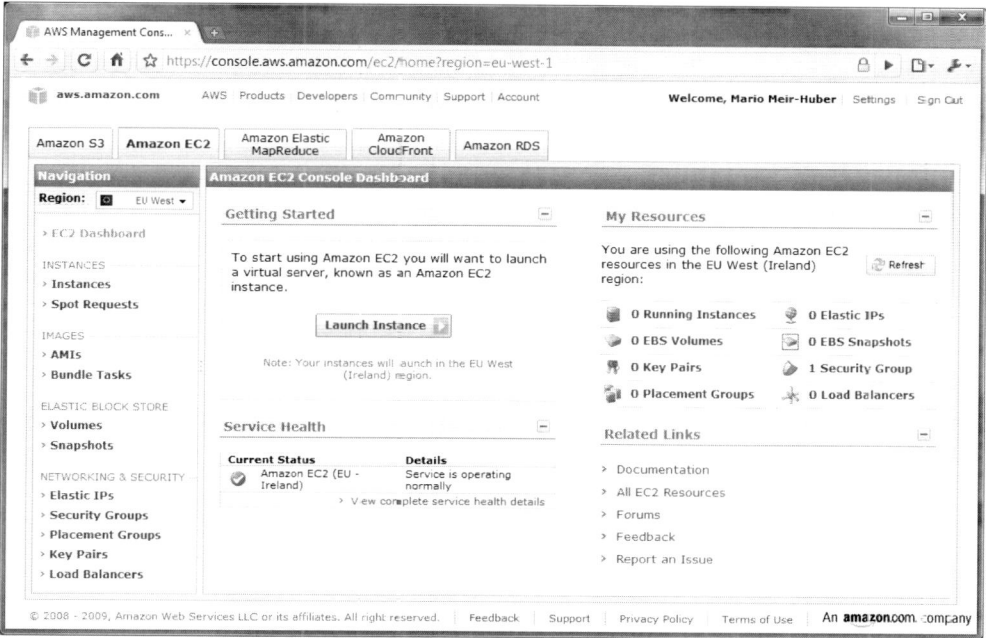

Abbildung 6.2: Die Amazon Management Console

Die Konsole ist in drei Spalten aufgeteilt. In der ersten befinden sich die wichtigsten Navigationselemente, wo Instanzen, Images (Amazon Machine Images), Elastic Block Store (virtuelle Datenträger) und Netzwerk- sowie Sicherheitseinstellungen konfigurierbar sind. In der mittleren Spalte kann man eine neue Instanz erstellen. Die rechte Spalte listet alle Instanzen, Snapshots, Datenträger, IP-Adressen und Sicherheitsgruppen auf. Klickt man auf LAUNCH INSTANCE, wird eine neue Instanz angelegt und es erscheinen drei Reiter: QUICK START, MY AMIs und COMMUNITY AMIs. Unter QUICK START kann man Basisbetriebssysteme wie Windows und Linux auswählen, MY AMIs listet selbst erstellte Amazon Machine Images auf. Images, die durch die Community erstellt wurden, sind unter COMMUNITY AMIs zu finden (Abbildung 6.3).

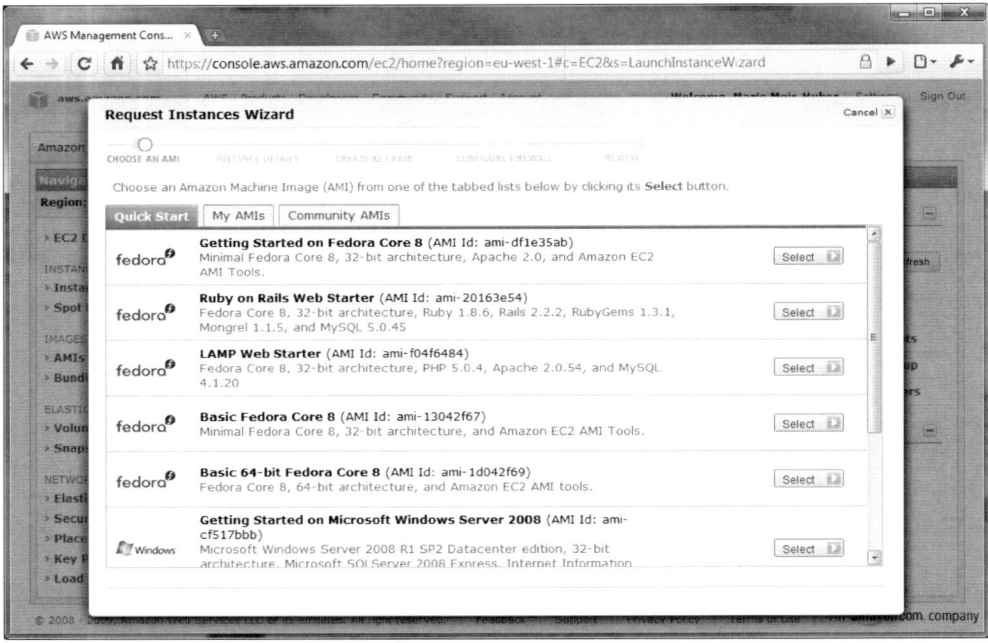

Abbildung 6.3: Neue virtuelle Instanz erstellen

Im nächsten Schritt, unter den Details der Instanz, kann man die Anzahl der Instanzen, die Verfügbarkeitszone und den Instanztyp festlegen (Abbildung 6.4).

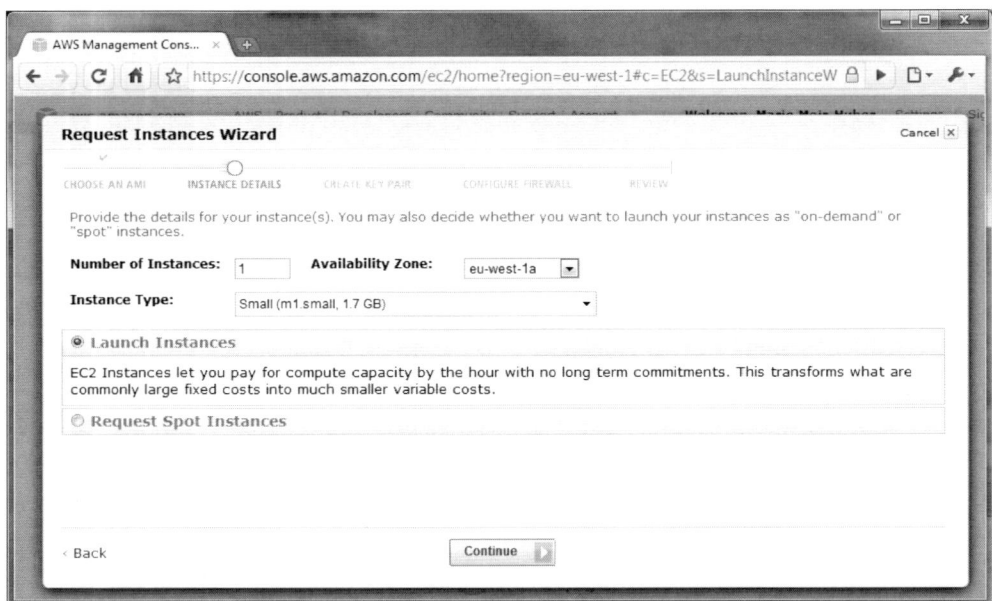

Abbildung 6.4: Instanzdetails einstellen

Im nächsten Schritt werden Kernel ID und RAM Disk ID eingestellt. Mithilfe der Kernel ID kann man Instanzen einfacher aktualisieren (Abbildung 6.5).

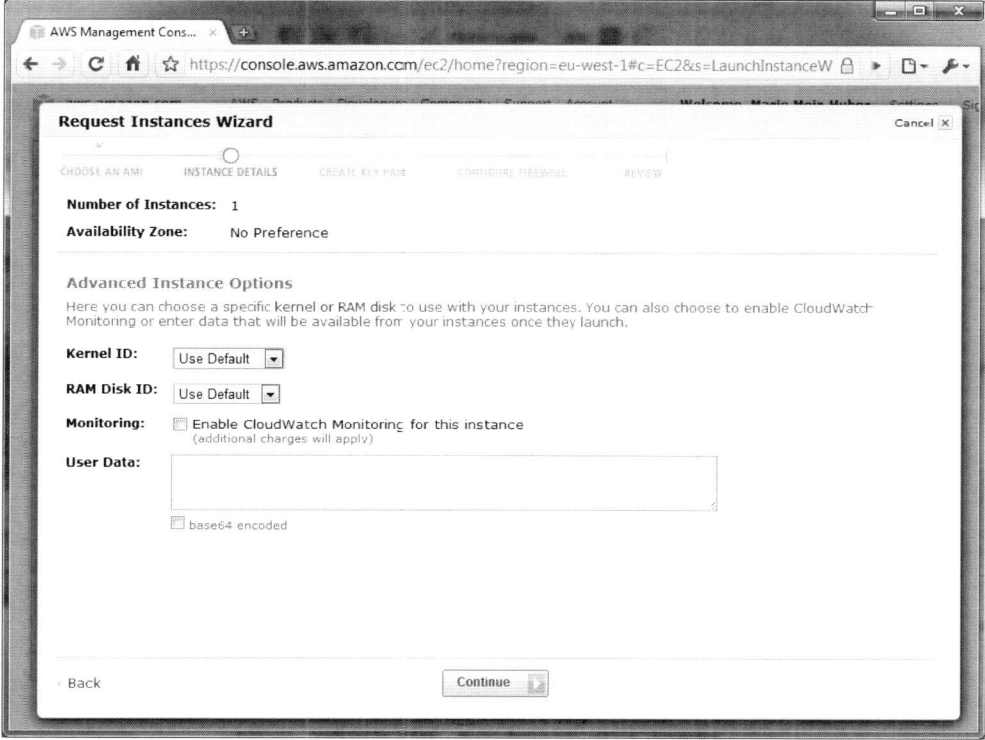

Abbildung 6.5: Instanzdetails, Seite 2

Für die sichere Verbindung zu einer Amazon-EC2-Instanz ist ein Key Pair notwendig. Wenn noch keines eingerichtet ist, wird man im folgenden Dialog, der in Abbildung 6.6 dargestellt ist, aufgefordert, ein neues Schlüsselpaar zu erstellen.

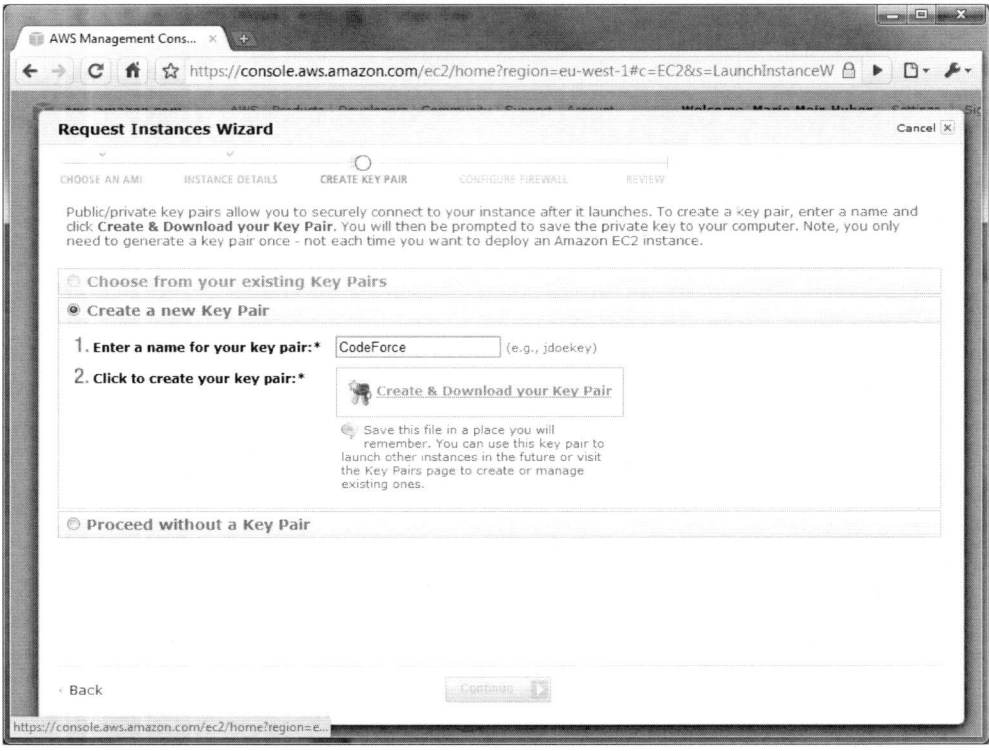

Abbildung 6.6: Neues Schlüsselpaar erstellen

Im vorletzten Schritt werden die Sicherheitseinstellungen konfiguriert, das betrifft primär die Dienste, die eine Firewall-Konfiguration benötigen. Es sind der Name der Sicherheitsgruppe, ihre Beschreibung und die erlaubten Verbindungen notwendig, für die bereits einige Vorkonfigurationen eingestellt sind, weitere kann man einfach hinzufügen (Abbildung 6.7).

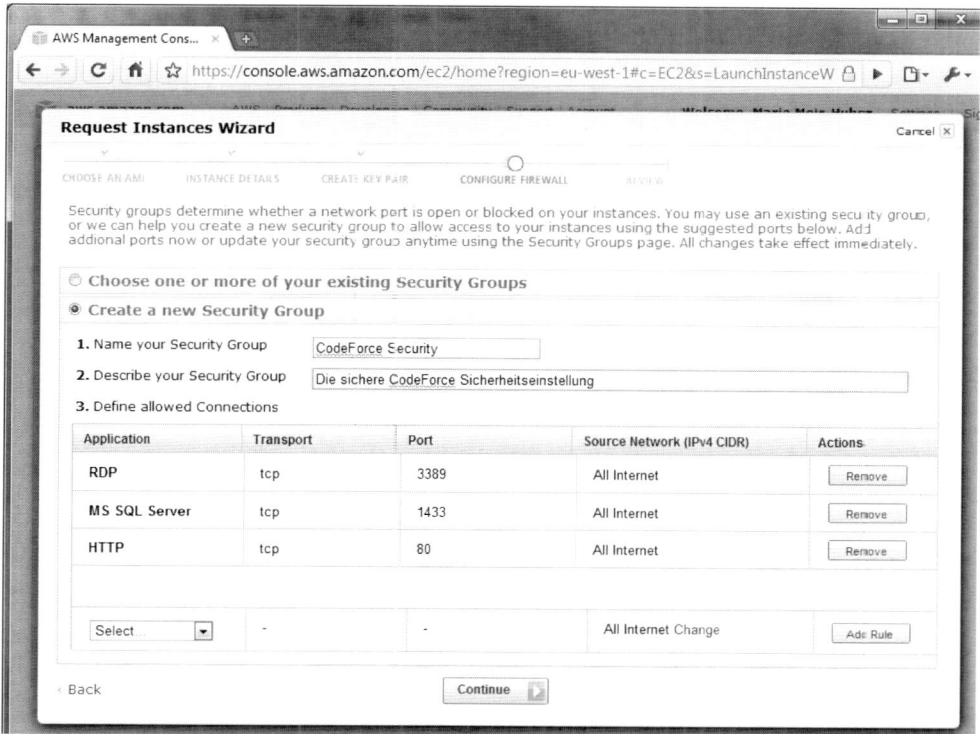

Abbildung 6.7: Sicherheitsgruppen konfigurieren

Der letzte Schritt ist die Kontrolle der eben konfigurierten Instanz. Ist man mit den Einstellungen zufrieden, kann man die Instanz starten und sich darauf mit bekannten Fernverwaltungstechniken wie etwa dem Remote Desktop verbinden. Dafür ist das Administratorpasswort notwendig, das man über die Instanz bekommt. Der Instanzname für die Verbindung sieht in etwa folgendermaßen aus: ec2-79-125-34-85.eu-west-1.compute.amazonaws.com. Wem dieser Instanzname zu komplex ist, kann mithilfe der Amazon Elastic IPs der Instanz eine eigene IP-Adresse hinzufügen. Will man Instanzen überwachen und auf Auslastungen flexibel reagieren können, bietet sich Amazon CloudWatch an, das für jede einzelne virtuelle Instanz aktiviert werden muss.

Amazon EC2 verfügt über ein REST und ein SOAP-API, die es Softwareentwicklern vereinfachen sollen, auf die Funktionen von EC2 zuzugreifen. Damit kann man beispielsweise Snapshots (Sicherungen) erstellen, Instanzen starten oder beenden, Instanzen neu starten, Adresszuweisungen ändern, Datenträger hinzufügen oder entfernen oder Sicherheitsgruppen erstellen. Die vollständige Beschreibung dieser REST- und SOAP-Funktionen würden den Rahmen dieses Buchs sprengen. Ferner stehen einige High-Level Libraries für Microsofts .NET Framework, Java, PHP, Python und Ruby zur Verfügung, die die

REST- oder SOAP-Funktionen in einfach zu verwendende, dem Framework angepassten Funktionen kapseln.

Preise

Hinsichtlich der Preisgestaltung kann man bei Amazon EC2 zwischen den einzelnen Instanzen unterscheiden. Diese werden wiederum in On-Demand-Instanzen, Spot-Instanzen und reservierte Instanzen unterteilt. In der hier dargestellten Preistabelle werden nur die Preise der Region Europa angegeben (Tabelle 6.5).

	Kosten pro Stunde	
Instanz	Linux/Unix	Windows
Standardinstanz Small	0,095 $	0,12 $
Standardinstanz Large	0,38 $	0,48 $
Standardinstanz Extra Large	0,76 $	0,96 $
High-Memory-Instanz Extra Large	0,57 $	0,62 $
High-Memory-Instanz Double Extra Large	1,14 $	1,24 $
High-Memory-Instanz Quadruple Extra Large	2,68 $	2,48 $
High-CPU-Instanz Medium	0,19 $	0,29 $
High-CPU-Instanz Extra Large	0,76 $	1,16 $

Tabelle 6.5: Kosten bei On-Demand-Instanzen.

Ein anderes Kostenschema haben reservierte Instanzen. Hier ist eine einmalige Gebühr fällig, die jedoch die Nutzungskosten pro Stunde reduziert (Tabelle 6.6).

	Kosten pro Laufzeit in $		Kosten pro Stunde	
Instanz	1 Jahr	3 Jahre	Linux/Unix	Windows
Standardinstanz Small	227,5	350	0,04 $	0,06 $
Standardinstanz Large	910	1400	0,16 $	0,24 $
Standardinstanz Extra Large	1820	2800	0,32 $	0,48 $
High-Memory-Instanz Extra Large	1325	2000	0,24 $	0,32 $
High-Memory-Instanz Double Extra Large	2650	4000	0,48 $	0,64 $
High-Memory-Instanz Quadruple Extra Large	5300	8000	0,96 $	1,28 $
High-CPU-Instanz Medium	455	700	0,08 $	0,145 $
High-CPU-Instanz Extra Large	1820	2800	0,32 $	0,58 $

Tabelle 6.6: Kosten bei Reserved Instances

Die Kosten für Spot-Instanzen werden alle 30 Minuten aktualisiert und sind abhängig von der jeweiligen Auslastung. Für alle Amazon-Dienste sind ferner Kosten für ein- und ausgehenden Datenverkehr zu bezahlen. Zum Zeitpunkt der Bucherstellung waren die Datenübertragungen für den eingehenden Transfer kostenlos (Stand: August 2010, Tabelle 6.7).

Ausgehender Datenverkehr	USA und EU	Asien
Bis 1 GB	0,00 $	0,00 $
1 GB bis 10 TB	0,12 $	0,19 $
10 TB bis 50 TB	0,09 $	0,15 $
50 TB bis 150 TB	0,07 $	0,13 $
Über 150 TB	0,05 $	0,12 $

Tabelle 6.7: Kosten für ausgehenden Datenverkehr

Datenübertragungen, die innerhalb einer Availability Zone durchgeführt sind, sind kostenlos. Werden Daten innerhalb verschiedener Availabliltiy Zones in einer Region (z. B. innerhalb der EU) übertragen, kostet das 0,01 $ pro GB.

Reservierte Instanzen rentieren sich nach einer bestimmten Laufzeit gegenüber On-Demand Instanzen. Den Break-Even Point kann man mit einer einfachen Formel berechnen:

Fixkosten + Kosten/Stunde (x) = Kosten/Stunde (x)

Will man die beiden kleinen Linux-Instanzen vergleichen, sieht die Berechnung folgendermaßen aus:

227,5 + 0,04x = 0,095x   0,095x = On-Demand-Kosten

227,5 = 0,055x   Es werden 0,04 abgezogen

x = 4.136,36   Reservierte Instanzen sind nach 4.136,36 Stunden günstiger als On-Demand-Instanzen, also 5,7 Monate.

6.1.2 Amazon CloudFront

Amazon CloudFront ist ein Web Service, mit dem Inhalte ohne Verzögerungszeiten und mit hoher Datenübertragung weltweit bereitgestellt werden können. Mit Amazon CloudFront können statische und Streaming-Inhalte über das globale Netzwerk von Amazon verteilt werden. Die Dateien, die über Amazon CloudFront verteilt werden, werden auf Amazons Simple Storage Service S3 gespeichert. Amazon CloudFront ist für eine Vielzahl von Lösungen gedacht, am einfachsten lässt sich dieses Prinzip jedoch anhand von Streaming-Diensten erklären. CloudFront ermöglicht es, auf einfache Weise Videos, Musik oder dergleichen über mehrere Edge-Standorte weltweit und schnell zu verteilen, etwa

Liveübertragungen von Konferenzen, Sportübertragungen oder Konzerte. Amazon verwendet hierfür eine ganze Reihe an Edge-Standorten:

USA:

- Ashburn, VA
- Dallas/Fort Worth, TX
- Los Angeles, CA
- Miami, FL
- New York, NY
- Newark, NJ
- Palo Alto, CA
- Seattle, WA
- St. Louis, MO

Europa

- Amsterdam
- Dublin
- Frankfurt
- London

Asien

- Hongkong
- Tokio
- Singapur

Wenn ein Benutzer eine Datei auf einer Amazon-CloudFront-Verteilung auswählt, liefert Amazon die Datei von dem am besten geeigneten Edge-Standort zurück. Das bedeutet natürlich auch, dass eine Datei, die verteilt werden soll, auf dem Edge-Server vorhanden sein muss. Auch das geschieht automatisch. Amazon beziffert die maximale Datenübertragungsgeschwindigkeit mit 1000 Megabits pro Sekunde und eine Abarbeitung von 1000 Abfragen pro Sekunde. Sollte das nicht ausreichen, kann man bei Amazon eine höhere Datenübertragung und -abarbeitung beantragen. Für Real-Time-Übertragungen (z. B. bei Events, Konzerten und Sportveranstaltungen) verwendet Amazon statt des HTTP-Protokolls das RTMP (Real Time Messaging Protocol), das verschiedene Implementierungen hat. Amazon verwendet den Flash Media Server von Adobe. Amazon unterstützt einige nette Funktionen wie die dynamische Bitratenanpassung. Bricht die Geschwindigkeit der Verbindung beim Zuschauer ein, wird automatisch auf eine geringere Auflösung umgeschaltet, damit die Videoübertragung erhalten bleibt.

Preise

Die Preise für Amazon CloudFront sind unter *http://aws.amazon.com/de/cloudfront/pricing/* ersichtlich.

Ferner fallen Kosten für die Datenabfrage bei Amazon S3 an.

6.1.3 Amazon Elastic MapReduce

In Kapitel 2 wurde MapReduce als Skalierungstechnik vorgestellt. Diese Technik wird nicht nur unternehmensintern verwendet, sondern findet auch Anwendung in der Cloud. Hierbei setzt Amazon auf das Hadoop-Framework. Mit Amazon Elastic MapReduce soll sichergestellt werden, dass große Datenmengen kostengünstig verarbeitet werden. Für Elastic MapReduce kommt die Infrastruktur von Amazon S3 (Simple Storage Service) und Amazon EC2 (Elastic Compute Cloud) zum Einsatz. Es eignet sich besonders zur Webindizierung, Data Mining, Analyse von Finanzdaten und Statistiken und wissenschaftlichen Berechnungen wie auch Simulationen. Mit Amazon Elastic MapReduce muss man sich nicht mehr um die komplexe Infrastruktur, die mit Hadoop MapReduce aufgestellt wird, kümmern.

Datenverarbeitungen werden in Amazon Elastic MapReduce mit den High-Level-Sprachen Hive und Pig ermöglicht. Sollten sie nicht reichen, bietet Amazon eine ganze Reihe weiterer Entwicklungssprachen an, u. a. Java, Python, PHP oder C++. Daten, die verarbeitet werden sollen, werden einfach über Amazon S3 abgelegt. Wie in Kapitel 2 beschrieben, eignet sich der MapReduce-Algorithmus zur parallelen Abarbeitung von Arbeitspaketen. Eine detaillierte Beschreibung würde den Rahmen dieses Buches sprengen. Kosten, die durch Amazon Elastic MapReduce entstehen, setzen sich aus Kosten von Amazon EC2 und Amazon S3 zusammen: Es fallen Kosten für virtuelle Instanzen und den Datenverkehr sowie S3-Kosten für Datenverkehr und -speicherung an.

6.1.4 Amazon SimpleDB

Amazon Simple DB ist eine nichtrelationale Datenbank in der Cloud, die auf hohe Verfügbarkeit und Skalierung sowie geringe Administration ausgerichtet ist. Entwickler können sie einfach über einen Web Service ansprechen. Amazon Simple DB kümmert sich um die Verteilung der Daten auf verschiedene Rechenzentren, um die Verfügbarkeit der Daten zu gewährleisten. Da es sich hierbei um kein relationales Datenbankmodell handelt, kommen die Vor- und Nachteile zum Tragen, die in Kapitel 2 für NoSQL-Datenbanken beschrieben wurden. Amazon SimpleDB eignet sich vor allem für Webanwendungen mit hohem Skalierungsgrad.

Technische Beschreibung

Amazon SimpleDB verwendet einige Beschreibungen, die in anderen Datenbanken so nicht vorkommen. Auf der höchsten Ebene befindet sich eine Domäne. Das ist mit der Tabelle an sich gleichzusetzen. Eine Reihe in einer Tabelle wird in Amazon SimpleDB als ein Element bezeichnet, von anderen Cloud-Storage-Anbietern auch als Entität bezeichnet. Spaltenüberschriften werden als Attribute bezeichnet, die jeweiligen Inhalte von Zellen als kleinste Einheit, als Werte. Ein Vorteil von Amazon SimpleDB ist, dass es schemalos ist, somit kann man einfach neue Spalten hinzufügen. Oft ändern sich die Anforderungen an die Software, womit man in diesem Anwendungsfall mehr Flexibilität hat. Abbildung 6.8 zeigt die einzelnen Bestandteile noch einmal im Detail.

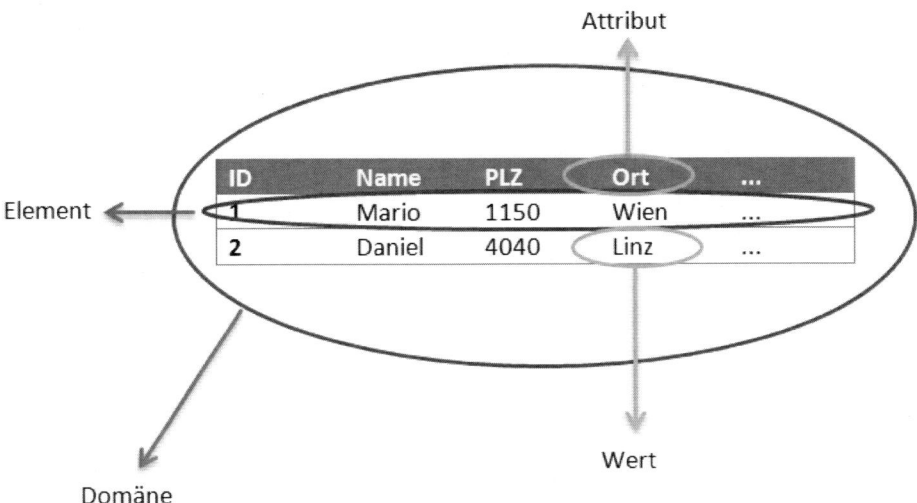

Abbildung 6.8: Funktionsweise von Amazon SimpleDB

Amazon EC2 verwendet einige API-Befehle, die die Arbeit mit der SimpleDB einfach halten. Sie werden über HTTPS gesendet und haben den Endpunkt *https://sdb.amazonaws.com/*. Verarbeitungsanweisungen werden als „Action" im Parameter übergeben. Die Verarbeitungsanweisungen sind folgende:

CreateDomain erstellt eine neue Domäne, eine Tabelle innerhalb einer Datenbank. Neben den Standardangaben wie Signatur, Amazon-Web-Services-Schlüssel und den Versionen wird hier lediglich der Domänenname übergeben. In den Metadaten sind Angaben über die Anfrage-ID (Request ID) und der BoxUsage (CPU-Stunden, die verbraucht wurden).

DeleteDomain verhält sich gleich der CreateDomain-Anfrage, hierbei wird jedoch die Tabelle gelöscht. Rückgabewerte sind ebenfalls mit jenem von CreateDomain identisch.

ListDomains listet die vorhandenen Tabellen auf. Dafür wird die gewünschte Anzahl an Domänen (Tabellen) festgelegt. Neben den Metadaten wird außerdem der Domänenname zurückgeliefert.

DomainMetadata fragt Informationen zu einer Domäne (Tabelle) ab. Das sind Daten wie der Erstellungszeitpunkt, Speicherinformationen zu Namen und Attributen einzelner Elemente sowie Angaben zur Gesamtgröße.

PutAttributes: Elemente kann man mithilfe dieser Funktion erfassen, wobei der Item-Name als Identifier für die Anfrage verwendet wird. Elemente, die geschrieben werden sollen, werden über den Namen des Attributs (Spalte in einer Tabelle) und dessen Wert geschrieben. Hier kann man außerdem den Parameter „Replace" angeben, der festlegt, ob ein Wertepaar auch überschrieben werden soll. Elemente werden über die Notation „Attribute.N" identifiziert. N steht für eine fortlaufende, bei 1 beginnende Nummer.

BatchPutAttributes funktioniert ähnlich dem vorher beschriebenen *PutAttributes*-Aufruf. Der Unterschied ist jedoch, dass mehrere Elemente adressiert werden können. Dieser Aufruf ist vor allem bei mehreren Elementen von Interesse, da wesentlich weniger Round-trips erfolgen. Somit ist dieser Aufruf auch wesentlich performanter.

DeleteAttributes löscht Attribute in einer Domäne, wobei die Namen und Werte der Attribute angegeben werden.

GetAttributes liefert die Attribute (Spalten) eines bestimmten Elements zurück. Als Identifier dient der ItemName. Es ist außerdem möglich, diese Elemente über die *AttributeName.N*-Notation auf bestimmte Attribute einzuschränken, wobei N eine fortlaufende Nummer ist.

Select fragt mehrere Elemente in einer Domäne (Tabelle) ab. Hierfür wird eine an die SQL-Abfragesprache orientierte Notation verwendet, die folgendermaßen aussieht:

select [output_list] from [domain_name] [where [expression]] [sort_instruction] [limit limit] Die Elemente definieren sich folgendermaßen: *output_list* kann ein "*" für alle Elemente sein oder explizite Attribute (diese müssen in der attributeN-Notation übergeben werden). *Domain_name* ist die zu untersuchende Tabelle, *expression* gibt einen Vergleich an (zum Beispiel *attribute1 like „%Huber*. *sort* sortiert entweder auf- oder absteigend, *limit* gibt eine bestimmte Grenze an, die maximal 2500 Elemente haben kann. Standardmäßig sind es 100 Elemente.

Für Amazon SimpleDB gibt es einige Libraries, welche die Arbeit mit dem Service erheblich vereinfachen und aktuell in .NET, Java, Perl und PHP vorhanden sind.

Preise

Die Preise für Amazon SimpleDB setzen sich aus den drei Teilbereichen Datenübertragung, strukturierte Datenspeicherung und der Maschinenauslastung zusammen. Für die Datenübertragung entstehen Kosten, die auch durch Amazon-EC2-Datenübertragung entstehen und daher an dieser Stelle nicht mehr erklärt werden. Die Maschinenauslastung sind Kosten, die aufgrund der Auslastung in der Instanz entstehen. Dabei wird gemessen, wie lange eine API-Abfrage benötigt. Das ist eine Select- oder Get-Abfrage. Für die Region US-North Virginia fallen 0,14 $ pro Maschinenstunde an, für alle anderen Regionen (US-Nordkalifornien, EU-Irland und Asia-Pacific Singapur) 0,154 $. Wichtig ist, dass die ersten 25 Stunden gratis sind. In einer Antwort, die man auf eine Abfrage an eine Tabelle erhält, wird die Box Usage zurückgegeben, die für die Anfrage benötigte CPU-Zeit. Somit kann man sich einen Überblick über die verbrauchten CPU-Stunden und die entstehenden Kosten verschaffen.

Des Weiteren fallen Kosten für die Datenspeicherung in GB an, wobei das erste GB kostenlos ist. Alles, was darüber hinausgeht, wird mit 0,25 $ pro GB in der Region US-North Virginia und 0,275 $ für alle übrigen Region berechnet.

6.1.5   Amazon Relational Database Service (Amazon RDS)

Amazon RDS ist eine Datenbank in der Cloud, bei der MySQL als Datenbank zum Einsatz kommt. Der Funktionsumfang des Datenbankdienstes ist hier mit einer On-premise-MySQL-Datenbank gleichwertig. Der Unterschied besteht lediglich darin, dass keine aufwändige Administration der Server nötig ist. Amazon Relational Database Service unterscheidet sich von Amazons SimpleDB insofern, dass Amazon Relational Database servicerelationale Daten ermöglicht. Vorteile gegenüber einer On-premise-Datenbank sind die wesentlich höhere Ausfallsicherheit (da sie in den Rechenzentren von Amazon betrieben wird) und dass Amazon sich um das Anlegen von Sicherheitskopien kümmert.

Aktuell (August 2010) wird MySQL 5.1 verwendet. Amazon RDS bietet verschiedene Instanzgrößen an (Tabelle 6.8). Die in der Tabelle aufgelistete CPU-Kapazität entspricht der Leistung eines 2007er Opteron oder Xeon-Prozessors mit 1-1,2 GHz.

Bezeichnung	Arbeitsspeicher	Virtuelle Kerne	CPU-Kapazität
Small	1,7 GB	1	1
Large	7,5 GB	2	2
Extra Large	15 GB	4	2
Double Extra Large	34 GB	4	3,25
Quadruple Extra Large	68 GB	8	3,25

Tabelle 6.8: Instanzgrößen von Amazon RDS

Technische Beschreibung

Die Beschreibung von Amazon RDS könnte nicht einfacher sein: Es ist eine MySQL-Datenbank. Von Bedeutung ist, dass die Verwaltung durch Amazon durchgeführt wird und man selbst keinen Verwaltungsaufwand hat. Meldet man sich zu Amazon RDS an, hat man in der webbasierten Amazon-Management-Konsole die Möglichkeit, die Instanz zu verwalten (Abbildung 6.9).

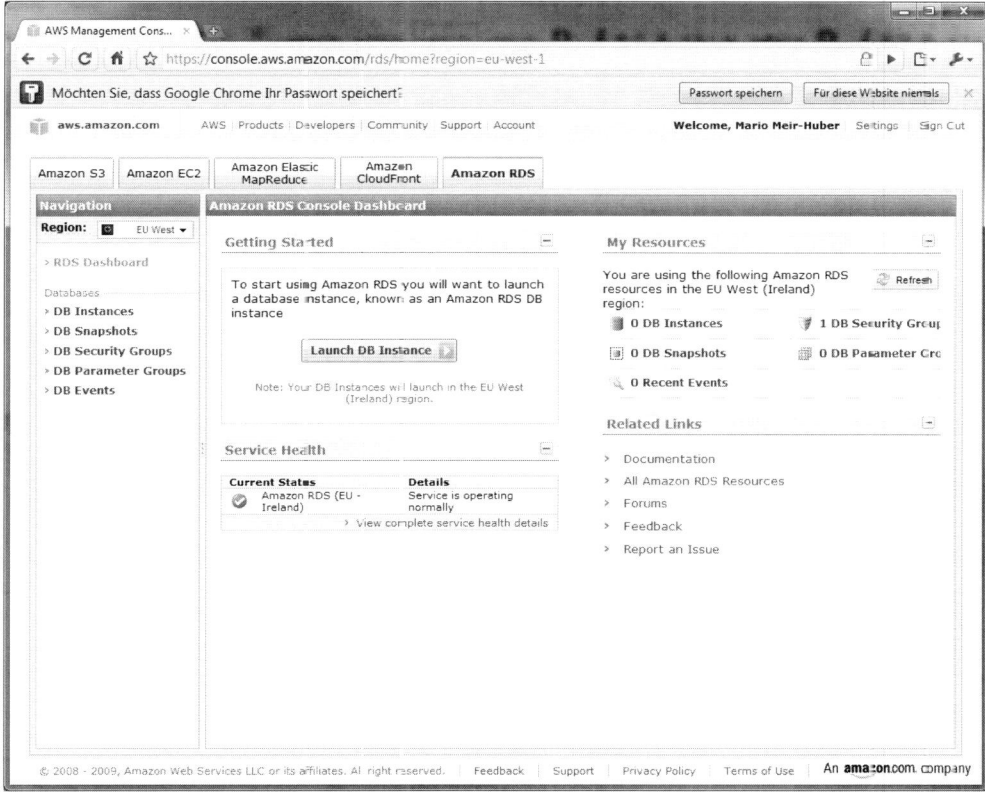

Abbildung 6.9: Überblick über Amazon RDS

Gut zu erkennen sind die Ressourcen, die sich in der rechten Spalte befinden. Sie stellen eine Auflistung der konfigurierten und laufenden Datenbankinstanzen, der Sicherheitsrichtlinien, Datenbanksnapshots und verschiedenen Events dar. Zentral ist der Button LAUNCH DB INSTANCE, der den Konfigurator für eine neue Datenbankinstanz startet. Der Assistent ist in den folgenden Abbildungen dargestellt.

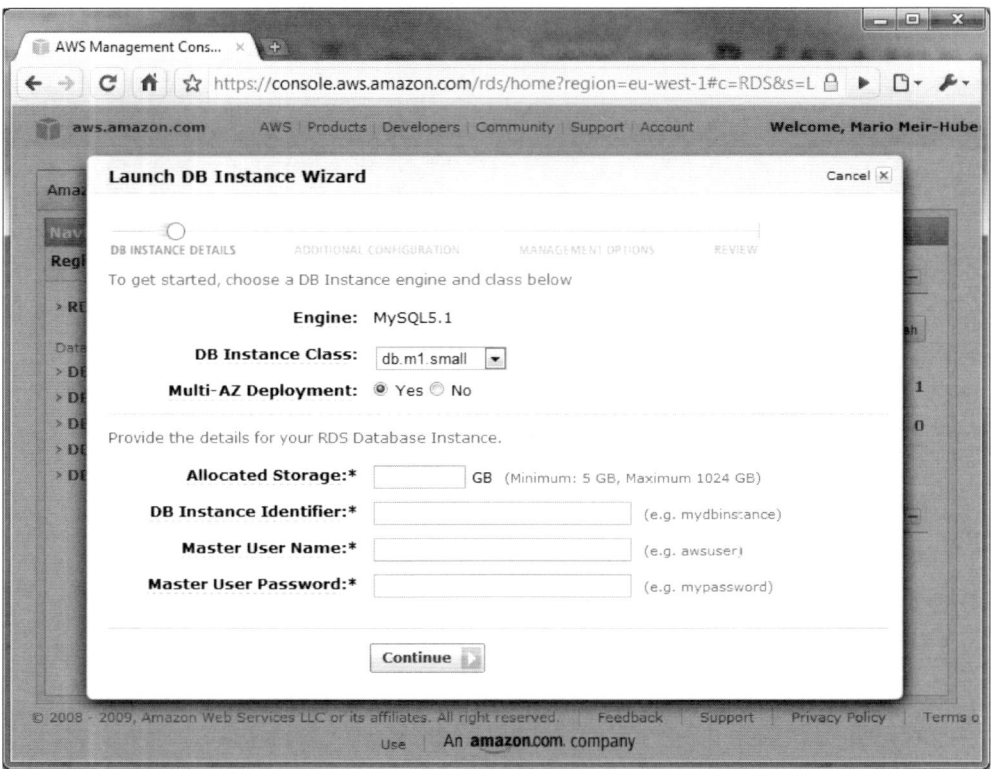

Abbildung 6.10: Assistent für eine neue Datenbank

Im ersten Schritt des Assistenten wird die Größe der Datenbank (DB Instance Class) ausgewählt. Der Menüpunkt MULTI-AZ DEPLOYMENT gibt an, ob eine Kopie als Standby-Datenbank in einer anderen Availability Zone erstellt werden soll. Damit ist es möglich, bei einem Ausfall der aktuellen Availability Zone (zum Beispiel EU-Irland) schnell auf eine andere Zone (USA) zu wechseln. In diesem Schritt sind auch noch weitere Daten wie die Anfangsgröße der Datenbank, des Identifiers, des Administratornamens und Passworts nötig. Im zweiten Schritt werden der Datenbankname, der Port und Sicherheitsgruppen sowie Parametergruppen eingegeben (Abbildung 6.11).

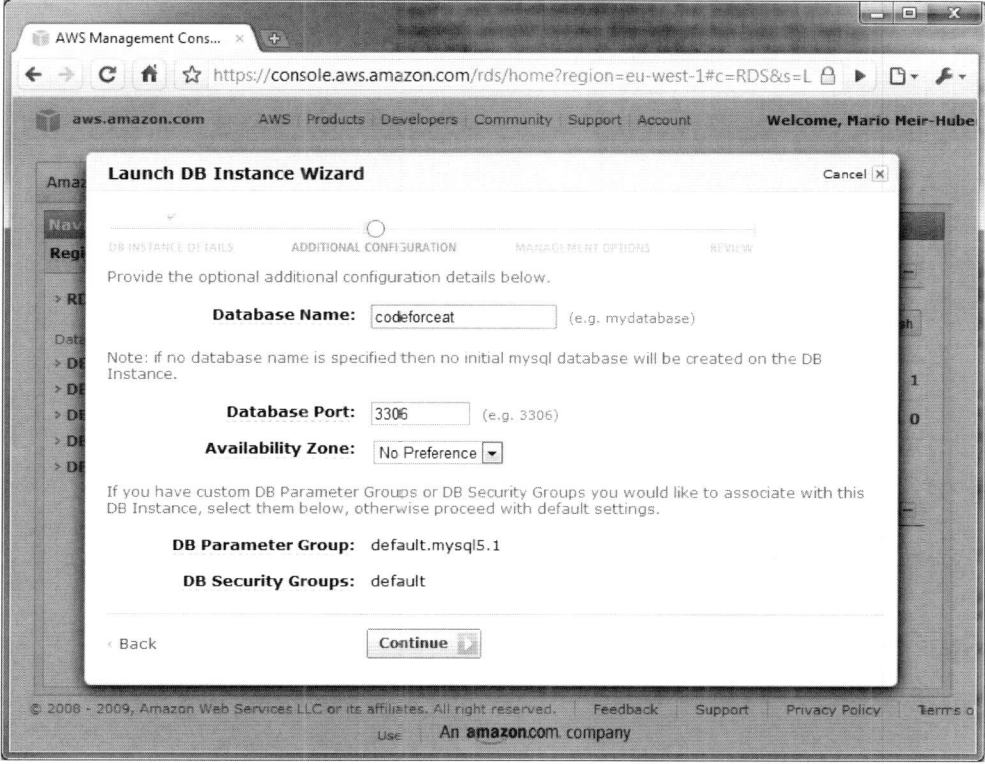

Abbildung 6.11: Weitere Datenbankeinstellungen

Im dritten Schritt wird angegeben, wie lange Backups einer Datenbank vorhanden sind. Hier kann auch angegeben werden, in welchen Zeitintervallen das geschehen soll. Schritt 4 dient lediglich der Bestätigung des Dienstes. Durch Klick auf LAUNCH DB INSTANCE wird die Instanz erstellt. Das kann jedoch einige Zeit dauern. Sobald sie gestartet ist, kann man sie über eine von MySQL unterstützte Entwicklungssprache verwenden. Die Instanzkonfiguration ist in der Managementkonsole von Amazon administrierbar (Abbildung 6.12).

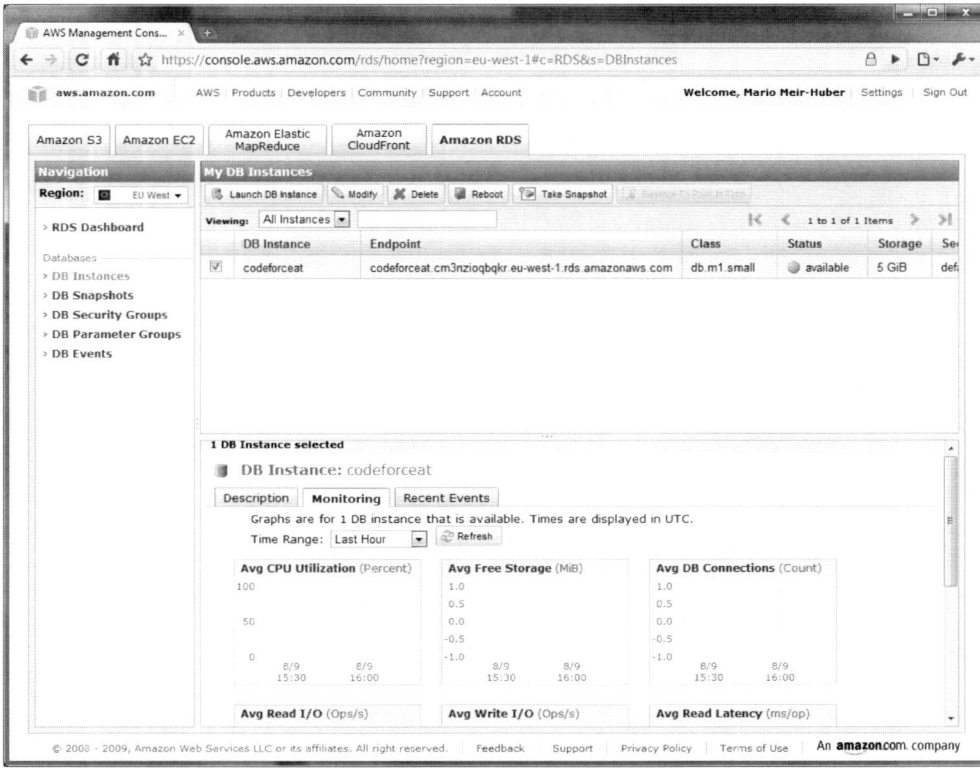

Abbildung 6.12: Die Verwaltungsoberfläche von Amazon RDS

Damit dynamisches Skalieren möglich ist, steht Softwareentwicklern die Möglichkeit zur Verfügung, Datenbanken über API-Befehle neu zu erstellen, zu löschen, Snapshots zu erstellen und dergleichen. Die hierfür verfügbaren API-Befehle sind in Tabelle 6.9 aufgelistet.

Befehl	Beschreibung
CreateDBInstance	Erstellt eine neue MySQL-Datenbankinstanz auf Amazon RDS. Parameter für die Datenbank sind die Instanzklasse, Speicherkapazität und die Backup-Aufbewahrungszeit. Somit ist es bereits möglich, eine zusätzliche Datenbank zu verwenden.
ModifyDBInstance	Hier kann man Einstellungen einer vorhandenen Datenbankinstanz verändern, z. B. die Instanzgröße oder die Sicherheitseinstellungen.
DeleteDBInstance	Löscht eine laufende Datenbankinstanz.
CreateDBSnapshot	Erstellt einen Snapshot der Datenbank, der eine Wiederherstellung im Fehlerfall erlaubt.
RestoreDBInstance ToPointInTime	Stellt eine Datenbank zu einem gewissen Zeitpunkt wieder her.

Tabelle 6.9: Amazon-RDS-API-Befehle

Preise

Für Amazon Relational Database Service gibt es vier Kostenbereiche, die zum einen abhängig von der eingangs beschriebenen Instanzgröße sind, zum anderen vom bereitgestellten Datenspeicher und Backup-Speicher. Schlussendlich kommen Kosten für die Datenübertragung hinzu. Aufgrund der sich häufig ändernden Preise hier nur der Link: *http://aws.amazon.com/de/simpledb/#pricing*. Im Folgenden ein Beispiel mit Zahlen aus dem Jahr 2010:

Für die Größe der Datenbank fallen je GB 0,10 $ pro Monat an. Zusätzlich müssen 0,10 $ für je 1 Million E/A-Anfragen einkalkuliert werden, für das Schreiben oder Lesen von Daten eines Speichermediums. Der Speicher für den Datenbackup ist bis 100 % der Datenbankgröße gratis. Hat man eine 5 GB große Datenbank und der Backup-Speicher beträgt 4 GB, fallen hier keine Kosten an. Sollte der Backup-Speicher mehr Platz benötigen als die Größe der Datenbank, so sind hier 0,15 $ pro GB im Monat fällig.

Weitere Kosten fallen für ein- und ausgehende Daten an.

Folgendes Szenario soll die Kosten für eine Amazon-RDS-Datenbank verdeutlichen:

- Große (Large) Datenbankinstanz
- 12 GB Datenspeicher
- 3 Millionen E/A-Operationen
- 40 GB eingehender Verkehr
- 290 GB ausgehender Verkehr

Für die Monatsberechnung werden 30 Tage angenommen. Hierfür fallen folgende Instanzkosten an:

0,44 $ für eine große Instanz (Large) mal 24 Stunden mal 30 Tage = 316,8 $

Für das Backup werden nicht mehr als die monatlichen 12 GB Datenspeicher benötigt. Dadurch sind an Datenbankspeicherkosten folgende Kosten fällig:

0,10 $ pro GB mal 12 = 1,20 $

0,10 $ für 1 Million E/A Operationen mal 3 = 0,30 $

Zum Zeitpunkt der Bucherstellung (August 2010) waren noch keine Kosten für die Übertragung eingehender Daten bekannt. Für die Übertragung ausgehender Daten fallen folgende Kosten an:

0,15 $ pro GB mal 289 (das erste GB ist kostenlos) = 43,35 $

Die Summe der Kosten ist in Tabelle 6.10 dargestellt.

Kostenstelle	Kosten
Instanzkosten	316,8 $
Instanzspeicher	1,20 $
Kosten E/A Operationen	0,30 $
Kosten ausgehender Datentransfer	43,35 $
Summe	361,65

Tabelle 6.10: Kosten pro Monat für die Datenbankinstanz

6.1.6 Amazon Simple Storage Service (Amazon S3)

S3 ist ein Speicherdienst für die Cloud, dem Benutzer steht es dabei frei, beliebig viele Daten auf diesen Dienst auszulagern. Somit ist es einfacher, hohe Skalierung für Blobs (Binary large Objects) zu erreichen. Entwickler können Dateien, z. B. Bilder, Videos oder Dokumente, auf den Amazon-Servern ablegen.

Amazon garantiert hierfür einige Ausführungsanforderungen: die Skalierbarkeit, wo S3 unbegrenzt viele Datenmengen erlaubt. Einzelne Dateien können von 1 Byte bis zu 5 GB groß sein. Amazon garantiert 99,99 % Verfügbarkeit. Die Geschwindigkeit muss so hoch sein, damit Hochleistungsanwendungen möglich sind. Des Weiteren ist der günstige Preis eine Ausführungsanforderung. Die Preise werden in diesem Kapitel noch genauer beschrieben. Schlussendlich ist die Einfachheit der Anwendung eine weitere zentrale Ausführungsanforderung.

Der Vorteil von Amazon S3 besteht darin, dass die eigene Webanwendungen einfach skalieren können. Viele aktuelle Provider bieten eine gewisse Anzahl von Speicherplatz in GB an, was in vielen Fällen auch ausreichend ist. Muss die Anwendung jedoch skalieren, stößt man hier schnell an die Grenzen. Dieses Problem wird mit Amazon S3 gelöst. Daten werden abseits der eigentlichen Anwendung im S3 abgelegt. Dadurch hat man Operationen, die eine Festplatte unter Umständen belasten, abstrahiert, was in weiterer Folge dazu führt, dass die eigentliche Anwendung mehr Kapazitäten zur Verfügung hat. In Abbildung 6.13 ist ein Szenario einer Social Platform dargestellt. Hier werden Dateien wie Bilder, Videos und Dokumente auf Amazon S3 ausgelagert.

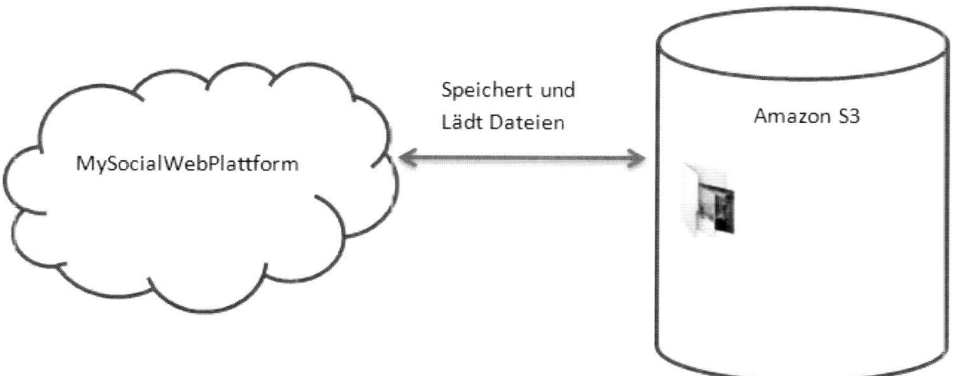

Abbildung 6.13: Amazon-S3-Datenauslagerung

Technische Funktionsweise, Möglichkeiten und Einschränkungen

Amazon S3 wird von Amazon für deren Plattform verwendet, hat sich also bereits für eine sehr große Applikation bewiesen. Die wichtigsten Konzepte von Amazon S3 sind Buckets, Objekte, Schlüssel, Regionen und das Datenkonsistenzmodell.

Buckets sind Container, die beliebig viele Dateien enthalten können. Wichtig bei Buckets ist, dass sie eindeutig sein müssen. Die Eindeutigkeit muss über alle Buckets bei Amazon S3 gehen. Registriert die Firma CodeForce den Bucket „codeforce", so kann er von keinem anderen mehr verwendet werden. In einem Bucket können jedoch beliebig viele Dateien enthalten sein, die wiederum über ein Standard-URL-Schema ansprechbar sind. Die Datei *logo.gif* im Root-Verzeichnis des oben beschriebenen Buckets würde somit folgender URL aufweisen:

http://codeforce.s3.amazonaws.com/logo.gif

Ein Bucket ist mit dem Account verknüpft, der ihn erstellt hat. Jeder Account kann bis zu 100 dieser Buckets besitzen.

Objekte sind einzelne Entitäten innerhalb einer Amazon-S3-Instanz. Sie bestehen aus Metadaten (wie Content Type oder Datum) und Objektdaten. Objekte werden über einen Schlüssel und der Version identifiziert.

Ein Schlüssel, der ein Objekt innerhalb von Amazon Simple Storage Service identifiziert, ist ein URL, der an den Bucket-URL angehängt wird (z. B. *http://codeforce.s3.amazonaws. com*). Der Schlüssel kann nun eine Dateibezeichnung sein (*docs/book1.docx*). Ferner können Objekte versioniert werden. Somit kann es die Datei *docs/book1.docx* mehrmals geben – einmal mit der Version 1, ein weiteres Mal mit der Version 2. Das hat den Vorteil, dass Objekte nicht versehentlich gelöscht oder überschrieben werden können. Die Versionierung muss jedoch explizit aktiviert werden.

Amazon Simple Storage Service verfügt über vier Serverstandorte: US Standard (entweder Northern Virginia oder Nordkalifornien), US Nordkalifornien, EU Irland oder Asia Pacific in Singapur. Objekte, die in einer Region gespeichert werden, verlassen diese Region nie. Das ist sehr wichtig hinsichtlich unterschiedlicher Datenschutzgesetze in verschiedenen Staaten.

Besonders wichtig in der Datenbehandlung ist deren Konsistenz: Ein Prozess kann nie korrupte Daten lesen. Wird ein Objekt mit vielen Daten (etwa ein Video) verändert, lesen Prozesse so lange die alten Daten, bis die neuen über das Rechenzentrum verteilt werden. Das hat zur Folge, dass Daten, die nicht komplett sind, auch nie zurückgeliefert werden. Andererseits kann es unter Umständen eine Weile dauern, bis Aktualisierungen für andere Prozesse oder Anwendungen verfügbar sind. Abbildung 6.14 stellt ein solches Szenario dar. Dabei wird ein Lesevorgang gestartet, bevor der Schreibvorgang abgeschlossen ist. Der Lesevorgang bekommt in diesem Szenario Inhalte, die der Version 1 entsprechen.

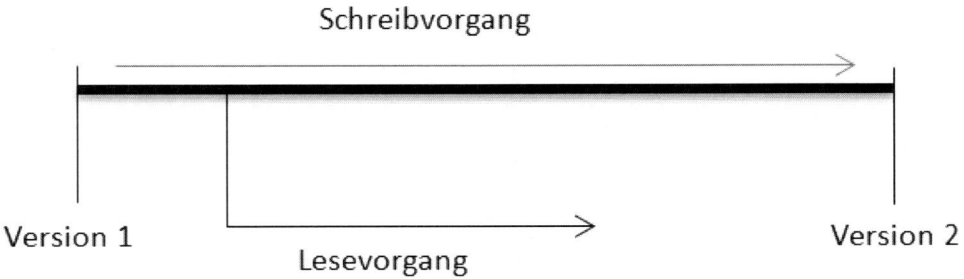

Abbildung 6.14: Ein Lesevorgang wird gestartet, bevor der Schreibvorgang abgeschlossen ist.

Das kann bedeuten, dass Aktualisierungen gegebenenfalls länger brauchen. Löscht man eine Datei, kann es vorkommen, dass sie noch für einen kurzen Zeitraum verfügbar ist. Tatsächlich gelöscht ist sie erst, sobald sie von allen Replikaten im Rechenzentrum entfernt wurde. Erwähnenswert ist auch, dass es keinen Lock-Mechanismus für Dateien gibt. Wird eine Datei zeitversetzt von zwei Prozessen geschrieben, ist jene Datei die aktuelle, die den aktuellsten Timestamp hat.

REST-API und Entwicklertools

Das REST-API wird in drei Ebenen unterteilt. Die höchste Ebene sind Anfragen an den Service. Hier bekommt man Informationen über alle Buckets, die dem Account angehören. In der nächsten Ebene kann man Buckets erstellen, löschen und konfigurieren. Die letzte Ebene ist ein Objekt, das eine Datei repräsentiert. In diesem Abschnitt werden nur wenige dieser möglichen REST-Operationen erklärt, es gibt noch wesentlich mehr.

Die Inhalte eines Buckets erhält man, indem man eine GET-Abfrage an den Namen des Buckets startet, normalerweise *MyBucket.s3.amazonaws.com*. Weitere Anfragen, die jeweils auf den Root gehen, sind für Benachrichtigungen in Buckets (*/?notification*), Logging für Buckets (*?logging*), die Sicherheitsrichtlinie für Buckets (*?policy*) sowie den Bucket-Speicherort (*?location*). Operationen auf Objekte sind einfach möglich, sofern man mit REST vertraut ist. Hierbei kommen die Standard-REST-Parameter DELETE, GET, HEAD, POST und PUT zum Einsatz.

REST hat einen niedrigen Abstraktionsgrad. Um die Entwicklung für Amazon S3 zu vereinfachen, bietet Amazon High-Level Libraries für gängige Entwicklungsplattformen an:

- Java (J2SE 5.0 oder neuer)
- .NET (ab Version 2.0)

PHP wird derzeit nicht offiziell von Amazon unterstützt. Es gibt jedoch einige Community-Projekte wie etwa das Zend Framework, das S3 unterstützt. Ähnlich verhält es sich mit Python, das über ein Community-Projekt namens „boto" verfügt, das eine Unterstützung für S3 enthält. Entwickler, die Ruby bevorzugen, können auf auf das Community-Projekt „AWS::S3" zurückgreifen.

6.1.7   Amazon Simple Queue Service

Amazon bietet einen einfachen Benachrichtigungsdienst für die Cloud an, „Amazon Simple Queue Service". Wie erwähnt, sind Queues (Nachrichten) vor allem für die Kommunikation zwischen mehreren Rechnern gedacht. Das bietet vor allem Softwarearchitekten viele interessante Möglichkeiten. Das Thema „Paralellisierung" ist ein ähnlich oft diskutiertes Thema in der Softwareentwicklung. Das soll dank der Benachrichtigungsdienste vereinfacht werden.

Mit dem Amazon Simple Queue Service kann man zuverlässig und skalierbar zwischen mehreren Systemen kommunizieren. Möglich ist es beispielsweise, dass eine Anwendung mehrere virtuelle Instanzen der Amazon EC2 benötigt. Damit diese Instanzen sich gegenseitig ergänzen, kann man Nachrichten versenden. Nachrichten sind hierbei äußerst zuverlässig, da sie in der Queue unabhängig von den virtuellen Instanzen oder Rechensystemen sind. Benachrichtigungen dienen oft dazu, neue Arbeitsanweisungen durchzuführen. Mithilfe der Amazon Simple Queue Services können automatisierte Workflows erstellt werden. Abbildung 6.15 stellt ein mögliches Anwendungsszenario der Amazon Simple Queue Services dar.

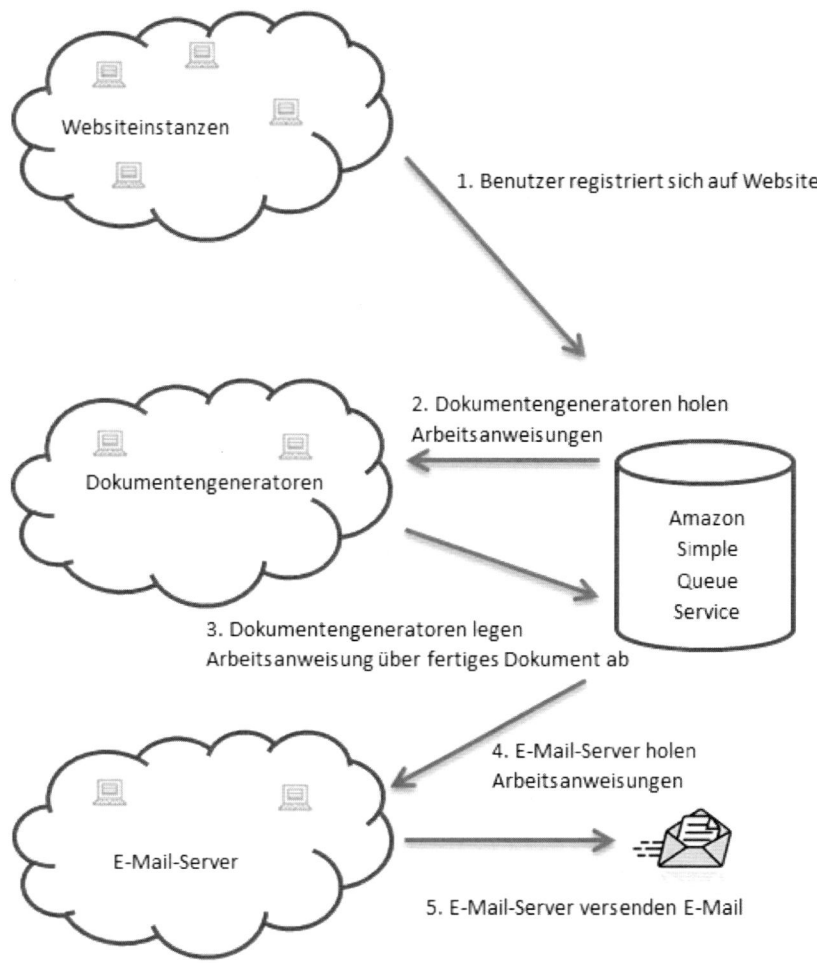

Abbildung 6.15: Szenario Versandhaus

In Abbildung 6.15 wird ein Szenario für ein großes Versandhaus dargestellt. Der stark vereinfachte Workflow stellt einen Bestellvorgang vor, wobei von einer bereits durchgeführten Bestellung ausgegangen wird. Als ersten Schritt schließt der Benutzer eine Bestellung in Punkt 1 ab. Dadurch schreiben die Websiteinstanzen eine Nachricht in den Simple Queue Service, der mitteilt, dass Dokumente generiert werden müssen. Diese Dokumente sind Acrobat-(PDF-)Dateien oder Word-(DOCX-)Dateien. Die Dokumentengeneratoren holen sich die Arbeitsanweisungen laufend ab. Ist eine neue Benachrichtigung vorhanden, wird ein neues Dokument am Dokumentserver generiert, der das Dokument ebenfalls in der Cloud abspeichert (jener Schritt ist im Workflow nicht enthalten). Danach legt er eine weitere Arbeitsanweisung ab (Punkt 3), bei der das Dokument angegeben wird, das verarbeitet wurde. Ebenso wie der Dokumentenserver wartet auch der E-Mail-Server, der die Dokumente über die eben erfolgreich durchgeführte Bestellung versendet, auf weitere Arbeitsanweisungen. Diese Arbeitsanweisungen wurden bereits in Punkt 3 beschrieben. Sobald der E-Mail-Server eine Arbeitsanweisung auffindet, führt er die Bearbeitung durch und versendet die E-Mail.

Dieser Workflow stellt eine hohe Skalierbarkeit dar. Sind sehr viele Nachrichten in der Warteschlange, ist es einfach, neue Instanzen nachzustarten. Das kann entweder durch die Instanzen selbst geschehen, oder es gibt eine dedizierte Überwachungsinstanz, die ebenfalls auf EC2 laufen kann.

Technische Funktionsweise, Möglichkeiten und Einschränkungen

Simple Queues können in den Regionen USA (US-East, US-West), der EU (Irland) und Asia-Pacifc (Singapur) erstellt werden. Eine Mitteilung, die in einer Queue gespeichert wird, kann bis zu 8 KB groß und der Inhalt kann Text in einem beliebigen Format sein. Mitteilungen, die in einer Queue abgespeichert sind, werden nach vier Tagen gelöscht, daher müssen sie vorher bearbeitet werden. Sobald eine Mitteilung bearbeitet wird, ist sie für andere Zugriffe unsichtbar. Sie ist aber nur für eine gewisse Zeit gesperrt. Wenn mehr Zeit für eine Bearbeitung benötigt wird, muss sie erneut gesperrt werden.

Die Mitteilungen werden im Rechenzentrum auf mehreren Servern repliziert, was die Zuverlässigkeit des Services erhöht. Für den Simple Queue Service gibt es 11 Anfragetypen, welche die Arbeit mit dem Service ermöglichen (Tabelle 6.11).

Anfrage	Beschreibung
CreateQueue	Eine Warteschlange wird erstellt
ListQueues	Vorhandene Warteschlangen werden aufgelistet
DeleteQueue	Eine Warteschlange wird gelöscht
SendMessage	Eine Nachricht wird in einer Warteschlange versendet
ReceiveMessage	Nachrichten in einer Warteschlange werden abgefragt
ChangeMessageVisibility	Die Sichtbarkeit bzw. Unsichtbarkeit einer Nachricht wird verändert
DeleteMessage	Eine Mitteilung wird aus der Warteschlange entfernt
SetQueueAttributes	Einstellungen für eine Warteschlange werden gesetzt
GetQueueAttributes	Informationen über die Einstellungen, welche eine Warteschlange betreffen, werden abgefragt.
AddPermission	Fügt eine Freigabe für andere Amazon-Web-Services-Konten hinzu
RemovePermission	Entfernt ein AWS-Konto für eine Freigabe

Tabelle 6.11: Operationen innerhalb der Amazon SQS

Der Einsatzbereich von Amazons SQS ist dann sinnvoll, wenn man viele paralelle Prozesse oder virtuelle Maschinen betreibt. Da die Nachrichten nur für vier Tage gespeichert werden, ist der SQS keinesfalls als Datenspeicher gedacht, nur für die Kommunikation.

REST-API und Entwicklertools

Amazons Web Services haben ein umfangreiches Set an REST-API- und SOAP-Funktionen. Ebenso wie in den vorher beschriebenen Services wird hier das REST-API zur Erklärung herangezogen. Je nach Region sind unterschiedliche Endpunkte zu verwenden:

Region	Endpunkt
US-Ost (North Virginia)	http://sqs.us-east-1.amazonaws.com/
US-West (Nordkalifornien)	http://sqs.us-west-1.amazonaws.com/
EU (Irland)	http://sqs.eu-west-1.amazonaws.com/
Asia Pacific (Singapur)	http://sqs.ap-southeast-1.amazonaws.com/

Tabelle 6.12: Endpunkte und Regionen des SQS

Die Operationen *CreateQueue* und *ListQueues*, die für das Erstellen von Queues und Anzeigen von vorhandenen Queues verantwortlich sind, werden auch bereits auf diese URLs ausgeführt. Die Aktionen werden jeweils mit einer Aktion (*?Action=*) eingeleitet. Der Parameter *Action* ist für alle Operationen, die auf eine Queue möglich sind, vorhanden. Insgesamt gibt es 8 allgemeine Parameter für Queues, die in Tabelle 6.13 dargestellt werden.

Parameter	Beschreibung
Action	Die Aktion, die ausgeführt werden soll, z. B. „CreateQueue" für eine neue Queue oder „ReceiveMessage", um eine Nachricht zu erhalten
AWSAccesKeyId	Der Zugriffsschlüssel auf die Amazon Web Services
Expires	Das Datum, an dem die Signatur abläuft; es muss entweder „Expires" oder „Timestamp" als Parameter in einer Anfrage vorkommen
Signature	Eine Signatur, die für die Anfrage verwendet wird
SignatureMethod	Hier wird die Verschlüsselung der Anfrage angegeben
SignatureVersion	Die Version der Signatur, die für die Anfrage verwendet wird
Timestamp	Datum und Uhrzeit der Anfrage
Version	Die API-Version, die verwendet wird

Tabelle 6.13: Gemeinsame API-Parameter

Will man eine Queue erstellen, benötigt man den Parameter *QueueName*. Ferner kann man die Zeit, in der Nachrichten beim Empfangen unsichtbar werden, über den Parameter *DefaultVisibilityTimeout* einstellen. Standardmäßig ist dieser Wert auf 30 Sekunden eingestellt. In Listing 6.1 wird eine Queue mit dem Namen *codeForce* erstellt, bei der der Parameter *DefaultVisibilityTimeout* auf 2 Minuten gestellt wird. Die Parameter, die für diese Operation zu den Standardparametern hinzukommen, sind unterstrichen.

```
http://sqs.eu-west-1.amazonaws.com/
?Action=CreateQueue
&DefaultVisibilityTimeout=40
&QueueName=codeForce
&Version=2009-02-01
&SignatureMethod=HmacSHA256
&Expires=2010-10-10T21%3A00%3A00GMT
&AWSAccessKeyId=My_Access_Key_REPLACE
&SignatureVersion=2
&Signature=My_Signature_REPLACE
```

Listing 6.1: Beispiel einer Queue-Erstellung

In Listing 6.1 wurden AWSAccesKeyId und Signature aus Datenschutzgründen nicht angegeben. Damit diese Abfrage funktioniert, ist es notwendig, sie durch die eigenen Keys zu ersetzen. Wie für REST-Abfragen üblich, hat jeder Request auch eine Response, die folgenderaßen aussehen kann:

```
<CreateQueueResponse>
    <CreateQueueResult>
        <QueueUrl>
            http://sqs.eu-west-1.amazonaws.com/214557641132/codeForce
        </QueueUrl>
    </CreateQueueResult>
    <ResponseMetadata>
        <RequestId>
            3b61c89a-145b-1273-8a9b-aa7a7e64bb81
        </RequestId>
    </ResponseMetadata>
</CreateQueueResponse>
```

Listing 6.2: Beispiel einer Response

Die Response liefert den vollständigen URL der neu erstellten Queue zurück. Als Metadaten kommen lediglich noch die RequestId zurück.

Ähnlich verhält es sich, wenn man Listen anzeigen will. Hierfür wird die Aktion *ListQueues* aufgerufen. Zu den Standardparametern gesellt sich hier noch der Parameter *QueueName-Prefix*, der Parameter, der die zurückgelieferten Queues auf Queues einschränkt, die mit dem übergebenen Parameter übereinstimmen. In der Response kommt eine Enumeration der verschiedenen Queues am Server. Hierbei können maximal 1000 Queues abgefragt werden.

Ferner gibt es einige Operationen, die direkt auf die Queues ausgeführt werden können und in Tabelle 6.14 beschrieben sind.

Operation	Beschreibung
GetQueueAttributes	Gibt die Attribute einer Liste zurück. Mögliche Parameter sind: All, ApproximateNumberOfMessages, ApproximateNumberOfMessagesNotVisible, VisibilityTimeout, CreatedTimestamp, LastModifiedTimestamp, Policy, MaximumMessageSize und MessageRetentionPeriod
SetQueueAttributes	Setzt Attribute auf eine Queue. Mögliche Parameter sind: Visibility Timeout, Policy, MaximumMessageSize und MessageRetentionPeriod.
DeleteQueue	Löscht eine Queue. Hierfür sind keine Parameter notwendig.

Tabelle 6.14: Operationen auf Queues

Damit andere Accounts (Amazon Web Service Accounts) auf die Nachrichten des eigenen Accounts zugreifen können, gibt es die Möglichkeit, Zugriffsrechte zu vergeben oder zu entziehen. Das regeln die beiden Funktionen *RemovePermission* und *AddPermission*. Letzteres benötigt eine Bezeichnung (Parameter *Label*), eine Account-ID und den Namen einer Aktion. Der Name einer Aktion kann *SendMessage*, *ReceiveMessage*, *DeleteMessage*, *ChangeMessageVisibility*, *GetQueueAtttributes* oder „*" für alles sein.

Schlussendlich gibt es Operationen, die auf Nachrichten direkt angewendet werden können (Tabelle 6.15).

Operation	Beschreibung
ChangeMessage-Visibility	Verändert die Zeit, in der eine Nachricht unsichtbar ist. Notwendige Parameter sind hier der ReceiptHandle (MessageId) und die VisibilityTimeout
DeleteMessage	Löscht eine Nachricht. Als Parameter wird der ReceiptHandle benötigt.
ReceiveMessage	Hiermit werden Nachrichten abgefragt. Optionale Parameter regeln hier die VisibilityTimeout (Zeit, in der die Nachrichten unsichtbar sind), MaxNumberOfMessages (maximale Anzahl der Nachrichten, jedoch maximal 10) und die Attribute, die zurückgeliefert werden sollen.
SendMessage	Versendet eine Nachricht. Hierbei wird der Parameter „MessageBody" zusätzlich benötigt. Er kann bis zu 8 KB groß sein.

Tabelle 6.15: Operationen auf Nachrichten

All diese Operationen laufen auf einem sehr niedrigen Level. Amazon bietet auch einige High-Level APIs an, die all das stark vereinfachen. Für Simple Queue Service bietet Amazon Bibliotheken für folgende Technologien an:

- Java (J2SE 5.0 oder neuer)
- PHP
- .NET (ab Version 2.0)

Für Python gibt es boto, ein Community-Projekt, das das Simple Queue Service unterstützt. Ähnlich ist es mit Ruby, bei dem es auch einige Community-Projekte gibt, jedoch keine offizielle Version von Amazon.

6.1.8 Amazon Mechanical Turk

Ein interessantes und innovatives Angebot ist „Amazon Mechanical Turk", ein Marktplatz für menschliche Intelligenz und Arbeitskraft, der zum Einsatz kommt, wenn PC-Systeme an ihre Grenzen stoßen. Vor allem dann, wenn Objekte in Videos oder Bildern zu erkennen sind oder Details in Daten analysiert werden müssen. Hierfür benötigt man menschliches Sachverständnis, das ein IT-System nicht leisten kann. Das Einstellen von temporären Arbeitskräften bedeutet einen enormen bürokratischen Aufwand, der mit Amazon Mechanical Turk eingespart werden kann.

Unternehmen oder Entwickler können über die Amazon Mechanical Turk APIs tausende hochqualifizierte Arbeitskräfte weltweit ansprechen und die Ergebnisse programatisch in die Systeme des Unternehmens integrieren. Eine Aufgabe, die es zu bewältigen gilt, wird mit „Human Intelligence Tasks" (HIT) bezeichnet. Ein HIT ist auch die Abrechnungseinheit des Amazon Mechanical Turks. Den Preis pro HIT regelt der Auftraggeber selbst, Amazon erhebt 10 % Kommission auf einen Auftrag, der nicht weniger als 0,005 $ pro HIT sein darf.

Amazon Mechanical Turk macht für einige Geschäftsmodelle durchaus Sinn. Wie erwähnt, kann man durch Foto/Videobearbeitung viele Aufgaben mit Computern nicht sinnvoll durchführen. Das betrifft beispielsweise Tags, die Bilder oder Videos klassifizieren. Außerdem kann man von verschiedenen Illustrationen die besten Bilder durch Menschen auswählen lassen. Wichtig kann das auch bei Webseiten sein, die stark auf User-generated Content setzen. Damit Inhalte, die nicht für die Website geeignet sind, gelöscht werden, können Menschen eingesetzt werden, die das wesentlich besser beurteilen können als Computersysteme. Sinn macht es auch bei Duplikaten, die in Onlineverzeichnissen vorkommen können: Sind Produkte unter verschiedenen Produktnummern mehrfach eingetragen, können Menschen dies wesentlich besser nachvollziehen. Ein weiteres Szenario ist die Verifizierung von Telefonnummern, Öffnungszeiten von Lokalen und ähnlichen Dingen, die eine Vor-Ort-Beobachtung nötig macht. Auf den folgenden Abbildungen wird die Erstellung eines neuen HITs erläutert.

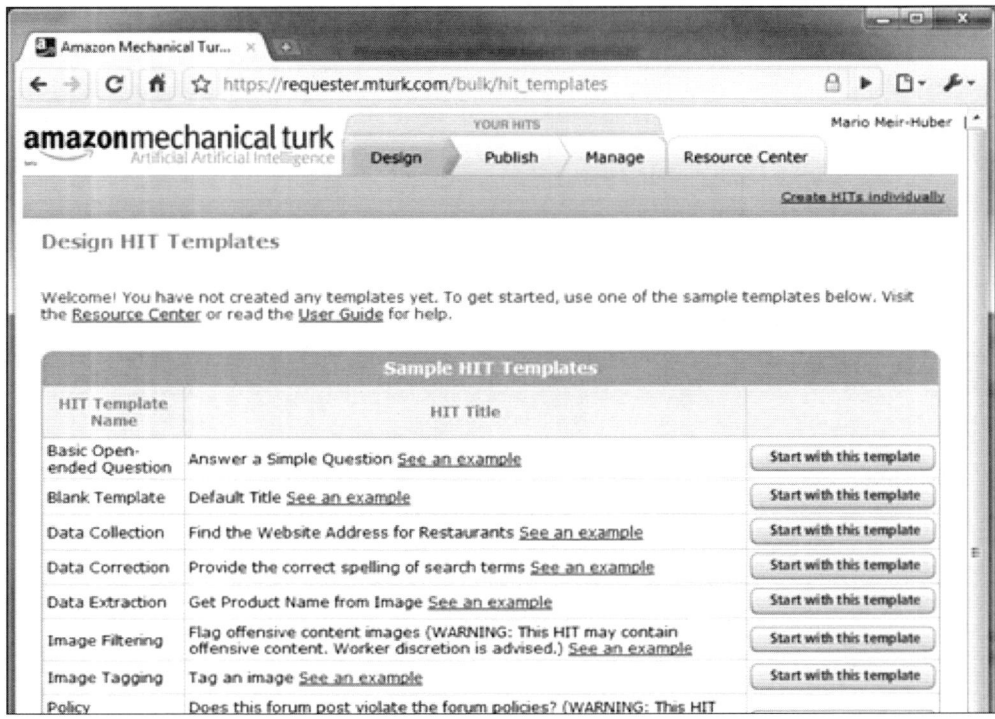

Abbildung 6.16: Erstellen eines neuen HITs

Nach der Registrierung für Amazon Mechanical Turk kann man einen neuen HIT erstellen. Amazon bietet dazu Vorlagen an. Im nächsten Schritt werden die Eigenschaften des Vertrages mit den „Arbeitern" eingestellt. Einstellungsmöglichkeiten sind die Laufzeit, die Bezahlung pro HIT und die Auszahlung der Beträge (Abbildung 6.17).

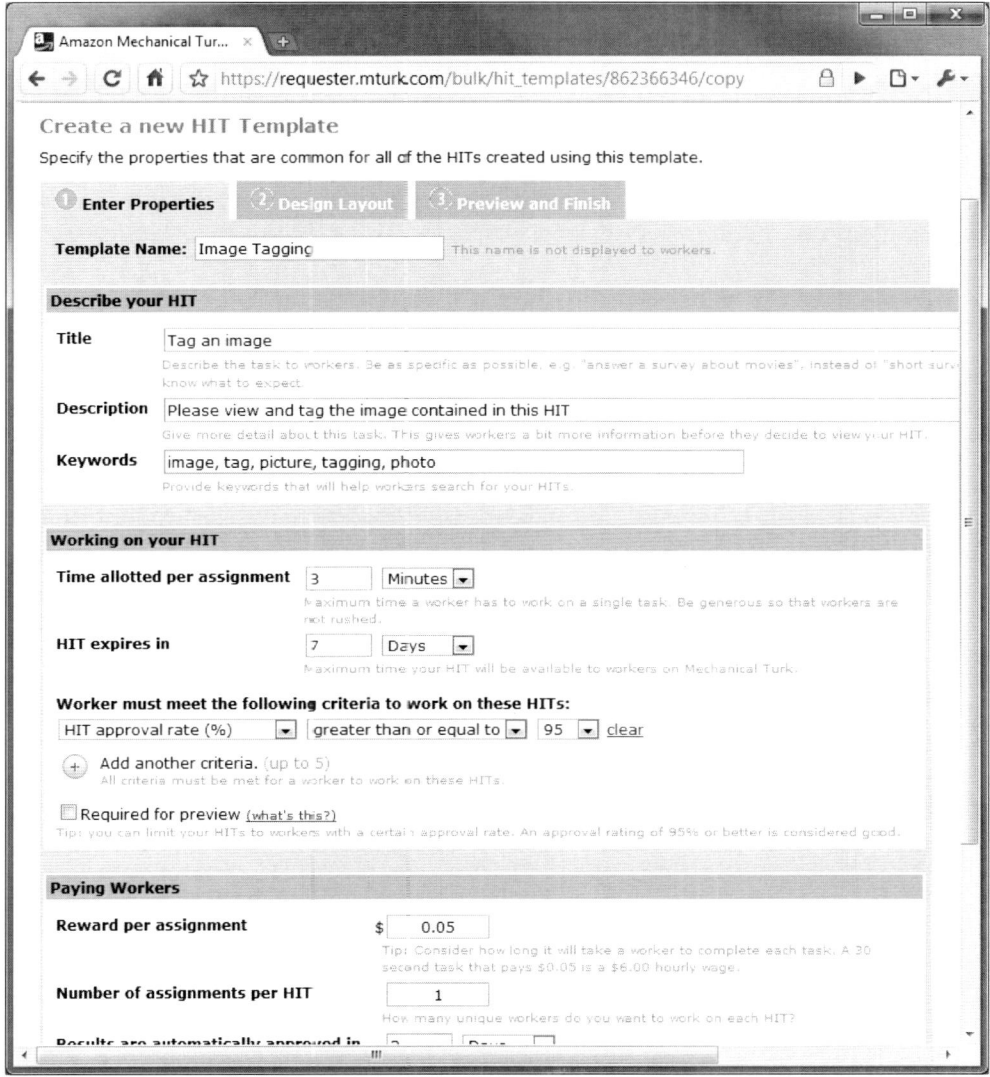

Abbildung 6.17: Einstellungen vornehmen

Sind diese Einstellungen vorgenommen, kann man den Arbeitsauftrag aktivieren. Je nach Arbeitsauftrag müssen hierfür Daten (Bilder, Videos, CSV-Daten) angegeben werden, mit denen die „Arbeiter" dann interagieren können.

6.1.9   Weitere Dienste von Amazon

Zusätzlich zu den bisher beschriebenen Services bietet Amazon noch eine ganze Reihe weiterer Services: für Skalierung (Auto Scaling), Load Balancing (Elastic Load Balancing), private Clouds (Amazon Virtual Private Cloud), weiteres Daten-Handling (Amazon Simple Notification Service, Amazon Elastic Block Store, AWS Import/Export), Überwachung von Cloud-Computing-Diensten (Amazon CloudWatch) sowie verschiedene Zahlungsvorgänge (Amazon Fulfillment Web Service, Amazon Flexible Payments Service, Amazon DevPay). Diese Dienste werden hier nur kurz beschrieben, eine ausführliche Beschreibung würde den Rahmen des Buches sprengen.

Amazon CloudWatch

Amazon CloudWatch ist ein Dienst, der die Überwachung von virtuellen Amazon-EC2-Instanzen erlaubt. Mithilfe von CloudWatch können EC2-Instanzen auf ihre Auslastung überwacht und bei hoher Last können neue Instanzen hinzugefügt werden. Bei geringer Last kann man Instanzen beenden. Mithilfe von Amazon CloudWatch kann man noch wesentlich flexibler auf Auslastungen reagieren, als das in der Cloud ohnehin möglich ist.

Amazon CloudWatch wird über die AWS Management Console (Kapitel 6.2.1) aktiviert. Hierbei muss jede Instanz, die überwacht werden soll, für CloudWatch aktiviert werden, indem man das Kontrollkästchen „Enable CloudWatch for this instance" aktiviert.

CloudWatch liefert Daten über die CPU-, Festplatten- und Netzwerkmetriken. Somit hat man einfache Einsicht in die Ressourcenauslastung. Wird festgestellt, dass die Auslastung unregelmäßig ist (z. B. tageszeitabhängig) kann man mit Auto Scaling (Bestandteil von Amazon CloudWatch) Trigger festlegen. Diese Trigger haben gewisse Bedingungen (etwa eine bestimmte Auslastung) und Aktionen (z. B. neue virtuelle Maschinen nachstarten).

Die Kosten für Amazon CloudWatch betragen 0,015 $ pro überwachter Amazon-EC2-Instanz und Stunde. Will man eine Instanz für einen Monat (30 Tage) überwachen, fallen Kosten in Höhe von 10,80 $ an.

Auto Scaling

Auto Scaling ermöglicht es dem Benutzer von Amazons Cloud-Computing-Diensten, die Cloud-Computing-Plattform automatisch an den Auslastungen anzupassen. Oft kommt es vor, dass Auslastungen plötzlich auftreten. Damit sie überwacht werden können, müssen meist Menschen vor Ort sein. Mit Amazon Auto Scaling kann man Bedingungen (Triggers) erstellen, die auf gewisse Ereignisse oder Auslastungen reagieren und neue virtuelle Maschinen starten und selbst definiert werden können. Tritt ein Trigger ein, können selbstdefinierte Aktionen gesetzt werden (Abbildung 6.18).

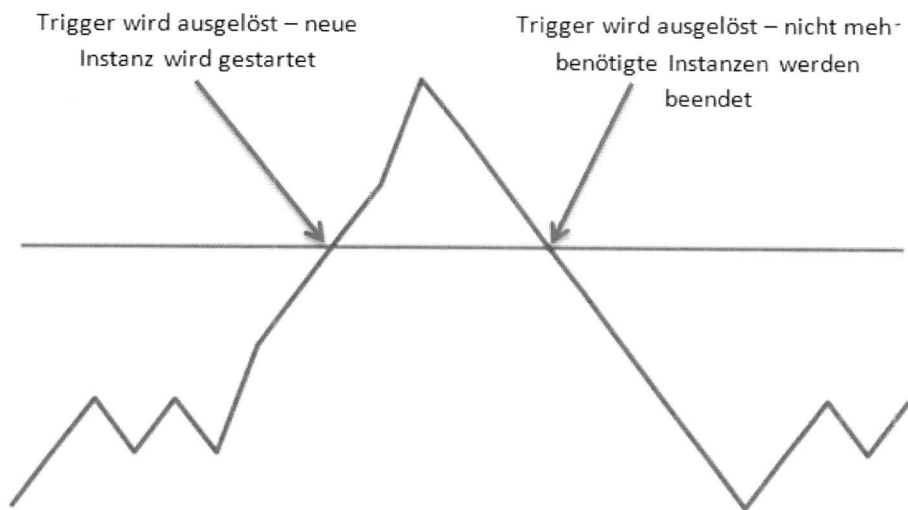

Abbildung 6.18: Auto Scaling in Aktion

Auto Scaling kann über eine Konsole oder mittels API-Aufruf verwendet werden. Hierfür stehen die Befehle *as-create-launch-config* für eine Startkonfiguration, *as-create-auto-scaling-group* für eine Gruppe von Instanzen, auf die Skalierungsbedingungen festgelegt werden, und *as-create-or-update-trigger*, wo Bedingungen für Auto Scaling festgelegt werden. Auto Scaling verursacht keine weiteren Kosten, da es bereits in Amazon Cloud Watch integriert ist.

Elastic Load Balancing

Elastic Load Balancing regelt die Lastenverteilung von Anwendungen für EC2-Instanzen. Stehen mehrere Instanzen zur Verfügung, so kann es vorkommen, dass eine Instanz sehr stark ausgelastet ist, wohingegen andere wenig Auslastung haben. Elastic Load Balancing regelt die Lastenverteilung innerhalb einer Zone oder über mehrere Zonen. Fällt eine Amazon-EC2-Instanz aus, leitet der Load Balancer die Lasten auf andere Amazon-EC2-Instanzen um. Elastic Load Balancing wird über ein API oder über das Befehlszeiletool von Amazon verwendet.

Amazon Virtual Private Cloud

Mit Amazon Virtual Private Cloud hat sich Amazon der Integration von Cloud-Computing-Diensten in sichere Unternehmensinfrastrukturen angenommen, es stellt eine Brücke zwischen der Amazon Cloud und der IT-Infrastruktur in Unternehmen dar. Hiermit werden isolierte Amazon-Web-Services-Ressourcen über ein VPN (Virtual Private Network) zur Verfügung gestellt. Ressourcen werden über eine verschlüsselte Ipsec-VPN-Verbindung von der Amazon Cloud in das unternehmenseigene Rechenzentrum übertragen. Innerhalb der Virtual Private Cloud wird ein IP-Adressenbereich festgelegt, der auf der Infrastruktur der Amazon Web Services basiert. Hierbei ist es auch möglich, Subnetze aufzubauen, die notwendig sind, wenn verschiedene Anwendungen und Dienste verwaltet werden sollen.

Der Einsatz der Amazon Virtual Private Cloud macht vor allem dann Sinn, wenn Unternehmensanwendungen in die Cloud erweitert werden sollen. Die Umstellung in die Cloud kann hierbei schrittweise erfolgen. Außerdem besteht die Möglichkeit, zusätzliche Ressourcen für Webanwendungen zur Verfügung zu stellen. Wird eine Website standardmäßig on-premise betrieben, kann man bei zu hoher Belastung virtuelle Maschinen in der Amazon Cloud dem Virtual Private Network hinzufügen. Interessant ist auch die Möglichkeit, die Amazon Virtual Private Cloud für Disaster Recovery zu verwenden. Sie kann neben Amazon EC2 auch mit den Amazon Elastic Block Store betrieben werden. Amazon-EBS-Datenträger können geschäftskritische Daten speichern. Sollte das interne IT-System ausfallen, kann man schnell auf ein Ersatzsystem in der Cloud ausweichen. Wenn das ursprüngliche System wieder hergestellt ist, kann man die Daten einfach wieder zurück transferieren. In Abbildung 6.19 ist dargestellt, wie ein Szenario für eine Viurtal Private Cloud aussehen kann.

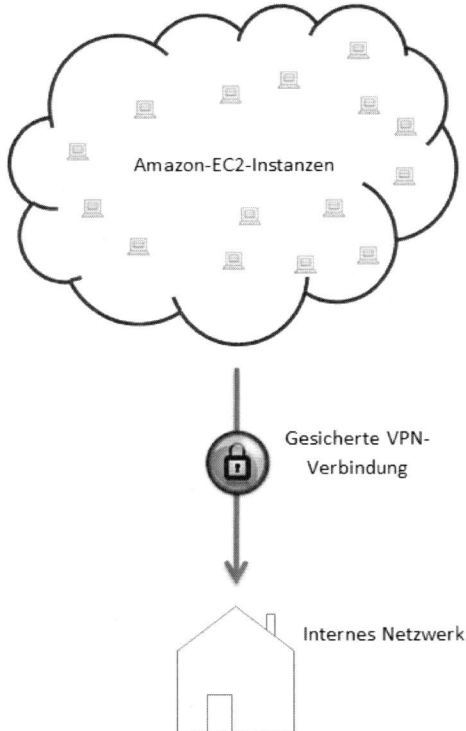

Abbildung 6.19: Virtual-Private-Cloud-Anwendung

entwickler.press

Pro VPN-Verbindungsstunde fallen 0,05 $ an. Zusätzlich entstehen Kosten für die Datenübertragung, also ein- und ausgehende Daten. Für eingehende Daten werden pauschal 0,10 $ pro GB verrechnet. Ausgehende Daten sind für die VPN-Übertragung gestaffelt (Tabelle 6.16).

Größe pro Monat	Kosten pro GB
0 -1 GB	0,00 $
1 GB – 10 TB	0,15 $
10-50 TB	0,11 $
50-150 TB	0,09 $
Über 150 TB	0,08 $

Tabelle 6.16: Kosten für ausgehende Daten

Amazon Simple Notification Service

Amazon Simple Notification Service ist ein Dienst, der es Anwendungen erlaubt, Benachrichtigungen über die Cloud zu versenden. Empfänger dieser Benachrichtigungen können entweder Personen oder Anwendungen sein. Ein wesentlicher Unterschied zum Simple Queue Service ist die Tatsache, dass Benachrichtigungen an Empfänger gepusht werden, Empfänger müssen nicht ständig auf neue Benachrichtigungen überprüfen. Sobald eine Nachricht vorhanden ist, wird sie direkt zum Empfänger geliefert. Der Amazon Simple Notification Service erlaubt es, skalierbare und hochverfügbare Workflows in der Cloud zu erstellen, er macht vor allem dann Sinn, wenn man Systeme für Workflows, Anwendungsüberfachungen oder zeitkritische Informationsupdates erstellt. In Abbildung 6.20 wird ein Szenario dargestellt, in dem eine Anwendung Benachrichtigungen über Amazon SNS verteilt.

Abbildung 6.20: Kommunikationsszenario

Die monatlichen Kosten sind in Tabelle 6.17 dargestellt.

Beschreibung	Einheiten	Kosten für Einheiten
API-Anfragen	100 000	0,06 $ *
HTTP/HTTPS-Notifizierungen	100 000	0,06 $ *
E-Mail	100 000	2,00 $ **

* = die ersten 100 000 Anfragen/Notifizierungen sind frei

**= die ersten 1000 Anfragen sind frei

Tabelle 6.17: Kosten des Amazon Simple Notification Service

Amazon Elastic Block Store

Amazon Elastic Block Store ist ein Speicher für Amazon-EC2-Instanzen. Er wird im Gegensatz zu Amazon Simple Storage Service in der Instanz als Datenträger ausgewiesen. Amazon Elastic Block Store ist vor allem dann sinnvoll, wenn Installationen benötigt werden, die große Datenmengen benötigen, z. B. eine Datenbank oder ein Dateisystem. Pro Amazon-EC2-Instanz können mehrere solcher Datenträger hinzugefügt werden. Jeder dieser Datenträger hat zwischen 1 GB und 1 TB als Speicher verfügbar, der nicht von der EC2-Instanz abhängig ist. Fällt die Instanz aus, wird der Speicher davon nicht beeinflusst. Ein Elastic-Block-Store-Datenträger ist in einer bestimmten Availability Zone mit einer EC2-Instanz verknüpft. Essenziell ist, dass die Availability Zone immer dieselbe ist. Die Datenträger des Elastic Block Store sind in den meisten Fällen schneller als Instanzspeicher von Amazon EC2 und damit für bereits genannte Aktionen wie Festplatten oder Dateisysteme geeignet. Der Elastic Block Store kostet 0,10 $ pro Monat und GB. Ferner verrechnet Amazon 0,10 $ pro E/A-Anfragen (schreiben, lesen, ...) auf den Datenspeicher.

AWS Import/Export

Oft werden in Cloud-Computing-Umgebungen sehr große Datenmengen benötigt. Will man mehrere TB an Daten auf eine Cloud-Computing-Umgebung laden, ist das über das Internet oft sehr zeitaufwändig. Mit AWS Import/Export wurde hier ein sehr einfacher und intelligenter Lösungsweg geschaffen. Amazon geht davon aus, dass große Datenmengen wesentlich schneller über Geräte (USB-Festplatten) übertragen werden können. Mit AWS Import/Export ist genau das möglich. Man steckt quasi seine Festplatte am Amazon-Rechenzentrum an. Hierfür sendet man den Datenträger per Post an eine Amazon-Adresse. Dort kümmert sich Amazon um den Im- bzw. Export der Daten, danach wird das Gerät an den Absender retourniert.

Amazon AWS Import/Export kostet 80 $ pro Gerät, das verwendet wird. Ferner fallen 2,49 $ pro Datenladestunde an (die Zeit, die für dem Import/Export verwendet wird). Die Rücksendegebühren trägt ebenfalls der Kunde. Ferner fallen die Kosten für den S3 Service an.

Amazon Fulfillment Web Service

Mit dem Amazon Fulfillment Web Service haben Verkäufer die Möglichkeit, Produkte (Sachgüter) über Amazon zu verkaufen. Hierbei übernimmt Amazon Lagerung und Versand. Kleinere Versandhäuser haben so die Möglichkeit, einen hochgradig zuverlässigen Versandservice zu verwenden, ohne dass eigene Versandzentren notwendig sind.

Amazon Flexible Payments Service und Amazon DevPay

Diese beiden Services sind vor allem für den Bereich der Onlinezahlungen interessant. Mit „Amazon Flexible Payments Service" können Entwickler von Webseiten oder Anwendungen ein Zahlsystem basierend auf dem von Amazon verwenden. Hierbei kann auf die vielen Kunden von Amazon zugegriffen werden. Mit „Amazon DevPay" bietet Amazon einen Service an, der für Amazon-Web-Services-Anwendungen entwickelt wurde. Somit können Unternehmen oder Softwareentwickler, die Produkte auf Amazons Cloud-Diensten anbieten, die Zahlung wesentlich vereinfachen. Amazon bietet die Infrastruktur an, und man hat sich somit nicht mehr um komplexe Sicherheitsmechanismen und dergleichen zu kümmern.

Amazon Elastic Beanstalk

Amazon Elastic Beanstalk zielt auf eine PaaS-Lösung ab. Mit Elastic Beanstalk wird das Problem der Verwaltung und Skalierung von vielen Instanzen angegangen. Hat man beispielsweise 100 Instanzen hinter Load Balancern mit verschiedenen Rollen am Laufen, so wird das unter Umständen schwierig. Mit Elastic Beanstalk wird die Verwaltung wesentlich vereinfacht. Als „Anwender" lädt man nur seine eigene .war-Datei (für Java-Anwendungen) in die Umgebung und deren Bereitstellung funktioniert weitestgehend automatisch.

Amazon CloudFormation

Cloud Computing bedeutet meist, dass man nicht nur eine Instanz von zum Beispiel einer EC2-Maschine am Laufen hat, sondern eine ganze Reihe an Instanzen. Doch damit ist es nicht getan: oftmals müssen diese Instanzen vorkonfiguriert werden, Dienste starten und dergleichen. Damit man von dieser sehr komplexen Aufgabe befreit wird, bietet Amazon den Dienst „CloudFormation" an. Mit Amazon CloudFormation kann man verschiedene AWS-Dienste vorkonfigurieren und als Vorlage ablegen. Das erleichtert das Deployment in der Cloud erheblich.

Amazon Simple E-Mail Service

Ein häufiges Problem für Webanwendungen ist das des E-Mail-Versands. Seiten wie Twitter oder Facebook benachrichtigen ihre Mitglieder per E-Mail, Ebay und Amazon versenden Werbung und Produktneuigkeiten per E-Mail und die eigene Anwendung benötigt auch oftmals den E-Mail-Versand. Hierfür wird meist eine komplexe Architektur für E-Mail-Server aufgebaut. Mit Amazon Simple E-Mail Service (SES) ist es nun möglich, sich diese Komplexität zu sparen. Amazon übernimmt Skalierung und Versand der E-Mails. Als Websitebetreiber muss man lediglich das API verwenden.

6.2 Microsofts Cloud-Computing-Angebote

Eine der spannendsten Entwicklungen in der IT vollzieht derzeit Microsoft. Sieht man sich die Historie des weltweit größten Softwareentwicklers an, wird man sicher schnell erkennen, dass Microsoft hier hoch pokert. Cloud Computing entspricht nicht dem traditionellen Geschäftsmodell des Unternehmens, denn durch Cloud Computing werden Clientinstallationen und Betriebssysteme zusehends unwichtiger. Das ist jedoch das Kerngeschäft des Unternehmens und noch immer für 47 % des Unternehmensumsatzes verantwortlich. Jedes Unternehmen würde solche Trends dann mit hohem Aufwand bekämpfen. Doch Microsoft marschiert mit einer enormen Geschwindigkeit und Ausdauer in die Cloud. Windows Azure, das Betriebssystem für die Cloud, stellt das Kernstück der Bemühungen von Microsoft dar. In immer kürzeren Intervallen stellt Microsoft hierfür neue Dienste, Anwendungen und Services vor und vollzieht einen Wandel, der bis jetzt beispiellos ist. Ein Konzern dieser Größe mit rund 90 000 Mitarbeitern baut innerhalb kurzer Zeit auf ein gänzlich neues Geschäftsmodell auf. Wohin es gehen wird, wird in diesem Kapitel dargestellt.

6.2.1 Überblick über die Azure Services Platform

Microsoft zielt mit seiner Cloud-Computing-Strategie vor allem auf zwei der drei Cloud-Computing-Ebenen ab, SaaS und PaaS. All das, was PaaS ist, wird als „Azure Services Platform" bezeichnet und in den nächsten Unterkapiteln genauer erklärt. Wichtig ist erst einmal die korrekte Erklärung von „Windows Azure" und „Azure Services Platform". Oft wird „Windows Azure" als Überbegriff für sämtliche Cloud-Computing-Dienste, die PaaS bedienen und von Microsoft stammen, mit „Windows Azure" bezeichnet. Tatsächlich ist Windows Azure nur ein Bestandteil der Azure Services Platform. Die Platform ihrerseits besteht aus den Bereichen Windows Azure, das eine Platform für die Anwendungsentwicklung bereitstellt, SQL Azure, das relationale Datenbanken in der Cloud ermöglicht, sowie Windows Azure AppFabric, das das Access Control und den Service Bus enthält. Ein weiterer Bestandteil von Windows Azure ist Microsoft Codename „Dallas", ein Marktplatz für Daten in der Cloud. Abbildung 6.21 stellt die Zusammenhänge dar.

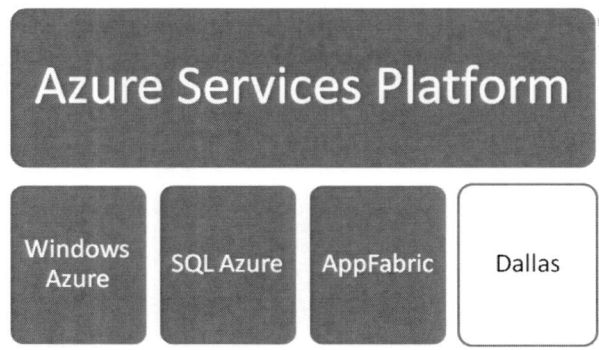

Abbildung 6.21: Überblick über die Windows Azure Services Platform

6.2.2 Windows Azure Compute

Oft wird der Teilbereich der Azure Services Platform auch als das „eigentliche" Windows Azure bezeichnet. Der Grundgedanke ist, dass Windows Azure eine „Compute"-Umgebung darstellt, auf der man verschiedene Rollen und Instanzen laufen lassen kann. Somit kann man Webanwendungen, Web Services und komplexe Tasks in dieser Umgebung ausführen. Ziel von Windows Azure ist es, ein Betriebssystem für die Cloud zur Verfügung zu stellen, das die Komplexität der Skalierung im Internet abnimmt. Der Softwareentwickler, der Anwendungen für Windows Azure entwirft, muss sich nicht mehr um Skalierung und Verfügbarkeit kümmern. Mit Windows Azure wird ein bereits sehr stark abstrahiertes „Betriebssystem" zur Verfügung gestellt, das ein einfaches API hat.

Hinsichtlich der Entwicklungssprachen können auf Windows Azure .NET, PHP und Native Code (C++) ausgeführt werden. Da Windows Azure FastCGI von IIS 7 unterstützt, wäre es über Umwege sogar möglich, Java-Anwendungen zu hosten. Das wird jedoch von Microsoft nicht offiziell unterstützt und daher in diesem Kapitel nicht näher beschrieben. Grundsätzlich handelt es sich bei Windows Azure um eine Plattform, die Anwendungsentwicklung erlaubt, ein Angebot aus der PaaS-Ebene.

Die WebRole und WorkerRole

Die zwei wichtigsten Konstrukte von Windows Azure sind die WebRole und die WorkerRole. Bei der WebRole handelt es sich um eine Webanwendung, die entweder in Asp.NET oder in einer FastCGI-Sprache (PHP) entwickelt werden kann. Die WebRole eignet sich vor allem, um Webanwendungen zu erstellen, die man über IIS auch lokal so erstellen würde. Eine WorkerRole ist vergleichbar mit einem IIS7 (Internet Information Server) auf einem Windows-Server-2008-x64-System. Aktuell wird .NET in der Version 3.5 unterstützt. Ferner gibt es unterstützung für Native Code, Full Trust und User Mode.

Die WorkerRole wiederum ist spezialisiert auf Arbeitsabläufe. Im Normalfall würde man über die WorkerRole einen Geschäftsprozess abbilden. Eine Windows Azure WorkerRole wird einmal gestartet und läuft dann einen gewissen Prozess ab. Will man den Prozess am Laufen halten, muss man das mit einer Schleife tun. Auch hier kommt ein virtualisierter und abstrahierter Windows Server 2008 zum Einsatz. In vielen Fällen wird es wichtig, dass die Web- und WorkerRole zusammenarbeiten. In einem Onlineshop oder Ticketshop kann sich die WebRole speziell um die Bereitstellung der Website kümmern, wohingegen die WorkerRole den Versand der E-Mails, Generierung von Dokumenten und dergleichen erledigt. In Abbildung 6.22 ist die webbasierte, skalierbare Zusammenarbeit dargestellt.

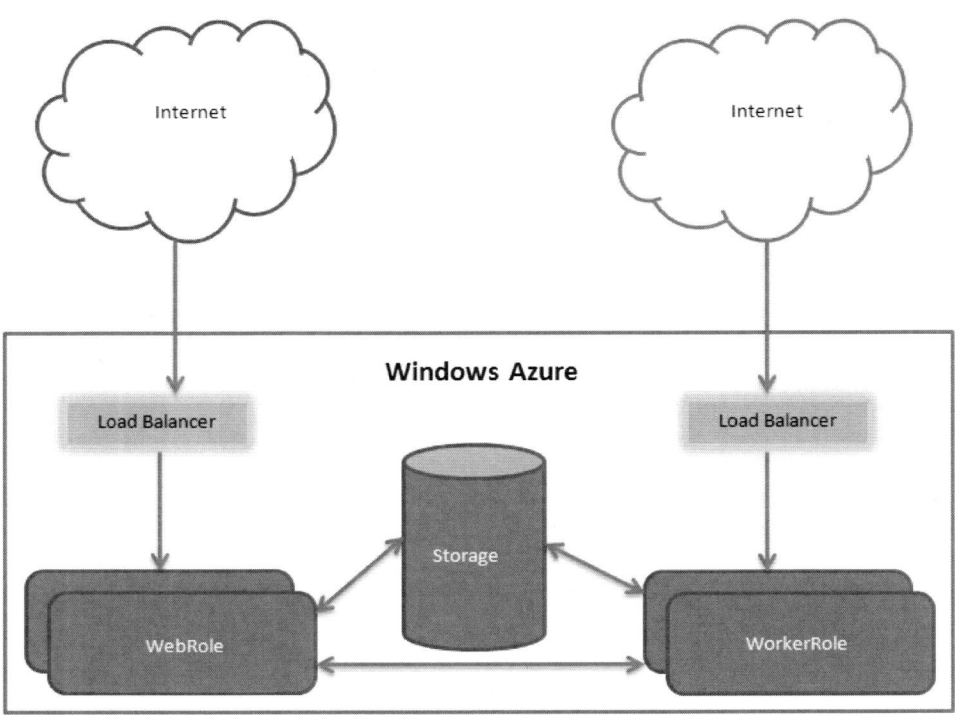

Abbildung 6.22: Zusammenarbeit in der Cloud bei Windows Azure

Wie in Abbildung 6.22 ersichtlich, kümmert sich Windows Azure um das Load Balancing der virtuellen Maschinen und Netzwerklasten. Storage wird im nächsten Kapitel anhand eines Beispiels erklärt.

Damit der Abstraktionsgrad von Windows Azure hoch genug ist, werden sämtliche Einstellungen in Konfigurationsdateien geschrieben, die teilweise während der Ausführung der Anwendung abänderbar sind, etwa die Anzahl der virtuellen Maschinen oder die Storage-Accounts. Die Konfiguration besteht normalerweise aus den beiden Dateien *ServiceDefinition* und *ServiceConfiguration*. Der wesentliche Unterschied ist, dass die *Service-Definition* nicht ausgewechselt werden kann, anders als eine *ServiceConfiguration*. Werden mehr virtuelle Instanzen benötigt, werden sie in die *ServiceConfiguration* geschrieben.

Der Einstiegspunkt für jede Windows-Azure-Rolle ist der *RoleEntryPoint*. Die WorkerRole ebenso wie die WebRole erben von dieser Klasse. Erstellt man eine neue Asp.NET-Anwendung, fällt schnell auf, dass diese Klasse zusätzlich zu den Asp.NET-Projektdateien vorhanden ist. Der Erstellvorgang ist in Abbildung 6.23 dargestellt.

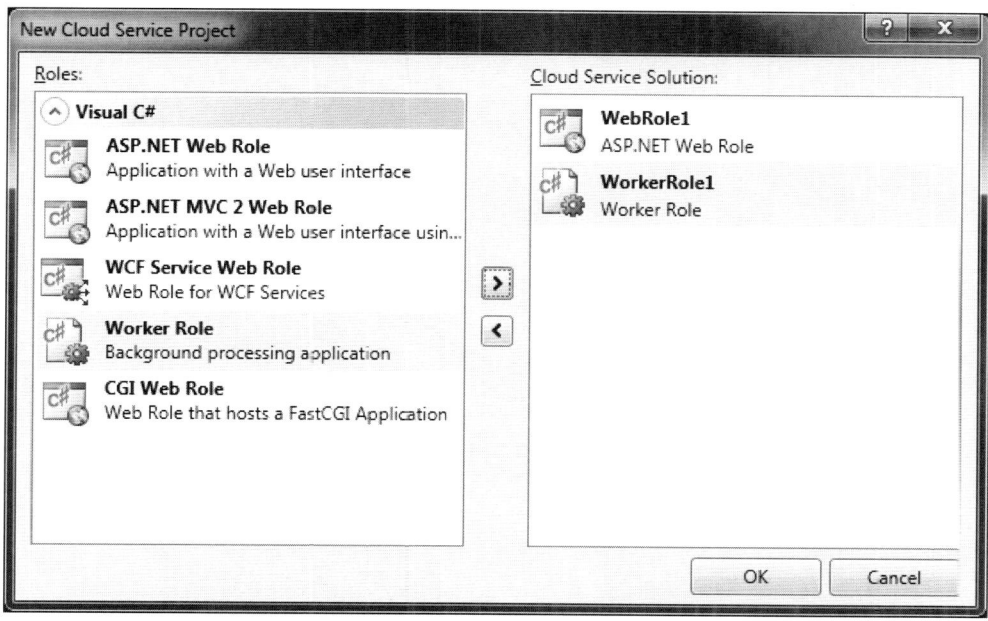

Abbildung 6.23: Eine neue Cloud-Anwendung in Visual Studio erstellen

In diesem Buch wird Asp.NET nicht gesondert beschrieben, da es den Umfang des Buches sprengen würde. Listing 6.3 stellt den oben beschriebenen RoleEntryPoint für die WebRolle dar. In der vom Assistenten erstellten Anwendung sind zwei Methoden enthalten: Die erste Methode wird aufgerufen, sobald die Rolle gestartet wurde, und heißt *OnStart*. Die zweite Methode, *RoleEnvironmentChanging*, wird aufgerufen, wenn sich Konfigurationen in der Anwendung ändern –beispielsweise mehrere virtuelle Maschinen oder der HTTP-Endpunkt.

```
public class WebRole : RoleEntryPoint
{
    public override bool OnStart()
    {
        DiagnosticMonitor.Start("DiagnosticsConnectionString")

        // For information on handling configuration changes
        // see the MSDN topic at http://go.microsoft.com/
fwlink/?LinkId=166357.
        RoleEnvironment.Changing += RoleEnvironmentChanging;

        return base.OnStart();
    }

    private void RoleEnvironmentChanging(object sender,
RoleEnvironmentChangingEventArgs e)
```

```
    {
        // If a configuration setting is changing
        if (e.Changes.Any
        (change => change is RoleEnvironmentConfigurationSettingChange))
        {
            // Set e.Cancel to true to restart this role instance
            e.Cancel = true;
        }
    }
}
```

Listing 6.3: WebRole-Eintrittspunkt

Ähnlich wie die WebRole verhält sich die WorkerRole. Der einzige Unterschied ist, dass es zusätzlich noch die Methode *Run* gibt. Das ist der eigentliche Worker-Prozess, wo auch Workflows gehostet werden. Der Assistent lässt die Rolle in einer Endlosschleife laufen, da sie sonst nicht mehr gestartet werden würde. Architekturell könnte man Rollen über Task-Rollen nachstarten, wofür jedoch eine Überwachungsrolle notwendig wäre. In Listing 6.4 ist die Methode *Run* dargestellt.

```
public override void Run()
{
    // This is a sample worker implementation.
                                  Replace with your logic.
    Trace.WriteLine("WorkerRole1 entry point called",
                                      "Information");

    while (true)
    {
        Thread.Sleep(10000);
        Trace.WriteLine("Working", "Information");
    }
}
```

Listing 6.4: Die Methode „Run" der WorkerRole

Die Kombination von Web- und WorkerRole bietet einige sehr interessante Ansatzmöglichkeiten für skalierbare Anwendungen in der Cloud. Damit das auch tatsächlich umgesetzt wird, ist jedoch eine gute Architektur der Anwendung nötig. Mit Asp.NET und PHP hat man auf Windows Azure zwei sehr mächtige Entwicklungssprachen zur Verfügung, die es erlauben, komplexe Webanwendungen zu erstellen. Sehr interessant sind die lokal ausgeführte Development Fabric und der Development Storage. Das gibt Softwareentwicklern und Systemhäusern die Möglichkeit, Anwendungen zuerst lokal zu entwickeln und zu testen, bevor sie in der Cloud auf die Masse losgelassen werden – und somit auch Kosten anfallen.

Diagnostik und Management

Wichtig für Cloud-Computing-Umgebungen sind das Management der Plattform und Anwendungen sowie die Diagnostik für den Fehlerfall. Ein Hauptproblem in der Cloud ist, dass es kaum Möglichkeiten gibt, Anwendungen sinnvoll zu debuggen. Daher muss man hier auf Diagnosefunktionen von Servern ausweichen.

Die Diagnoese von Windows-Azure-Anwendungen läuft über Windows Azure Diagnostics, ein eigenständiges API, das von verschiedenen Quellen wie Clientanwendungen oder Windows-Azure-Rollen angesprochen werden kann. Standardmäßig werden die Windows Azure Logs für Web- und Worker-Rollen erstellt. Zusätzlich gibt es noch die Windows Diagnostic Infrastructure Logs. Für die WebRoles gibt es außerdem der IIS 7 Log, der Informationen über die WebRole sammelt.

Windows-Azure-Rollen werden entweder über das Webportal oder eine Managementkonsole verwaltet. In der sehr übersichtlich gestalteten Onlineplattform kann man mit wenigen Mausklicks neue Services erstellen (Abbildung 6.24). Hierbei werden lediglich der Name des Services sowie die Region, in der der Service gehostet werden soll, angegeben.

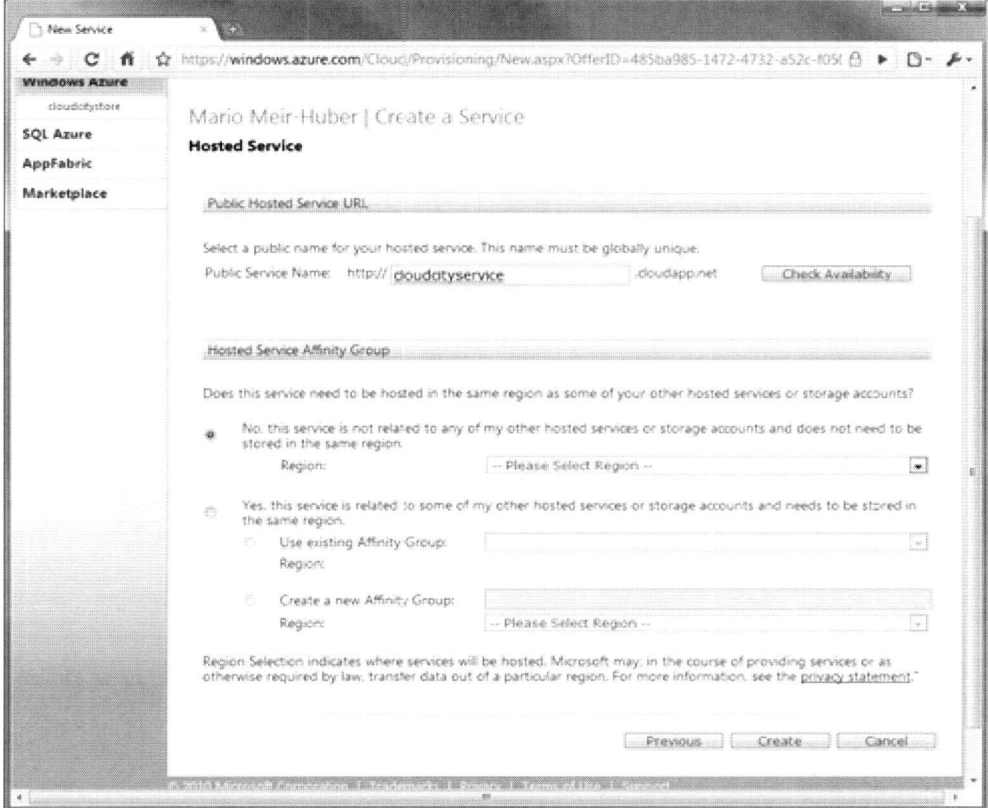

Abbildung 6.24: Neuen Service erstellen

Wählt man den Service aus, kann man eine Anwendung über die Schaltfläche DEPLOY erstellen. Das Paket, das hochgeladen wird, wird von Visual Studio erstellt. Ebenso wird die Konfigurationsdatei benötigt, die nicht im Paket enthalten ist. In Abbildung 6.25 ist die Verwaltungsplattform dargestellt.

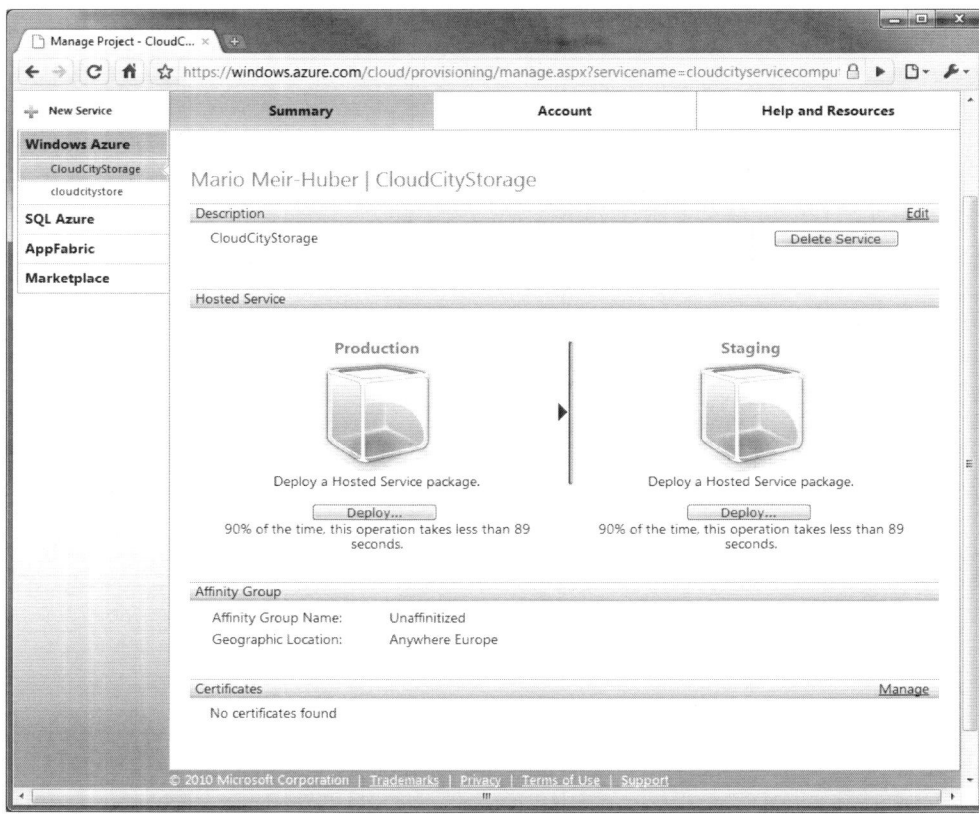

Abbildung 6.25: Windows-Azure-Upload verwalten

Preise

Für Windows Azure gibt es vier Instanztypen: klein, mittel, groß und extra groß. Hier fallen auch unterschiedliche Preise an, die in Tabelle 6.18 aufgelistet sind.

Instanz	Kosten in € pro Stunde
Micro	0.02840
Small	0,08520
Medium	0,01703
Large	0,34050
Extra Large	0,68090

Tabelle 6.18: Die Kosten pro Compute Hour für Windows Azure

Für die unterschiedlichen Instanztypen kommen natürlich auch unterschiedliche Rechen-kapazitäten zum Einsatz: unterschiedliche CPU-Leistungen, Speichergrößen des Arbeits-speichers, Speichergröße der Instanz sowie die Performanz bei I/O-Operationen (Tabelle 6.19).

Instanz	CPU	Speicher	Instanzspei-cher	I/O Leistung
Small	1,6 GHz	1,75 GB	225 GB	Mittel
Medium	2 x 1,6 GHz	3,5 GB	490 GB	Hoch
Large	4 x 1,6 GHz	7,0 GB	1000 GB	Hoch
Extra Large	8 x 1,6 GHz	14 GB	2040 GB	Hoch

Tabelle 6.19: Leistung der jeweiligen Instanz

Da es sich bei Windows Azure um ein PaaS-Angebot handelt, fallen außerdem Kosten für den Datentransfer an. In Europa und Nordamerika sind sie gleich, lediglich in der Region Asia-Pacific unterscheiden sich die Kosten (Tabelle 6.20).

Region	Kosten in EUR pro GB	
	Eingehend	Ausgehend
Nordamerika und Europa	0,0710	0,1064
Asien	0,2123	0,3192

Tabelle 6.20: Kosten des Datentransfers

6.2.3 Windows Azure Storage

Windows Azure Storage dient primär Windows Azure als Speicher, soll jedoch nicht nur von Windows Azure aus verwaltet werden können, sondern auch von anderen Anwendungen wie mobilen Anwendungen und Desktopanwendungen. Der Windows Azure Storage umfasst die drei Kernbereiche „Blobs", „Queues" und „Tables".

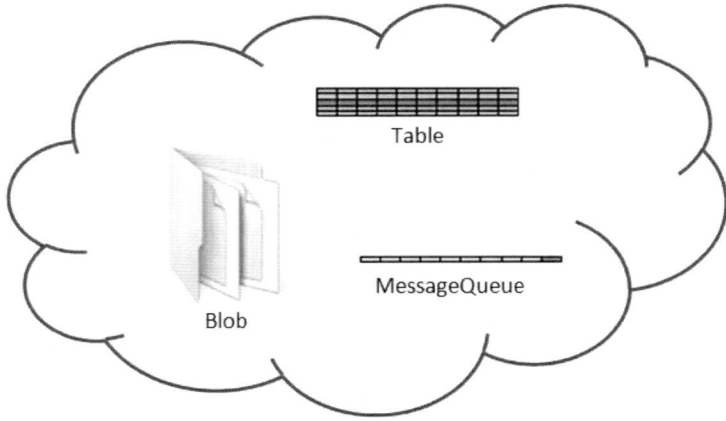

Abbildung 6.26: Windows Azure Storage

Technische Beschreibung

In Kapitel 6.1 wurde hauptsächlich auf die RESTful Interfaces der Cloud eingegangen. In diesem Kapitel wird REST in den Hintergrund gestellt und Beschreibungen werden anhand des .NET API verwendet.

Wie erwähnt, sind die Windows-Azure-Tabellen nichtrelational und basieren auf den ADO.NET Data Services. Tabellen haben einzelne Zeilen, die auch als Entitäten bezeichnet werden. Diese Entitäten haben wiederum Felder, die als Eigenschaft bezeichnet werden (Abbildung 6.27).

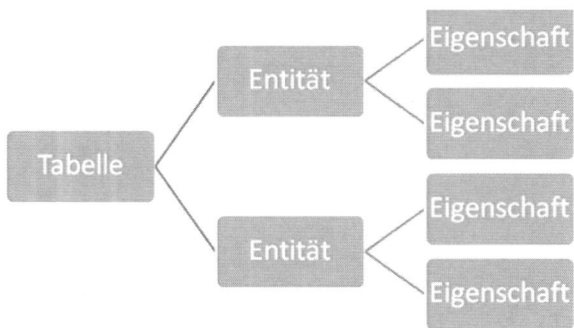

Abbildung 6.27: Tabellen in Windows Azure

entwickler.press

Man kann mit den Tabellen zum einen low-level über REST arbeiten, zum anderen gibt es eine Storage Library, die bereits ein einfaches API zur Verfügung stellt. Hierbei kann man auch einige LinQ-Abfragen verwenden. LinQ ist ein Bestandteil des .NET Frameworks. Aktuell werden die Operationen FROM, WHERE und TAKE unterstützt. Wichtig ist auch, dass stets eine Entität selektiert wird, nicht jedoch eine einzelne Eigenschaft. Eine einzelne Entität kann bis zu 255 Eigenschaften haben. Hier sind bereits die drei Systemeigenschaften *PartitionKey*, *RowKey* und *Timestamp* inkludiert. Eine Entität darf 1 MB nicht überschreiten, für größere Datenmengen steht der Blob Storage zur Verfügung.

Ein PartitionKey dient der Verteilung der Tabelle. Daher sollte diese Eigenschaft für zusammenhängende Entitäten gewählt werden. Je mehr Entitäten denselben PartitionKey verwenden, umso schwieriger gestaltet sich die Verteilung der Datenbank im Hintergrund. Das hat dann Auswirkungen, wenn viele User auf die Tabelle zugreifen. Je besser man anhand des PartitionKeys verteilt, umso schneller wird die Anwendung reagieren. Bei einem Fotoalbum-Service könnte man die Fotos anhand der Alben partitionieren. Für ein Telefonbuch kann das über die Vorwahl geschehen.

Ein RowKey dient der Identifizierung einer Entität. Eine Entität ist durch den RowKey und den PartitionKey eindeutig. RowKey ist ein String, der bis zu 1 KB groß sein kann. Typischerweise wird hier ein GUID verwendet. Der Timestamp dient dem Server für Datumsinformationen. Er sollte nicht ausgelesen werden und kann auch nicht verändert werden. Eine Tabelle unterstützt verschiedene Datentypen, die in Tabelle 6.21 dargestellt sind.

Datentyp	Beschreibung
byte[]	Bytes bis zu einer maximalen Größe von 64 KB
bool	Boolean
DateTime	64bit UTC-Zeit
double	64bit Fließkommazahl
Guid	128bit Identifier
int	32bit Integer
long	64bit Integer
String	UTF-16-Zeichenkette

Tabelle 6.21: Mögliche Datentypen in der Windows-Azure-Storage-Tabelle

Es ist zwar möglich, bis zu 64 KB an binären Daten in einer Entität zu speichern, jedoch sind hier klare Grenzen gesetzt, wenn man etwa Bilder oder Dokumente speichern möchte. Blobs dienen usrpünglich dazu, Mediadaten wie Bilder, Videos oder Dokumente abzuspeichern und befinden sich in Windows Azure stets in einem Container. In Windows Azure gibt es zwei Typen von Blobs: Block Blobs und Page Blobs. Block Blobs sind vor allem auf Streaming optimiert, wohingegen Page Blobs auf viele Lese- und Schreibzugriffe optimiert werden. Ein Block Blob besteht aus eigenen Blocks, die jeweils maximal 4 MB groß sein können. Wird eine große Datei gespeichert, wird sie in unterschiedliche Blocks aufgeteilt. Die maximale Größe eines Blocks ist 200 GB oder 50 000 Blocks. Ein Page Block kann bis zu einem TB groß sein. Blobs enthalten in vielen Fällen Metadaten, die beispielsweise angegeben sein können, um ein Bild zu beschreiben. In Abbildung 6.28 ist der Blob Storage abgebildet.

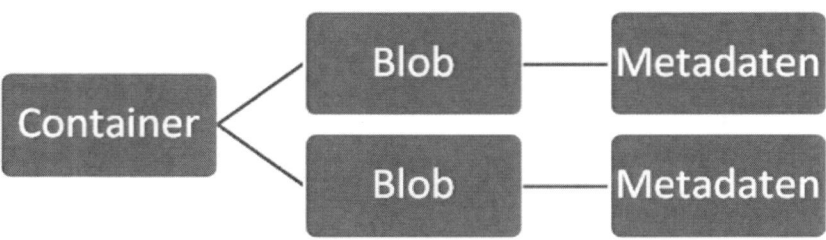

Abbildung 6.28: Der Blob Storage in Windows Azure.

Queues sind die einfachste Art des StorageClients. Sie haben eine einfache Kommunikationsaufgabe. Ein Anwendungsfall wäre zum Beispiel, wenn der Benutzer Bilder uploadet, die dann in einer WorkerRole verkleinert werden sollen. Die WebRole (ASP.NET) würde dann die WorkerRole benachrichtigen. Mithilfe von Queues können parallele Vorgänge wesentlich einfacher bearbeitet werden. Abbildung 6.29 stellt ein Szenario dar, wie die MessageQueue sinnvoll eingesetzt werden kann.

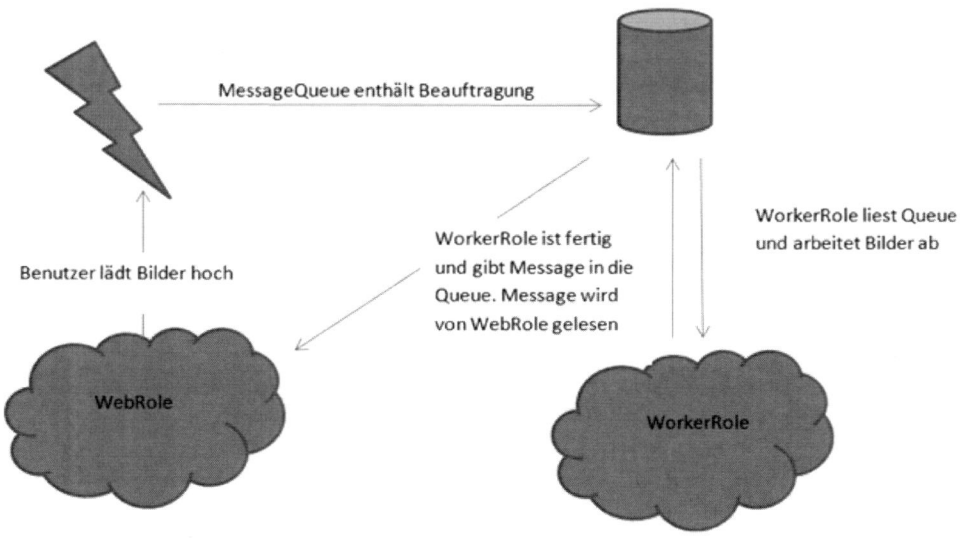

Abbildung 6.29: Kommunikation in der Cloud

entwickler.press

In Abbildung 6.28 wird eine Kommunikation in einer Cloud dargestellt. Hierbei lädt der Benutzer über eine WebRole Bilder hoch. Sie versendet eine Message, die die WorkerRole benachrichtigt, dass Daten zum Bearbeiten vorhanden sind. Die WorkerRole beginnt damit, das Bild zu verkleinern und legt es wieder im Blob Storage ab. Sie sendet ebenfalls eine Message, damit die WebRole über die erfolgreiche Bearbeitung informiert ist.

Beispiel

Dieses Beispiel fasst die Unterkapitel 6.2.2 Windows Azure und 6.2.3 Windows Azure Storage zusammen. Hierbei wird C# mit dem .NET Framework verwendet, um die Konzepte von Windows Azure und dem Windows Azure Storage zu demonstrieren. Neben dem .NET Framework gibt es außerdem die Möglichkeit, FastCGI-Anwendungen wie PHP in Windows Azure laufen zu lassen. Windows Azure Storage unterstützt noch weitere Sprachen wie etwa Java. In diesem Beispiel werden die wichtigsten Konstrukte des Windows Azure Storage durchgegangen.

Zu Beginn muss die Konfiguration für Windows Azure festgelegt werden. Verwendet man Visual Studio als Entwicklungsumgebung, so kann man sie einfach durch Klick auf die Eigenschaften der jeweiligen Rolle konfigurieren (Abbildung 6.30). In der Konfiguration wählt man den Menüpunkt *Settings* aus. Hier muss eine neue Eigenschaft erstellt werden, die in diesem Fall mit „DevStore" bezeichnet wird. Den Typ ändert man auf *Connection String* und klickt dann auf den Button im Feld *Value*. Im nun erscheinenden Dialog wählt man entweder *Use development storage* aus oder man gibt die Verbindungseigenschaften an. Hier werden der Accountname und der Schlüssel benötigt. Die letzten Punkte sind in Abbildung 6.31 ersichtlich.

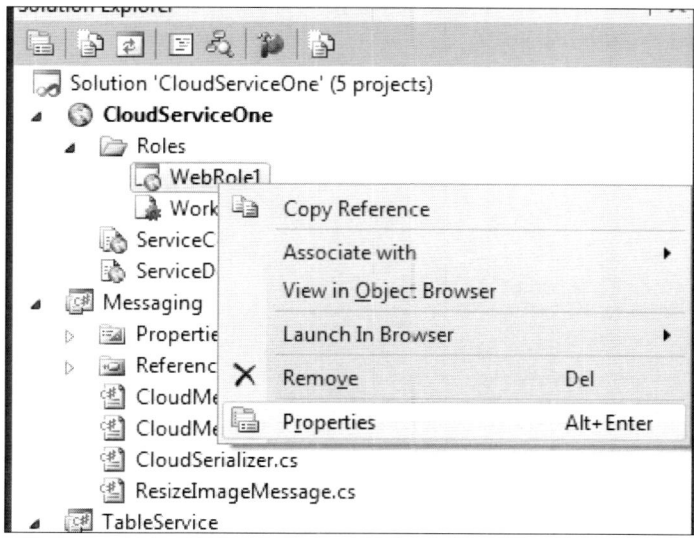

Abbildung 6.30: Eigenschaften der WebRole konfigurieren

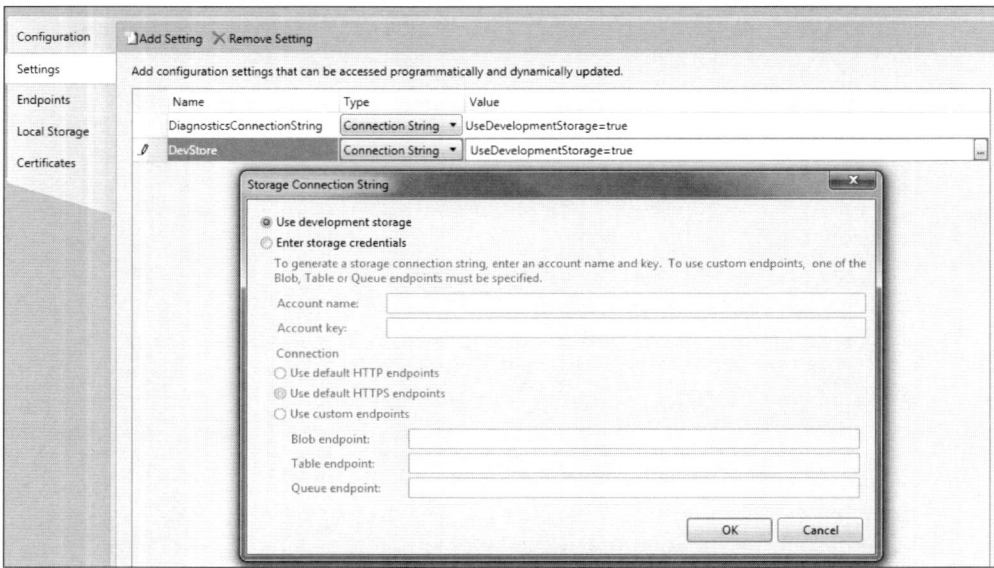

Abbildung 6.31: Storage Credentials setzen

Nun kann man sich bereits an die Entwicklung der Anwendung machen. Zu Beginn soll die Kommunikation zwischen Web- und WorkerRole geregelt werden. Damit die Kommunikation auf einem höheren Niveau stattfindet, sollen POCOs (Plain Old CLR Objects) anstelle von Textnachrichten versendet werden. Im Prinzip handelt es sich hier um XML-serialisierte Klassen, die zur Laufzeit von der Anwendung besser verstanden werden. Warum Klassen anstelle von Strings verwendet werden, hat lediglich architekturelle Gründe. Für die Kommunikation in der Cloud wird dafür eine Hilfsklasse geschrieben, die zu Beginn drei Felder benötigt: den Account, den Client für die MessageQueues und die MessageQueue. Der Account wird in der .NET Library durch die Klasse *CloudStorageAccount* repräsentiert, der MessageQueue Client durch *CloudQueueClient*. Für Operationen, die direkt auf der MessageQueue laufen, gibt es die Klasse *CloudQueue*. Der Account wird aus dem DevelopmentStorageAccount erstellt. Das muss, will man die Anwendung auf Windows Azure deployen, ersetzt werden. Mithilfe des CloudQueueClients, der aus dem Account erstellt wird, kann man die MessageQueue (Klasse *CloudQueue*) erstellen. Diese Vorgänge sind in Listing 6.5 dargestellt.

```
private CloudQueueClient queueclient;
private CloudStorageAccount account;
private CloudQueue queue;

public CloudMessenger()
{
    account = CloudStorageAccount.DevelopmentStorageAccount;
    queueclient = account.CreateCloudQueueClient();
```

```
        queue = queueclient.GetQueueReference("cloudmessagingx");
        queue.CreateIfNotExist();
}
```

Listing 6.5: Cloud Queue Service erstellen

Nun ist es bereits möglich, auf der MessageQueue zu arbeiten. Zu Beginn erstellen wir eine Klasse, die das Versenden der Nachricht erledigt. Hierfür verwenden wir einen String-Serializer, eine Hilfsklasse, die eine Klasse zu einem XML-String serialisiert, hier aber nicht näher erläutert werden soll. Für erfahrene .NET-Entwickler sollte es kein Problem sein, so eine Klasse zu schreiben. Diejenigen, die weniger Erfahrung in der Serialisierung unter .NET haben, können sich das komplette Projekt auch gerne auf meiner Website herunterladen.

Eine Nachricht wird in der Cloud über *CloudQueueMessage* versendet, die der Queue über *AddMessage* hinzugefügt wird (Listing 6.6).

```
public void SendMessage(CloudMessage message)
{
    string msg = CloudSerializer.SerializeToString(message);
    CloudQueueMessage queuemsg = new CloudQueueMessage(msg);
    queue.AddMessage(queuemsg);
}
```

Listing 6.6: CloudMessage versenden

Will man eine Message abholen, so gibt es einiges zu beachten. Eine Message, die abgeholt wird, wird für eine gewisse Zeit unsichtbar gemacht. Das verhindert, dass eine Mitteilung mehrmals bearbeitet wird. Die Unsichtbarkeit einer Nachricht erlischt jedoch nach einer gewissen Zeit wieder, daher ist es nötig, bearbeitete Nachrichten aus der MessageQueue zu löschen (Listing 6.7).

```
public CloudMessage TopMessage
{
    get
    {
        CloudQueueMessage queuemsg = queue.GetMessage();

        if (queuemsg == null) return null;

        CloudMessage msg = CloudSerializer.
                        SerializeFromString(queuemsg.AsString);
        queue.DeleteMessage(queuemsg);
        return msg;
    }
}
```

Listing 6.7: CloudMessage abholen

Nachdem die wichtigsten Punkte zum Thema Messaging abgehandelt wurden, geht es nun an den *TableService*. Zuerst muss eine Klasse definiert werden, die eine Reihe in der Tabelle repräsentiert. Hierbei spricht man von Entitäten. Entitäten enthalten neben dem *PartitionKey* und dem *RowKey*, die der Identifizierung dienen, weitere benutzerdefinierte Elemente. Für die aktuelle Entität werden die drei Eigenschaften *ImageName*, *ImageText* und *ImageUrl* verwendet. Als Partition wird standardmäßig das Datum angegeben, als RowKey eine GUID (Listing 6.8).

```
{
    using System;
    using System.Collections.Generic;
    using System.Linq;
    using System.Text;
    using Microsoft.WindowsAzure.StorageClient;

    public class ImageEntity : TableServiceEntity
    {
        public ImageEntity()
            : this(DateTime.Now.ToShortDateString(), Guid.NewGuid().
                                                            ToString())
        {

        }

        public ImageEntity(string partitonKey, string rowKey)
            : base(partitonKey, rowKey)
        {
        }

        public string ImageName { get; set; }

        public string ImageText { get; set; }

        public string ImageUrl { get; set; }
    }
}
```

Listing 6.8: Entitäten

Die Entitäten, die in Listing 6.8 erstellt wurden, müssen nun verarbeitet werden, dafür gibt es den *TableServiceContext*. Die Klasse *ImageServiceContext* erbt von dieser Klasse und stellt die beiden Methoden *TableName* und *Images* zur Verfügung. Die Methode *Images* liefert ein *IQueryable* zurück und erlaubt es somit, LinQ-Abfragen auf die Entitäten auszuführen. LinQ steht für „Language integrated Query" und bietet eine SQL-ähnliche Syntax auf Objekte. Somit kann man Abfragen absetzen, die folgendermaßen aussehen: *from images in service.Images where images.PartitionKey = „24.08.2010" select images*. In diesem speziellen Fall würden alle Bilder, die in der Partition „24.08.2010" sind, zurückgeliefert. Der *ImageServiceContext* ist in Listing 6.9 dargestellt.

entwickler.press

```
namespace TableService
{
    using System;
    using System.Collections.Generic;
    using System.Linq;
    using System.Text;
    using Microsoft.WindowsAzure.StorageClient;
    using Microsoft.WindowsAzure;

    public class ImageServiceContext : TableServiceContext
    {
        private const string tableName = "Images";

        public ImageServiceContext(string baseAddress, StorageCredentials
                                                            credentials)
            : base(baseAddress, credentials)
        {
        }

        public IQueryable<ImageEntity> Images
        {
            get
            {
                return CreateQuery<ImageEntity>(tableName);
            }
        }

        public static string TableName
        {
            get
            {
                return tableName;
            }
        }
    }
}
```

Listing 6.9: Der Kontext für den Service

Wichtig ist auch noch, dass eine Datenquelle für die Asp.NET-Anwendung zur Verfügung steht. Hier werden die vorher erstellten Entitäten über den *ImageServiceContext* eingebunden.

```
private CloudStorageAccount account;
private ImageServiceContext imagesContext; ((Beschreibung der
                                            Blobs))
```

Listing 6.10: Felder der Datenquelle

Im Konstruktor der Klasse werden sowohl der Account als auch der Kontext für die Entitäten gesetzt. Sollte die Tabelle noch nicht existieren, wird sie über den *CloudTableClient* mithilfe der Funktion *CreateTableIfNotExist* erstellt. Die Funktion *CreateTableIfNotExist* überprüft vorher, ob die Tabelle vorhanden ist. Ist das nicht der Fall, wird sie erstellt (Listing 6.11).

```
account = CloudStorageAccount.DevelopmentStorageAccount;
imagesContext = new ImageServiceContext(account.TableEndpoint.
                            ToString(), account.Credentials);
CloudTableClient client = account.CreateCloudTableClient();
client.CreateTableIfNotExist(ImageServiceContext.TableName);
```

Listing 6.11: Konstruktor der Klasse

Schlussendlich soll eine Entität in eine Tabelle persistiert werden. Hierfür ist es zum einen notwendig, dass eine Entität erstellt wird. Die Eigenschaften werden mit den zuständigen Werten definiert und über die Kontextklasse mit der Methode *AddObject* hinzugefügt. Die Daten werden schließlich über den Aufruf *SaveChanges* abgespeichert. In diesem Anwendungsfall ist es außerdem nötig, dass eine Nachricht über die neue Datei versendet wird. Das geschieht durch den eingangs erstellten CloudMessenger. Hierfür wird eine neue Nachricht als Klasse vom Typ *ResizeImageMessage* erstellt und versendet (Listing 6.12).

```
private void InsertImageIntoTableAndSendMessage(string imageurl)
{
    ImageEntity image = new ImageEntity();

    image.ImageName = DateTime.Now.ToShortDateString();
    image.ImageText = string.Format("Some randomly inserted image
                            on the {0}", DateTime.Now);
    image.ImageUrl = imageurl;

    imagesContext.AddObject(ImageServiceContext.TableName, image);
    imagesContext.SaveChanges();

    ResizeImageMessage msg = new ResizeImageMessage();
    msg.ImageId = image.RowKey;
    msg.ImagePartition = image.PartitionKey;

    CloudMessenger messenger = new CloudMessenger();
    messenger.SendMessage(msg);
}
```

Listing 6.12: Datenquelle

Ähnlich wie bei der MessageQueue und dem Table Storage wird auch für den Blob Storage ein Client benötigt. Hierfür steht die Klasse *CloudBlobClient* zur Verfügung (Listing 6.13).

```
private CloudBlobClient bobClient;
private CloudStorageAccount account;
    account = CloudStorageAccount.DevelopmentStorageAccount;
    bobClient = account.CreateCloudBlobClient();,
```

Listing 6.13: Der CloudBlobClient

Blobs können in Windows Azure verschiedene Einstellungen hinsichtlich der Zugreifbarkeit haben. Oft will man Dateien, die Benutzer uploaden, nicht öffentlich zugänglich machen. In anderen Fällen ist das jedoch wieder von Nutzen. Daher gibt es die Möglichkeit, Zugriffsbgeschränkungen für Blobs anzulegen, die auf den Container eingestellt werden. Für diesen Anwendungsfall wird ein öffentlicher Zugriff vergeben (Listing 6.14).

```
public void CreatePublicBlob(string name)
{
    CloudBlobContainer bobContainer = bobClient.
                                    GetContainerReference(name);
    bobContainer.CreateIfNotExist();

    BlobContainerPermissions permissions = new
                                    BlobContainerPermissions();
    permissions.PublicAccess = BlobContainerPublicAccessType.
                                    Container;
    bobContainer.SetPermissions(permissions);
}
```

Listing 6.14: Öffentlichen Container einfügen

Als letzter Schritt soll der Blob an sich eingefügt werden. Er benötigt einige Angaben: der Container, in dem er abgelegt werden soll, der Dateiname innerhalb des Containers sowie der Content Type. Der Content Type dient dem Browser zur Identifizierung der Anzeige. In Listing 6.15 ist dargestellt, wie ein Blob eingefügt wird.

```
public void AddImage(string fileName, string blobContainer,
                            string contentType, Stream content)
{
    string ext = Path.GetExtension(fileName);
    string filename = Guid.NewGuid().ToString() + ext;

    CloudBlobContainer container = bobClient.GetContainerReference
                                            (blobContainer);

    CloudBlob blob = container.GetBlobReference(filename);
    blob.UploadFromStream(content);

    blob.Properties.ContentType = contentType;
    blob.SetProperties();
```

```
            InsertImageIntoTableAndSendMessage(string.Format("{0}/{1}/{2}",
                account.BlobEndpoint.AbsoluteUri, blobContainer, filename));
    }
```

Listing 6.15: Blob einfügen.

Wenn man .NET für Windows Azure verwendet, kann man die vielen Funktionen wie LinQ sehr schön für Windows Azure Storage verwenden. Auch in architektureller Hinsicht gibt es einige Möglichkeiten, um die Anwendung selbst hochskalierbar zu gestalten. Im Gegensatz zu anderen Anbietern betrachtet Microsoft die Bereiche aus dem Cloud Computing Storage nicht getrennt, sondern als gemeinsame Elemente. Daher vermittelt der Storage Client einen sehr ausgereiften und gut durchdachten Eindruck.

Preise

Zusätzlich zu den Preisen von ein- und ausgehendem Datentransfer fallen bei Windows Azure Storage 0,1064 € pro GB im Monat an. Für die Storage Transactions fallen 0,0071 € je 10 000 Transaktionen an. Die Kosten für den Datentransfer wurden bereits in 6.2.2 aufgelistet.

6.2.4   SQL Azure

Mit SQL Azure bietet Microsoft neben dem PaaS-Angebot „Windows Azure Compute" eine Datenbank der Basis des SQL Servers 2008 in der Cloud an. Im Grunde genommen ist es nichts anderes als ein SQL Server, mit dem Unterschied, dass er von Microsoft verwaltet wird. Somit entfällt das komplexe Server-Housing und Verwalten, und man kann sich auf die Entwicklung der eigenen Anwendung konzentrieren. SQL Azure läuft in denselben Rechenzentren wie Windows Azure Compute. Somit ergeben sich, wenn man beide Dienste kombiniert, klare Vorteile in der Performanz der Anwendung. SQL Azure wird in die Versionen „Web Edition" und „Business Edition" unterteilt.

Technische Beschreibung

Ebenso wie Windows Azure Compute ist SQL Azure auf eine hohe Verfügbarkeit der Daten ausgerichtet. Man zahlt einen gewissen Betrag im Monat für eine bestimmte Datensatzgröße, die maximale Datensatzgröße sind 50 GB. Die Sicherheit von SQL-Azure-Datenbanken wird mithilfe von bis zu vier Replikaten in den Rechenzentren von Microsoft gewährleistet.

Will man sich auf eine SQL-Azure-Datenbank verbinden, muss lediglich eine Anpassung an den Connection String (Verbindungszeichenfolge für Datenbanktreiber) erfolgen. SQL Azure funktioniert genau so wie eine On-premise-Datenbank. Es ist nicht nötig, neue Technologien zu erlernen, wie das etwa bei Windows Azure Storage der Fall ist. Aktuell werden ADO.Net und ODBC als Datenbanktreiber unterstützt. Keine Unterstützung gibt es für OLE DB. Hinsichtlich der Sicherheit ist SQL Server Security implementiert, die SQL-

Server-Sicherheitskonzepte sind also ebenfalls auf die SQL-Azure-Datenbank anwendbar. SQL Azure unterstützt viele T-SQL-Elemente des SQL Servers. Einschränkungen gibt es jedoch für folgende Punkte:

- CLR- (Common-Language-Runtime-)Unterstützung
- Datenbankspiegelungen
- Verteilte Abfragen (distributed queries)
- Verteilte Transaktionen (distributed transactions)
- Full Text Search
- Global temporary tables
- SQL-Server-Konfigurationsoptionen
- SQL Server Service Broker
- Systemtabellen
- Trace Flags
- Database File Placement

Es ist logisch, dass einige Punkte nicht von SQL-Azure-Datenbanken unterstützt werden. So ist es in der Cloud nicht mehr notwendig, Datenbanken zu spiegeln, denn Datenbanken in der Cloud sind von sich aus hochverfügbar, die Replizierung der Daten übernimmt ohnehin Microsoft in seinen Rechenzentren. Die Verteilung der Transaktionen ist in der Cloud ebenfalls besser, da mehrere Server zum Einsatz kommen.

Preise und Versionen

SQL Azure kennt zwei verschiedene Versionen von Datenbanken: die Web Edition und die Business Edition, wobei der Unterschied zwischen diesen beiden Datenbanken in deren maximal möglicher Größe besteht, siehe Tabelle 6.22.

Art	Maximale Größe	Kosten pro Monat
Web Edition	1 GB	7,085 €
Web Edition	5 GB	35,425 €
Business Edition	10 GB	70,913 €
Business Edition	20 GB	141,826 €
Business Edition	30 GB	212,739 €
Business Edition	40 GB	283,652 €
Business Edition	50 GB	354,565 €

Tabelle 6.22: Kosten für die SQL-Azure-Datenbanken

6.2.5   Windows Azure AppFabric

Das Kerngeschäft von Microsoft ist derzeit klar softwarebezogen. Viele Unternehmen haben eine auf Microsoft-Technologien aufgesetzte Infrastruktur, die über Jahre gewachsen ist, das wohlbekannte on-premise. Doch was geschieht mit den langjährigen Kunden, die viele Anwendungen on-premise entwickelt und teure Infrastrukturinvestments für solche On-premise-Systeme getätigt haben? Microsoft stellt in der Cloud Dienste bereit, die mit „Windows Azure AppFabric" zusammengefasst werden. Damit will Microsoft eine Brücke zwischen der Cloud und On-premise-Diensten schlagen. Somit ist es Kunden möglich, sich langsam und schrittweise in die Cloud zu verlagern. Windows Azure AppFabric besteht derzeit aus zwei Hauptbestandteilen: Access Control und Service Bus. Das Access Control erlaubt es, Web Services abzusichern. Hierbei kann man verschiedene standardisierte Identity-Provider verwenden: Active Directory, Windows LiveID, Google, Yahoo und Facebook. Der Service Bus implementiert das Enterprise Service Bus Pattern, das es Entwicklern und Unternehmen vereinfachen soll, Services über die eigene Netzwerkgrenze hinweg auffindbar zu machen.

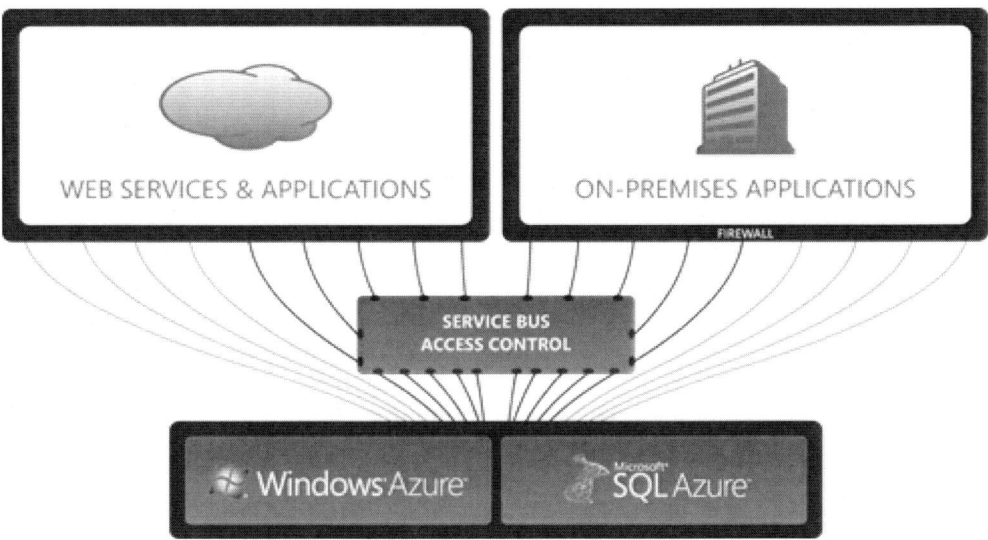

Abbildung 6.32: Zusammenspiel in der Microsoft Cloud mit AppFabric

Der Einsatz von Windows Azure AppFabric bietet für Unternehmen zahlreiche Vorteile. Der wichtigste ist, dass sich die Unternehmen auf die Entwicklung von Services konzentrieren können, ohne viel Aufwand für deren Integration zu betreiben. So kann der Service einen wesentlich höheren Reifegrad erreichen, da das Unternehmen nicht übermäßig viele Ressourcen für die Schnittstellen abstellen muss. Ein weiterer wesentlicher Vorteil ist die erhöhte Sicherheit, die Microsoft aufgrund jahrelanger Erfahrungen in der Authentifizierung und Servicebereitstellung bietet. Der Access Control Service der Windows Azure

AppFabric stellt die Sicherheit und Authentifizierung zur Verfügung, die sonst nur durch einen hohen Kapitaleinsatz sowohl in Hard- wie auch in Software erreicht werden kann. Mit Windows Azure AppFabric kann man wesentlich schneller skalieren und ist schneller am Markt.

Technische Beschreibung

Die wichtigsten Eckdaten von Windows Azure AppFabric sind eine sichere Verbindung, Verbindungen über die Netzwerkgrenzen hinweg und hochskalierende Systeme. Im Windows Azure AppFabric Service Bus kommunizieren zwei Anwendungen nicht direkt miteinander, sondern haben den Service Bus als Objekt dazwischen. So kann man eine sichere Verbindung aufbauen und außerdem on-premise arbeiten. Die Anwendung, die den Dienst konsumiert, ist ebenfalls hinter einer Firewall und kommuniziert mit dem Service Bus von AppFabric. Der Service Bus ist in drei Ebenen aufgebaut: die Service Registry, die Application Messaging Patterns und die Connectivity Fabric.

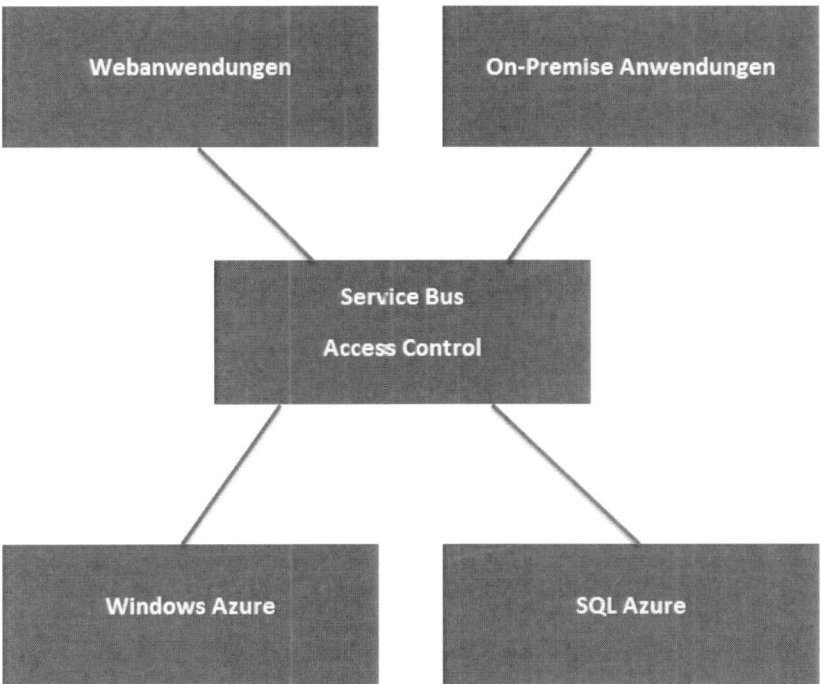

Abbildung 6.33: Überblick über den Service Bus

Die Service Registry kümmert sich um die Auffindbarkeit des Services. Hierfür werden klare URIs für den Service definiert. Bei „Application Messaging Patterns" geht es um die Kommunikation, die bidirektional/peer-to-peer ist. Die Connectivity Fabric kümmert sich um die Kommunikation, wo Firewall und NAT eingebunden werden. Die drei Kommunikationspatterns für Windows Azure AppFabric sind das Service Remoting, Eventing und Tunneling. Durch Service Remoting wird ein Service für Remote User angeboten. Mit Eventing können Nachrichten eventbezogen ausgetauscht werden. Das kommt vor allem bei mobilen Anwendungen wie dem iPhone häufig vor. Will man zwischen zwei Endpunkten direkt kommunizieren, läuft das über Tunneling.

Das Windows Azure AppFabric Acces Control bietet eine sichere Authentifizierung über eine Cloud-Computing-Infrastruktur an. Microsoft hat hinsichtlich der Authentifizierungen bereits viel Erfahrung gesammelt, vor allem dadurch, dass es eine Vielzahl von Authentifizierungen über den eigenen Dienst „Windows Live ID" laufen lässt. Dieser Dienst wird unter anderem vom Windows Live Messenger verwendet. Das Wissen, das Microsoft hier angesammelt hat, stellt das Unternehmen nun als Cloud Service zur Verfügung. Somit kann man sehr kostengünstig einen ausgereiften Authentifizierungsdienst verwenden. Typische Anwendungsfälle sind die Absicherung von Windows-Azure-App-Fabric-Service-Bus-Kommunikationen oder die Absicherung von RESTful Web Services.

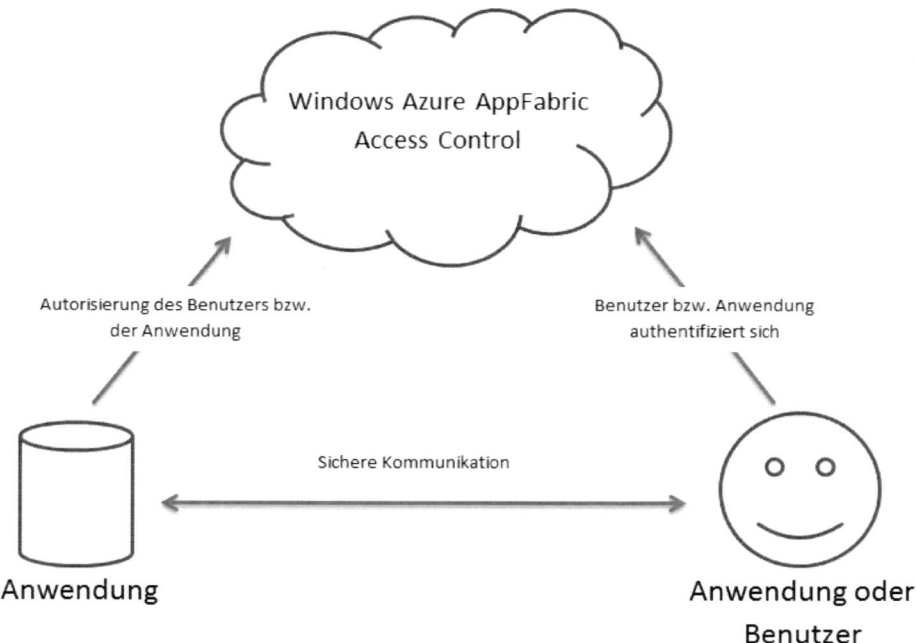

Abbildung 6.34: Authentifizierung über AppFabric Access Control

Das AppFabric Access Control Service setzt sich aus drei Komponenten zusammen: Serviceprovider, Service Consumer und Token Issuer. Der Serviceprovider ist ein REST Web Service, der Service Consumer ist die Clientanwendung, die auf den Web Service zugreift, und der Token Issuer ist Windows AppFabric Access Control an sich. Die wichtigsten Features für Windows Azure AppFabric Access Control ist der Cross-Plattform Support. AppFabric Access Control kann vor jedem System verwendet werden, das HTTPS unterstützt. Das Access Control unterstützt ADFS (Active Directory Federation Services). Somit ist es möglich, WS-Federation-Metadaten zu verwenden. Die Verschlüsselung des Access Control Services läuft über den HMACSHA256-Algorithmus. Wichtig für das Access Control ist die Möglichkeit, Richtlinien zu konfigurieren. Es unterstützt außerdem WRAP (Web Ressource Authorization Protocol) und SWT (Simple Web Token).

Preise

Wie in Cloud-Computing-Angeboten üblich, zahlt man auch bei Windows Azure App-Fabric nach Verbrauch. Die Preisgestaltung ist sehr einfach: Verwendet man den Access Control Service, zahlt man 1,4114 € für jeweils 100 000 Transaktionen. Für den Service Bus werden 2,8298 € pro Verbindung im Monat verrechnet. Ferner kann man sich Paktete für den Service Bus kaufen (Tabelle 6.23).

Anzahl der Verbinungen	Kosten
5	7,0566 €
25	35,2827 €
100	141,1308 €
500	705,654 €

Tabelle 6.23: Verbindungen zu Windows Azure AppFabric Service Bus - Pakete

6.2.6 Windows Azure Datamarket

Microsoft Windows Azure Datamarket ist Microsofts Versuch, das Auffinden, Verwenden und Bereitstellen von Daten so einfach wie möglich zu gestalten. Ein zentrales Problem in der IT ist heutzutage, dass viele Unternehmen große Mengen an Daten für ihre Kunden oder Partner zur Verfügung stellen, die meist in unterschiedlichen Formaten vorhanden und daher untereinander inkompatibel sind. Unterschiedliche Formate sind hierbei nicht nur SOAP, REST und JSON, sondern auch unterschiedliche Ausprägungen dieser Formate in Unternehmen. Dieses Problem soll Windows Azure Datamarket lösen. Hierbei kommt Dallas als „Zwischenhändler" zum Einsatz, erlaubt es dem datenanbietenden Unternehmen, seine Daten über eine zentrale Plattform anzubieten und somit einem großen Kundenkreis zur Verfügung zu stellen. Außerdem erlaubt Dallas es Unternehmen, Independent Software Vendors und Information Workers, Daten von verschiedenen Kunden über eine zentrale und standardisierte Schnittstelle zu konsumieren.

Ein weiterer Vorteil ist, dass Daten noch vor der tatsächlichen Verwendung analysiert werden können. Damit ist es Datenkonsumenten möglich, diese Daten auf die Übertragbarkeit für die eigenen Anwendungsfälle zu überprüfen. Windows Azure Datamarket regelt auch sämtliche Bezahlvorgänge: Datenkonsumenten zahlen an Windows Azure Datamarket, das Geld wird dann an die datenanbietenden Unternehmen weitergeleitet. Man kann Windows Azure Datamarket als globalen Marktplatz für Daten bezeichnen.

Abbildung 6.35: Katalog von Windows Azure Datamarket; das Bild stammt noch aus der Zeit der Betaversion, wo der Codename „Dallas" war

Windows Azure Datamarket bietet einige Vorteile für den Datenanbieter, der wichtigste ist die Reichweite. Da es global aufgestellt ist und viele Datensätze beinhalten wird, hat Windows Azure Datamarket auch eine wesentlich höhere Reichweite als das eigens entwickelte Plattformen je ermöglichen könnten. Somit kann ein Datenanbieter mehr Umsatz mit dem Datenverkauf generieren, da ein wesentlich größerer Markt erschlossen wird. Ein weiterer wichtiger Vorteil von Windows Azure Datamarket ist, dass der Datenanbieter keine eigene Plattform mehr benötigt, die in der Entwicklung wie auch im Betrieb viel Geld kostet. Spart man diese Kosten, kann man mehr Geld in das Kerngeschäft investieren.

Daten, die über Windows Azure Datamarket angeboten werden, können aus den unterschiedlichsten Bereichen stammen. Sie können Produkte eines Großhändlers ebenso wie Marktanalysedaten sein, die Möglichkeiten sind vielfältig und nahezu unbegrenzt. Der Großhändler kann seine Produkte samt Beschreibung und Bildern auf einfache Weise seinen Abnehmern wie Einzelhändlern zur Verfügung stellen. Diese können die Daten wiederum konsumieren und in ihre Websites integrieren, sodass es auch für die Kunden wesentlich einfacher ist, ein ständig aktuelles Segment zu halten.

Bis jetzt wurden primär Geschäftsdaten genannt. Windows Azure Datamarket erlaubt es jedoch auch, kostenlose Daten zu hosten. Aktuell besteht ein umfassendes Angebot auf der Plattform, das für Datenkonsumenten frei zugänglich ist. Diese Datenbestände sind unter anderem Nachrichten aus aller Welt, Bilder vom Mars-Rover der NASA, verschiedenste Wetterinformationen oder Daten der UNESCO.

Ein wesentlicher Vorteil von Windows Azure Datamarket ist die Vereinfachung der Bezahlung des Dienstes. Datenkonsumenten rechnen nicht mehr direkt mit dem datenanbietenden Unternehmen ab, sondern mit Windows Azure Datamarket. Damit ergibt sich für das datenanbietende Unternehmen die Möglichkeit, teure E-Commerce-Systeme abzuschaffen. Ferner hat der Datenkonsument die Möglichkeit, eine vertraute Umgebung zu verwenden, sollten Datensätze mehrerer Datenanbieter konsumiert werden. Datenanbieter haben die Möglichkeit, die Benutzung der eigenen Daten nach Konsumenten aufzulisten und unterschiedliche Preise für Datensätze anzugeben. Das ist vor allem dann sinnvoll, wenn man Datensätze in eine Gratisversion und eine Premiumversion unterteilen möchte

Für Windows Azure Datamarket sind Robustheit und Sicherheit des Dienstes sehr wichtig. Ebenso wie Windows Azure werden die Rechenzentren von Microsoft betrieben, das einen starken Fokus auf Verfügbarkeit und Sicherheit legt. Daten, die für Windows Azure Datamarket bereitgestellt werden, können jedoch auch außerhalb der Windows-Azure-Plattform liegen. Ist das der Fall, muss ein Service Level Agreement die Verfügbarkeit der Daten garantieren.

Windows Azure Datamarket bietet die Möglichkeit, umfangreiche Analysen über Daten zu erstellen. Somit ist es möglich, verschiedene Datensätze aus unterschiedlichen Quellen zu gänzlich neuen Daten zu kombinieren, die man nun auch auf Windows Azure Datamarket anbieten und weiterverkaufen kann. Somit ist es Unternehmen möglich, ihrer Kreativität auf der Microsoft-Plattform freien Lauf zu lassen.

Windows Azure Datamarket enthält einen so genannten „Service Explorer", mit dessen Hilfe man mit Datensätzen experimentieren kann. Das erlaubt es den zukünftigen Datenkonsumenten, festzustellen, ob die Datensätze für den eigenen Anwendungszweck überhaupt geeignet sind. Dafür muss keine einzige Zeile Quellcode geschrieben werden. Sind die Datensätze zufriedenstellend, können sie einfach in die eigene Anwendung integriert werden.

Zielgruppen und Anwendungsszenarien

Für Softwareentwickler ist es einfach, Windows Azure Datamarket zu verwenden. Die Daten sind über REST und ATOM zugänglich. Für Entwickler, die Microsofts .NET Framework verwenden, stehen überdies C#-Proxy-Klassen zur Verfügung.

Ein interessantes Anwendungsszenario ist die Erstellung von Mash-Ups. Ein Mash-Up ist eine Kombination von verschiedenen Daten und Statistiken. Mithilfe eines Kartendienstes kann man Daten, die aus der Microsoft-Plattform kommen, visuell übersichtlich darstellen.

Ein interessantes Anwendungsgebiet ist die Analyse von Daten. Immobilienunternehmen können grafisch einfach visualisieren, welche Gebiete besonders beliebt sind. Das ermöglicht es Maklern, Kundensegmente individueller zu filtern.

Für ISVs (Independent Software Vendors) besteht ferner die Möglichkeit, Daten verschiedener Anbieter auf einfache Art zu vergleichen. Das ermöglicht es den Softwareherstellern, die besten Datensätze zu verwenden.

Architektur von Windows Azure Datamarket

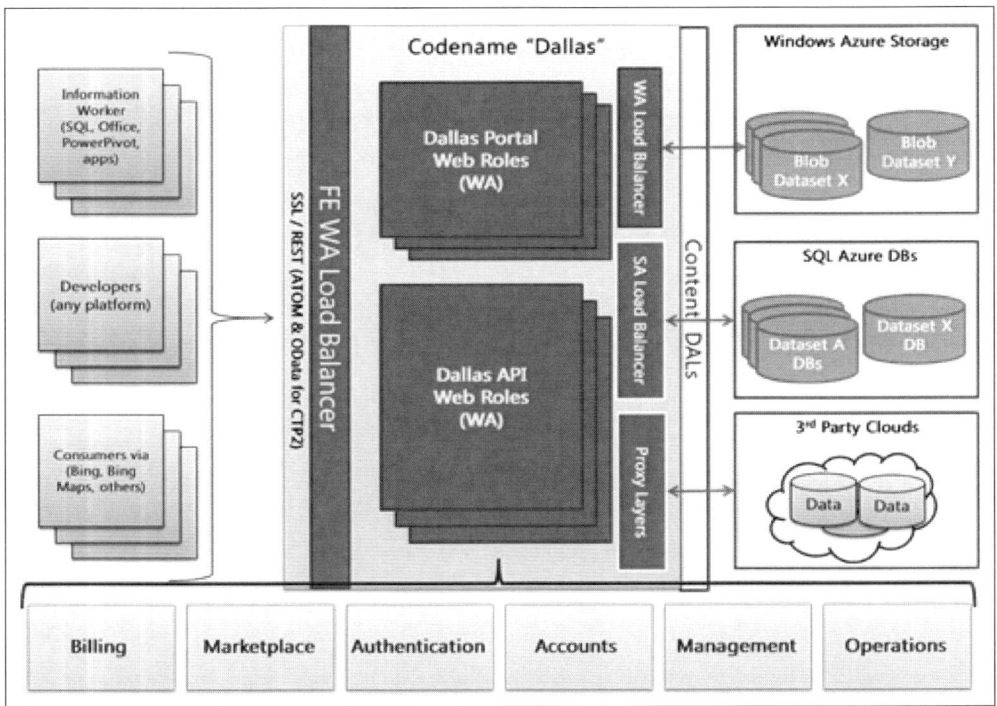

Abbildung 6.36: Architektur von Windows Azure Datamarket

Die Skalierung von Windows Azure Datamarket wird über den Frontend Windows Azure (FEWA) Load Balancer sichergestellt, der auf Windows Azure aufsetzt und dessen Skalierung verwendet. Für den Datenzugriff kommt SSL für die Sicherheit zum Einsatz. Daten können über REST abgefragt werden. Die Datenstrukturen werden durch OData und ATOM abgebildet. Datenspeicher, die als Grundlage für Windows Azure Datamarket dienen, können unterschiedlicher Herkunft sein, z. B. aus dem Storage von Windows Azure oder auch SQL Azure. Ferner werden Datenbanken anderer Cloud-Anbieter unterstützt. Daten, die in Windows Azure Datamarket vorhanden sind, können auf unterschiedlichste Arten konsumiert werden, beispielsweise durch Cloud Services (Kartendienste), Softwareentwickler oder Information Workers. Letztere können die Daten durch Anwendungen wie etwa Excel oder andere Reporting-Tools visualisieren.

Alles in allem bietet Windows Azure Datamarket ein sehr umfangreiches Set an Möglichkeiten, die zuvor in der Cloud-Computing-Landschaft noch nicht vorhanden waren. Es bleibt spannend abzuwarten, was hier an kreativen Lösungen entstehen mag.

6.2.7 Microsoft BPOS Solutions

Jeder, der bis jetzt noch an der Ernsthaftigkeit von Microsofts Strategie für Cloud Computing gezweifelt hat, sollte spätestens durch Microsofts SaaS-Lösungen überzeugt werden. Neben den vorher beschriebenen PaaS-Angeboten bietet Microsoft eine ständig größer werdende Anzahl an Anwendungen für die Cloud an. Hierbei werden teilweise traditionelle Anwendungen als SaaS-Angebot verfügbar gemacht. Derzeit sind vor allem SharePoint, Exchange und Office Communications in der Cloud. Seit Office 2010 haben sich jedoch auch die Office Web Applications in die Wolke gewagt. Das ist für Microsoft ein gewagter Schritt, ist doch Office eines seiner meistverkauften Produkte. Nun bietet Microsoft Word, Excel und PowerPoint sogar als kostenlose Version auf Windows Live Skydrive an. Natürlich ist der Funktionsumfang bei weitem nicht der des clientseitigen Office-Pakets, aber es zeigt sich, dass Microsoft stark in die Cloud drängt.

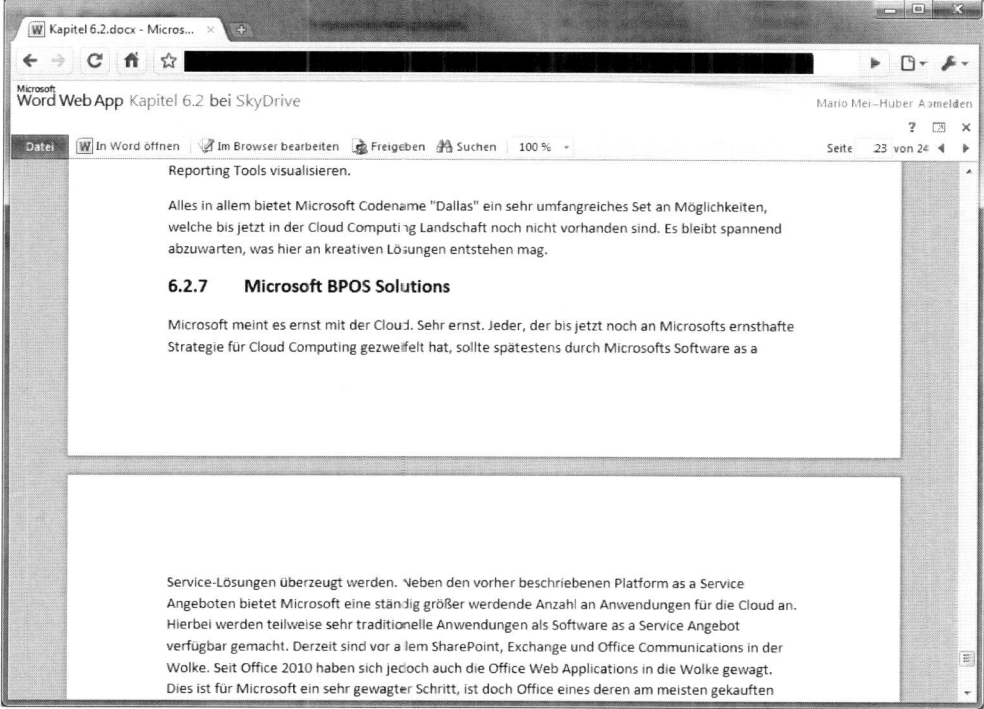

Abbildung 6.37: Online Word auf Windows Live Skydrive

An zentraler Stelle von Microsofts SaaS-Angeboten steht jedoch die Business Productivity Suite – kurz BPOS. Die BPOS ist eine Ansammlung der Anwendungen Microsoft Exchange für E-Mail und Collaboration, SharePoint für Enterprise Content Management, Office Live Meeting für die Onlinezusammenarbeit und Office Communications für die Kommunikation. Aktuell sind die Onlineservices von Microsoft in den Sprachen Englisch, Französisch, Deutsch, Japanisch und Spanisch vorhanden.

Exchange ist ein in Unternehmen sehr häufig eingesetzten Collaboration- und E-Mail-Server. In der Cloud kommt aktuell die Version 2007 zum Einsatz. Exchange Online hat standardmäßig eine 25-GB-Mailbox pro Benutzer. Diese Größe kann jedoch reduziert werden. Für den Viren- und Spamschutz kommt Forefront Online Security for Exchange zum Einsatz. Exchange unterstützt Office Outlook. In der Onlineanwendung ist auch Outlook Web Access integriert, an Geräten werden Windows Mobile und Blackberry unterstützt. SharePoint ist eine häufig eingesetzte Enterprise-Content-Management-Anwendung, die jedoch mittlerweile den Umfang von Unternehmensportalen abdeckt. SharePoint Online unterstützt Kontakte, Kalender, Aufgabenlisten, Site Search und die bekannten Content-Management-Funktionen. Aktuell wird Version 2007 unterstützt, jedoch ohne die Möglichkeit, benutzerdefinierte Anwendungen für SharePoint zu erstellen. Office Live Meeting ist ein Tool, das sich speziell für die Onlinezusammenarbeit eignet. Hierbei können Whiteboard-Tools verwendet werden, der Desktop von Benutzern kann geteilt und Teilnehmer an Onlinekonferenzen können über Video miteinander verbunden werden. Office Communications Online dient der textbasierten Kommunikation mithilfe des Office Communicators. Für all diese Dienste bietet Microsoft eine 99,9 %ige Verfügbarkeit an.

Preise

Microsoft bietet die einzelnen Produkte entweder einzeln an oder in einem Paket. Die Kosten für die einzelnen Produkte können Tabelle 6.24 entnommen werden.

Produkt	Kosten pro Lizenz
Exchange Online	4,26 €
SharePoint Online	4,47 €
Office Communications Online	1,70 €
Office Live Meeting Online	3,84 €

Tabelle 6.24: Kosten für die einzelnen Produkte

Entscheidet man sich für mehrere Produkte aus der BPOS-Produktpalette, wird es oft bereits bei zwei Produkten günstiger, wenn man sich für die Business Productivity Online Suite entscheidet. Hier fallen Kosten in Höhe von 8,52 € an. Wichtig ist auch anzumerken, dass bei allen Angeboten mindestens fünf Lizenzen bestellt werden müssen.

6.3   IBMs Cloud-Computing-Angebote

IBM ist seit langer Zeit einer der Größen in der IT. Das Unternehmen war vor allem für den Siegeszug des PCs verantwortlich. IBM hat es damals verstanden, den PC quasi als Erfindung des Unternehmens zu verkaufen. Jeder sprach vom IBM-kompatiblen PC. Das Unternehmen kam jedoch auch aufgrund des PCs immer stärker ins Wanken. Es war dann vor allem der ehemalige Verbündete Microsoft, der IBM beinahe den Todesstoß versetzt hätte. Es hat sein Betriebssystem – MS DOS und Windows – so unabhängig gestaltet, dass auch andere Hersteller wie Hewlet Packard Zugang zu einem kompletten Betriebssystem hatten. Das zwang IBM in die Defensive und das Unternehmen erlebte eine starke Erneuerung. Fortan konzentrierte sich IBM auf das Angebot von Unternehmensleistungen, vor allem IT-Outsourcing und Consulting. Im Zeitalter von Cloud Computing schlägt jetzt eventuell wieder die Stunde von IBM: Outsourcing hat eine wesentlich höhere Bedeutung als noch vor einigen Jahren. In diesem Kapitel wird beleuchtet, welche tatsächlichen Cloud-Computing-Angebote IBM hat. IBM bietet überdies eine ganze Reihe von Services und Hardware zur Verwaltung von Rechenzentren an, die allerdings nicht Bestandteil dieses Kapitels sind.

6.3.1   IBM LotusLive

LotusLive ist eine SaaS-Lösung von IBM. LotusLive ist eine Online-Zusammenarbeits- und Social-Networking-Lösung. Interessant ist seine Herkunft: Lotus ist ein seit langem bestehendes Produkt aus der Lotus Software Division bei IBM. Auch hier gibt es Parallelen zum Gegenspieler Microsoft: Lotus Notes wurde von Ray Ozzie entwickelt, dem Entwickler dieser Anwendung, der lange Zeit bei IBM arbeitete. Später verließ er IBM und gründete „Groove Networks", das 2005 von Microsoft aufgekauft wurde. Ray Ozzi ist nun Chief Software Architect bei Microsoft und hat somit die Nachfolge von Bill Gates inne. In dieser Rolle war er hauptverantwortlich für die Entwicklung von Windows Azure.

Komponenten

LotusLive besteht aus 6 Teilkomponenten:

- LotusLive Meetings
- LotusLive Events
- LotusLive Connections
- LotusLive Engage
- LotusLive Notes
- LotusLive iNotes

LotusLive Meetings ist ein Onlinetool für Web Meetings und erlaubt es, Informationen freizugeben, z. B. Präsentationen. LotusLive Meetings unterstützt die Möglichkeit, Videos über eine Webcam in Echtzeit zu übertragen, außerdem kann man Abstimmungen aller im Meeting eingeloggten Teilnehmer zu einem bestimmten Thema erstellen.

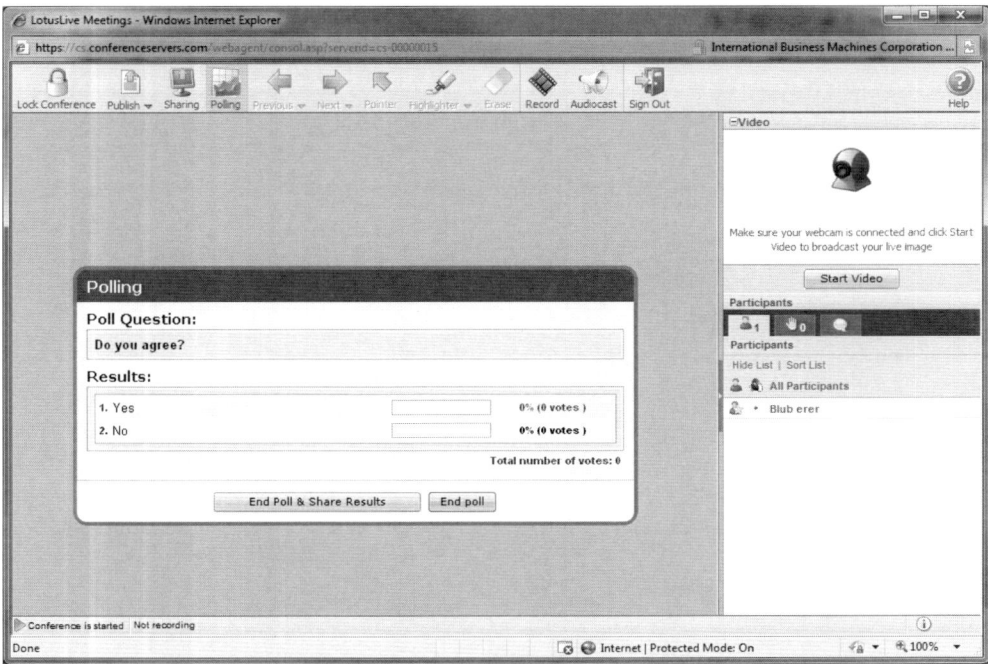

Abbildung 6.38: LotusLive Meetings mit Umfrage

LotusLive Events bietet die Möglichkeit, Onlinekonferenzen abzuhalten. Es enthält alle Features von LotusLive Meetings, jedoch sind hier wesentlich mehr Elemente hinsichtlich Webconferencing möglich. Zusätzliche Tools sind etwa die Möglichkeit, Registrierungen zu verwalten oder eine Analyse nach dem Event durchzuführen. LotusLive Events erlaubt es, die Ereignisverwaltung zu professionalisieren, bis zu 1000 Teilnehmer pro Konferenz sind möglich.

Mit LotusLive Connections bietet IBM eine SaaS-Plattform an, die sich speziell auf Social Networks spezialisiert hat. Hierbei stehen die gemeinsame Nutzung von Dateien, Instant Messaging sowie die Aktivitätenverwaltung im Vordergrund. Im Zentrum von Lotus-Live Connections steht die Vernetzung innerhalb eines Unternehmens. LotusLive Engage verbindet soziale Netzwerke mit Webkonferenzen und Collaboration-Features, möglich sind die gemeinsame Nutzung von Dateien oder Instant Messaging.

Mit LotusLive iNotes schickt IBM eine Anwendung ins Rennen, die sich um den hart umkämpften Online-E-Mail-Markt bemüht. Konkurrenz bekommt LotusLive iNotes hierbei von Microsoft mit Exchange Online und Google mit deren Google Apps. Lotus iNotes ist für Unternehmen ausgelegt, die eine fortschrittliche E-Mail-Lösung benötigen. Lotus-Live iNotes ist primär als webbasierter E-Mail-Dienst gedacht, bietet jedoch auch einen POP3-, IMAP- und SMTP-Zugang an, was vor allem für Clients wie Lotus Notes oder Microsoft Outlook interessant ist. LotusLive iNotes unterstützt außerdem einen sehr umfangreichen Kalender, Spam- und Virenfilter, eine SSL-Verschlüsselung, um den sicheren Zugang zu gewährleisten, und ein umfangreiches, aber einfach zu verwaltendes Set an Administrationstools.

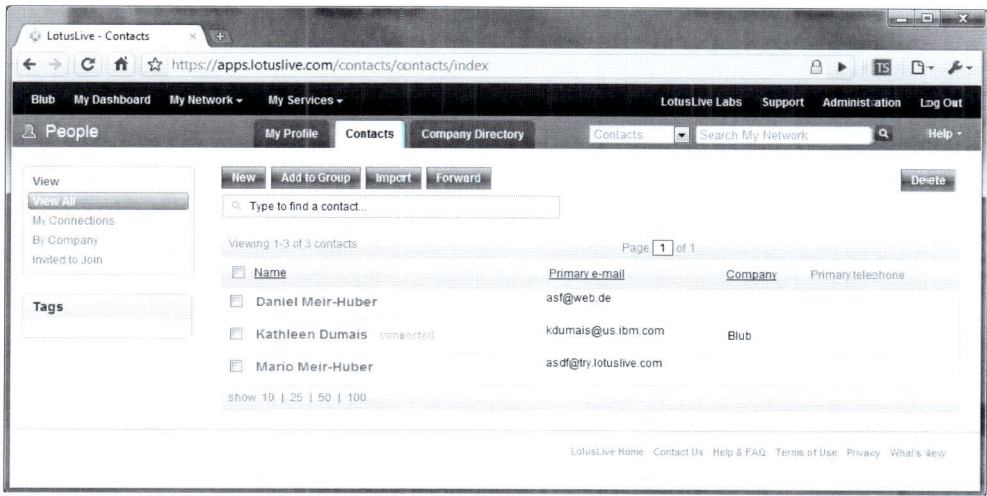

Abbildung 6.39: LotusLive Engage

Der letzte im Bunde von LotusLive ist LotusLive Notes, der „große Bruder" von LotusLive iNotes. Wie auch bei iNotes kann man per Web und Client auf die Anwendung zugreifen. IBM bietet eine 99,9 %ige Verfügbarkeit für den Service an. Zusätzlich zu LotusLive iNotes ist es außerdem möglich, Direktnachrichten (Instant Messaging), Feeds, Dokumente und verschiedene Collaboration-Tools zu verwenden.

Preise

Die Kosten für die einzelnen LotusLive-Pakete sind in Tabelle 6.25 dargestellt.

Produkt	Kosten
LotousLive Meetings	5,63 € pro Benutzer und Monat
LoutsLive Events	74,08 € pro Benutzer und Monat
LotusLive Connections	5,63 € pro Benutzer und Monat
LotusLive Engage	7,50 € pro Benutzer und Monat
LotusLive iNotes	2,81 € pro Benutzer und Monat
LotusLive Notes	5,00 $* pro Benutzer und Monat

Tabelle 6.25: Nutzungskosten für LotusLive

* Derzeit nur in US-$ verfügbar

6.3.2 IBM Smart Business Development and Test

Die IBM Smart Business Development and Test Cloud ist eine Plattform, die speziell für Softwareentwickler und Teams erstellt wurde. Der Fokus der IBM Development and Testing Cloud liegt auf der Unterstützung für die Softwareentwicklung und deren Testing. Entwickler können schnell und einfach auf hochsichere und Cloud-basierte Dienste für die Softwareentwicklung zugreifen. Der Vorteil für Entwicklungsteams ist, dass keine weiteren Kosten für Infrastruktur entstehen, beispielsweise für Build-Server oder Sourcecode-Verwaltung anfallend. Die wichtigsten Features der IBM Smart Business Development and Test Cloud sind:

- Schneller Zugriff und Konfiguration der Entwicklungs- und Testing-Umgebung

- Webportal, in dem man die Konten verwalten kann

- Hohe Sicherheit des Systems hinsichtlich der Datensicherheit

- Tools und standardisierte Konfigurationen

IBM bietet neun verschiedene Konfigurationen für die Smart Business Development and Test Cloud an, die sich hinsichtlich der virtuellen CPUs, des Arbeitsspeichers und des Instanzspeichers unterscheiden. Als Betriebssysteme kommen RedHat Enterprise Linux und Novell SUSE Linux Enterprise Server zum Einsatz. Die einzelnen Versionen und Preise sind in Tabelle 6.26 dargestellt. Eine virtuelle CPU hat eine Rechenleistung von 1,25 GHz. Stand der Preise sowie Editionen ist September 2010. In dieser Tabelle werden nur die nichtreservierten Instanzen aufgelistet. Wenn man eine höhere Auslastung erwartet, kann man für eine monatliche Gebühr Instanzen reservieren, wodurch die Kosten je CPU-Stunde verringert werden.

Angebot	System	CPUs	Arbeitsspeicher in GB	Instanzspeicher in GB	Kosten (unreserved) Red Hat pro Std	Kosten (unreserved) SUSE Linux
Copper	32 bit	1	2	60	0,190 $	0,150 $
Bronze	32 bit	1	2	175	0,210 $	0,170 $
Silver	32 bit	2	4	350	0,310 $	0,265 $
Gold	32 bit	4	4	350	0,460 $	0,410 $
Copper	64 bit	2	4	60	0,400 $	0,350 $
Bronze	64 bit	2	4	850	0,500 $	0,450 $
Silver	64 bit	4	8	1 024	0,610 $	0,550 $
Gold	64 bit	8	16	1 024	1,080 $	0,910 $
Platinum	64 bit	16	16	2 048	1,840 $	1,540 $

Tabelle 6.26: Editionen und Kosten

6.4 Cloud-Computing-Angebote von Google

Das in Mountain View, Kalifornien, ansässige Internetunternehmen Google will auch im lukrativen Geschäft des Cloud Computings mitmischen. Google hat bereits Erfahrung in der Erstellung von größeren Webplattformen und treibt die Entwicklung von Webstandards kontinuierlich voran. Das auch mit dem Hintergedanken, die eigenen Cloud-Dienste stärker zu verbreiten und ihre Performance zu verbessern. Einer der wohl bekanntesten Cloud-Dienste von Google ist die Plattform „Google Apps", die sich vor allem durch ihre Text- und Tabellenanwendungen sowie Gmail hoher Beliebtheit erfreut. Seit Februar 2007 gibt es dieses Angebot auch für professionelle Anwender im Geschäftsumfeld. Hierfür stellt Google einen Marktplatz mit dem Namen „Google Apps Marketplace" zur Verfügung, der es Drittanbietern erlaubt, Anwendungen auf der Plattform von Google Apps zu entwickeln. Noch wesentlich spezieller – und ein Vertreter aus dem PaaS-Bereich – ist die Google App Engine. Mithilfe dieser Plattform kann man hochskalierbare Webanwendungen mit Python oder Java entwickeln. All diese Möglichkeiten werden in diesem Kapitel Schritt für Schritt vorgestellt.

6.4.1 Google Apps

Abbildung 6.40: Die Google-Apps-Cloud-Anwendungen

Die Google Apps umfassen die Anwendungen Gmail, Google Calendar, Google Talk, Google Docs, Google Video und Google Sites. Mit den Anwendungen soll es Unternehmen und professionell auftretenden Organisationen ermöglicht werden, kostengünstig eine Arbeitsumgebung für den Büroalltag zu mieten. Die gesamte Plattform ist webbasiert. Für die Lizenzierung wird eine geringe Gebühr pro Benutzer erhoben. Laut Aussagen von Google verwendeten am 30. Oktober 2008 bereits eine Million Unternehmen

Google Apps. Für die Zuverlässigkeit wird für die Premier Edition der Google Apps ein SLA angeboten. Dieser SLA garantiert eine Verfügbarkeit von 99,9 %, was 10-15 Minuten an Ausfällen pro Benutzer und Monat entspricht. Die Google Apps sind der Kategorie SaaS zuzuordnen. Mit Google Apps würden Dokumentenmanagement Systeme und E-Mail-Systeme in Unternehmen überflüssig. Gemeinsam mit Google Docs kann man die Unternehmensdomäne (z. B. www.meinedomain.de) verwenden.

Den Aufbau der Hard- und Software beschreibt Google nicht allzu detailliert: nicht genauer spezifizierte „identische Systeme mit benutzerdefinierter Hardware". Als Betriebssystem kommt ein von Google angepasstes, benutzerdefiniertes Linux zum Einsatz. Zur Gewährleistung der Sicherheit und zur Minimierung von Ausfällen, werden die Daten in mehreren Rechenzentren laut Google in Echtzeit repliziert. Es sind stets ein primäres Rechenzentrum und ein Backup-Rechenzentrum vorhanden.

Versionen

Für Google Apps gibt es mehrere Versionen, wobei die Standardversion „Google Apps Standard" heißt und gratis verfügbar ist. Mehr Businessfunktionalitäten bietet die Version „Google Apps Premier Edition". Für den akademischen Bereich gibt es „Google Apps Education Edition", die kostenlos und frei von Werbung ist.

Die Standardanwendung umfasst die Funktionen Google Mail (Gmail) und Google Kalender für den Messaging-Bereich. Für den Bereich „Anwendung und Zusammenarbeit" kommen „Google Text & Tabellen" und „Google Sites" zum Einsatz.

Wenn man sich für die kostenpflichtige Premier Edition entscheidet, bekommt man zusätzlich noch Geschäftsfunktionen wie einen derzeit 25 GB großen E-Mail-Speicher pro Nutzer. Ferner besteht hier eine Blackberry- und Microsoft-Outlook-Kompatibilität, um den Umstieg zu erleichtern. Für erweiterte Unternehmensfunktionen bietet Google Single Sign-On (SSO) und den Secure Socket Layer (SSL) an. In der Premier Edition kommt auch das SLA mit der garantierten Verfügbarkeit von 99,9 % zum Tragen.

Funktion	Standard	Premier Edition	Education Edition
Messaging	✔	✔	✔
Zusammenarbeit	✔	✔	✔
Geschäftsfunktionen		✔	✔
Unternehmenskontrolle		✔	✔
Support und Zuverlässigkeit		✔	✔

Tabelle 6.27: Die Features von Google Apps im Vergleich

Preise

Für die Standard- und Education Edition fallen keine Gebühren an, für die Premier-Lizenz 50 US-$ pro Benutzer und Jahr.

Sicherheit

Für die Google Apps gibt es ein umfassendes Sicherheitspaket, das durch den im Jahre 2007 übernommenen Sicherheitsexperten Postini garantiert wird. Postini schützt vor Viren, Trojanern und anderer Malware, die die Benutzer potenziell bedrohen können. Alle E-Mails werden von Postini in Echtzeit gescannt. Auch die Security läuft in der Cloud.

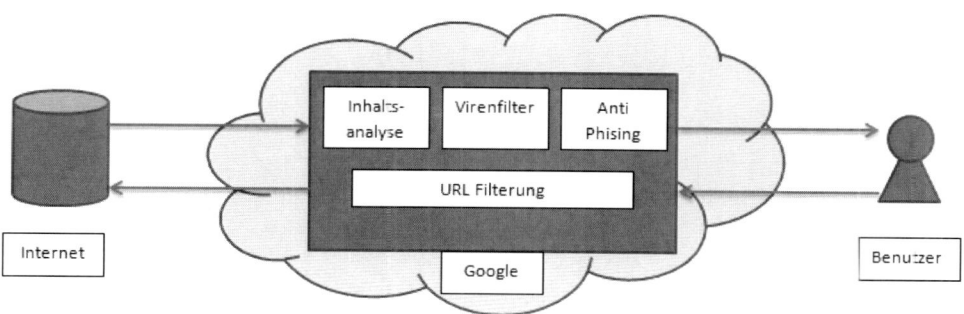

Abbildung 6.41: Die Sicherheitsfunktionen von Google

In Abbildung 6.41 sind die Sicherheitsfunktionalitäten von Postini erläutert. Herbei kommt zum einen Internet Traffic zustande, der durch Google in Echtzeit untersucht wird, wichtig sind hierbei der URL sowie der Inhalt der Daten. Ferner wird auch auf Viren untersucht. Ein Anti-Phishing-Filter blockiert Phishing-Versuche.

Integration in andere Plattformen

Google versucht stets, seine Anwendung mit bereits bestehenden Plattformen kompatibel zu machen, so ist es beispielsweise möglich, vorhandene Microsoft-Office-Dokumente auf der Plattform von Google Apps zu speichern. Durch die Übernahme des IT-StartUps DocVerse im März 2010, das von ehemaligen Microsoft-Mitarbeitern gegründet wurde, hat Google hier einen weiteren Schritt in Richtung Interoberabilität geleistet. DocVerse, 2007 ins Leben gerufen, kombiniert die Kooperationsfeatures von Google Apps mit den bekannten Stärken der Offline-Suite „Office" von Microsoft. Mit DocVerse soll das manuelle Zusammenfügen von Dokumenten der Vergangenheit angehören und Dokumente sollen über die Grenzen von Google Apps oder Microsoft Office hinaus gemeinsam bearbeitet werden können.

Mit Google Apps Marketplace können Administratoren auf der Google-Apps-Plattform weitere Cloud-Dienste von Drittanbietern auffinden und integrieren. Neue Anwendungen kann man mit wenigen Mausklicks hinzufügen. Dabei ist es auch wichtig, die Datenzugriffe zu konfigurieren. Einige Anwendungen werden erweiterte Daten abfragen, andere nicht. Ebenso wie bei bereits vorhandenen Anwendungen soll man den Zugriff nur für tatsächlich vertrauenswürdige Anwendungen erlauben. Die Integration von Anwendungen für Google Apps funktioniert über offene, standardisierte Protokolle wie OpenID, OAuth und dem Atom-Protokoll.

Damit eine Anwendung bereit für Google Apps ist, muss man sie auf einer beliebigen Cloud-Plattform erstellen und mit einem OpenID Single Sign-On versehen. Nun kann man Daten zwischen Google Apps und der eigenen Anwendung über die Google Data APIs austauschen. Damit die Anwendung im Market Place gelistet wird, muss man eine Registrierungsgebühr von einmalig 100 $ bezahlen. Google behält 20 % der Einnahmen, 80 % gehen an den Verkäufer.

6.4.2   Google App Engine

Mit der App Engine hat Google auch ein Angebot aus dem PaaS-Bereich. Die App Engine bietet eine umfassende Entwicklungsumgebung für komplexe Webanwendungen. Hierbei kommen die Sprachen Phyton oder Java zum Einsatz. Wie auch bei den meisten anderen Plattformen ist bei der App Engine das „Pay as you go"-Modell von zentraler Bedeutung. Interessant ist, dass gewisse Mengen wie Seitenzugriffe, CPU-Stunden und Speicherplatz gratis sind. Ebenso wie bei anderen Cloud-Plattformen ist die Skalierung ein zentraler Punkt. Um technische Elemente wie Load Balancing oder Datenspeicher muss man sich nicht kümmern, da Google die Infrastruktur bereitstellt. Die App Engine erlaubt es, Benutzer über die Google Services zu identifizieren. Das ermöglicht eine einfachere Abhandlung von Benutzern, da eine Registrierung bereits über Google erfolgte. Ferner kann man mit der App Engine so genannte Tasks erstellen, Aufgaben, die nicht über die Webanwendung ausgelöst werden, sondern durch ein Zeitintervall (z. B. täglich um 17 Uhr). Außerdem ist es möglich, Tasks in eine Warteschlange (Queue) zu geben. Damit man Benutzer benachrichtigen kann, stellt Google einen Mailservice für die App Engine bereit. Weitere Services sind Memchache, Image Manipulation und URL Fetch, die im Laufe des Unterkapitels vorgestellt werden.

Die Google App Engine läuft in einer Sandbox, die keinen Zugriff auf das darunterliegende Betriebssystem erlaubt. Das bringt auch die Einschränkung mit sich, dass keine Dateien in das Dateisystem geschrieben werden können. Damit Daten dennoch abgespeichert werden können, gibt es den Datenspeicher, der Datensätze als Entitäten abspeichert und den Blob-Speicher, der größere Binärdaten abspeichern kann. Anwendungscode läuft nur als Antwort auf eine Webanfrage oder aufgrund eines Tasks.

In diesem Kapitel wird konsistent Java für die Demos und die Beschreibung verwendet. Wichtig ist das Verständnis des Grundkonzepts, nicht unbedingt der Entwicklungssprache. Google bietet ein Plug-in für die Entwicklungsumgebung Eclipse an, mit dessen Hilfe man lokale Anwendungen für die App Engine schreiben kann, ohne sie gleich uploaden zu müssen. Für dieses Kapitel wird Eclipse in Verbindung mit dem App Engine SDK for Java verwendet.

Der Datenspeicher

Wie für den Server ist es auch für den Datenspeicher von zentraler Bedeutung, dass er das Wachstum der Applikation unterstützt. Wichtig ist vor allem, dass es keine Einschränkungen in der Skalierung gibt, daher ist der Datenspeicher der App Engine auf Skalierung und Wachstum ausgelegt. Der Datenspeicher hat kaum Ähnlichkeiten mit bekannten relationalen Datenbanken, er bietet eine Abfragesprache und Transaktionen. Speichereinheiten werden als Entitäten bezeichnet und bestehen aus verschiedenen Feldern, die über Getter und Setter angesprochen werden. Ferner ist der Speicher schemalos, die Struktur der Entitäten wird erst durch die eigene Anwendung definiert. Wichtig ist auch noch zu erwähnen, dass der Zugriff auf den Datenspeicher über das Java Persistence API (JPA) oder den Java Data Objects (JDOs) läuft. Für die Felder sind einige Datentypen notwendig, z. B. Zahlen (Ganzzahlen oder Fließkommazahlen), Text oder Datumswerte sein. Man kann auch Beziehungen zu anderen Entitäten herstellen.

Die App Engine hat jedoch auch einige Einschränkungen bezüglich der Entitäten. So ist die maximale Größe einer Entität auf 1 MB begrenzt. Für größere Objekte empfiehlt es sich, Blobs zu verwenden. Bei einem PUT oder DELETE können nur 500 Entitäten gesetzt werden, ein GET kann maximal 1 000 Entitäten abfragen, wobei auch hier die Größe der abgefragten Entitäten 1 MB nicht überschreiten darf.

Eine Entität ist nun in einer eigenen Klasse definiert. Hierfür werden einige andere Klassen importiert, die für die Entitäten notwendig sind. Listing 6.16 zeigt die Import-Statements für die JDOs.

```
package com.mmh.cloud.gae.data.entities;

import java.util.Calendar;
import java.util.Date;
import java.util.List;

import javax.jdo.annotations.IdGeneratorStrategy;
import javax.jdo.annotations.IdentityType;
import javax.jdo.annotations.PersistenceCapable;
import javax.jdo.annotations.Persistent;
import javax.jdo.annotations.PrimaryKey;

import com.google.appengine.api.datastore.Key;
```

Listing 6.16: Import Statements und Packages der Entität

Damit die Funktionsweise der App Engine leicht verständlich ist, soll ein kleines Beispiel erstellt werrden. Hierfür wird ein Gästebuch mithilfe der JDOs und den Java Server Pages (JSP) entwickelt. Das Beispiel wird sich über das gesamte Kapitel der App Engine ziehen.

Zu Beginn soll die Entität für den Gästebucheintrag erstellt werden. Hierfür werden einige Felder benötigt. Das Gästebuch soll die E-Mail-Adresse, den Namen des Verfassers, den Text des Eintrags sowie das Datum umfassen. Außerdem ist ein Key zur eindeutigen Identifikation der Entität notwendig. Die ID wird mit der Annotation *PrimaryKey* versehen und bekommt zusätzlich die Annotation *Persistent*, damit dieses Feld auch in den Datenspeicher persistiert wird. Der PrimaryKey soll hierfür eine Identity Id Generator Strategy bekommen. Für alle anderen Felder wie Name, E-Mail-Adresse, Text und Datum des Eintrags muss lediglich ein privates Feld erstellt und mit der Annotation *Persistent* versehen werden. Getter und Setter werden von JDO nicht verwendet, aber von der eigenen Anwendung benötigt. Die Getter und Setter kann man sich in Eclipse automatisiert generieren lassen. Die Klasse für die Entität ist in Listing 6.17 dargestellt.

```java
@PersistenceCapable(identityType = IdentityType.APPLICATION)
public class GuestbookEntity
{
    @PrimaryKey
    @Persistent(valueStrategy = IdGeneratorStrategy.IDENTITY)
    private Key key;

    @Persistent
    private String message;

    @Persistent
    private String author;

    @Persistent
    private Date datetime;

    @Persistent
    private String email;

    /**
     * @return the message
     */
    public String getMessage()
    {
      return message;
    }

    /**
     * @param message the message to set
     */
    public void setMessage(String message)
    {
      this.message = message;
    }

    /**
     * @return the author
     */
    public String getAuthor()
    {
      return author;
```

```
  }

  /**
   * @param author the author to set
   */
  public void setAuthor(String author)
  {
    this.author = author;
  }

  /**
   * @return the datetime
   */
  public Date getDatetime()
  {
    return datetime;
  }

  /**
   * @param datetime the datetime to set
   */
  public void setDatetime(Date datetime)
  {
    this.datetime = datetime;
  }

  /**
   * @return the email
   */
  public String getEmail()
  {
    return email;
  }

  /**
   * @param email the email to set
   */
  public void setEmail(String email)
  {
    this.email = email;
  }

  /**
   * @return the key
   */
  public Key getKey()
  {
    return key;
  }

}
```

Listing 6.17: Die vollständige Entität für das Gästebuch

Da man nun die Entitäten hat, muss auch noch eine Klasse erstellt werden, welche die Interaktion mit den Entitäten erlaubt. Hierfür wird ein PersistenceManager erstellt, der vorzugsweise als Singleton realisiert wird, da Interaktionen mit dem Datenspeicher intensiv sind. Dank des Singletons wird die Verbindung mit dem PersistenceManager nur einmal während des Starts der Anwendung geladen, und zwar, wenn ein Benutzer die Seite öffnet. Der PersistenceManager selbst wird aus der PersistenceManagerFactory erstellt. Wie das funktioniert, ist in Listing 6.18 dargestellt.

```
package com.mmh.cloud.gae.data;

import javax.jdo.JDOHelper;
import javax.jdo.PersistenceManagerFactory;

public class GuestbookManager
{
  private static final PersistenceManagerFactory pmfInstance =
      JDOHelper.getPersistenceManagerFactory("transactions-optional");

    private GuestbookManager() {}

    public static PersistenceManagerFactory get() {
        return pmfInstance;
    }
}
```

Listing 6.18: Der Persistence Manager für die Entitäten

In der Anwendung ist nun bereits einiges möglich. Es fehlt jedoch noch an Entitäten, damit ein erster Testlauf beginnen kann. Entitäten können über den PersistenceManager mit der Methode *makePersistent* persistiert werden. Hierfür muss lediglich eine Entität erstellt und an die Methode *makePersistent* übergeben werden (Listing 6.19).

```
PersistenceManager perm = GuestbookManager.get().getPersistenceManager();
GuestbookEntity entry = new GuestbookEntity();

entry.setAuthor("Mario Meir-Huber");
entry.setDatetime(Calendar.getInstance().getTime());
entry.setEmail("Mario.mh@codeforce.at");
entry.setMessage("Because Quality Matters");

try
{
  perm.makePersistent(entry);
}
catch(Exception ex)
{
}
```

Listing 6.19: Erstellen von neuen Entitäten

Jetzt fehlt nur noch die Möglichkeit, Daten abzufragen. Hierfür bietet JDO eine eigene Abfragesprache, die sich „JDOQL" (Java Data Objects Query Language) nennt. Als „Tabelle" wird der Name der Entitätenklasse innerhalb des SQL Statements verwendet. Eine Abfrage wird schlussendlich mit der *execute()*-Funktion des PersistenceManagers abgesetzt. Hierbei wird eine Liste vom jeweiligen Typen zurückgeliefert, im Beispiel wäre das die Entität für den Gästebucheintrag (Listing 6.20).

```
String query = "select from " + GuestbookEntity.class.getName();
List<GuestbookEntity> entries = (List<GuestbookEntity>) perm.
newQuery(query).execute();
```

Listing 6.20: Gästebucheintrag einfügen

Der Datenspeicher für das Gästebuch ist nun komplett. Damit das auch nachvollziehbar ist, soll in einem vom Assistent erstellten Servlet eine einfache Ausgabe erfolgen (Listing 6.21).

```
PrintWriter pw = resp.getWriter();

if(!entries.isEmpty())
{
  for(GuestbookEntity e : entries)
  {
    pw.println(e.getAuthor() + " said: " + e.getMessage() + " on ' +
e.getDatetime().toString());
  }
    }
```

Listing 6.21: Gästebucheintrag ausgeben

Die Möglichkeiten, die Java bietet, sind jedoch noch wesentlich umfangreicher. Mithilfe von Java Server Pages kann man die Ausgabe auch wesentlich eleganter gestalten. Das geht jedoch bereits in die Tiefen von Java und dürfte für erfahrene Java-Entwickler kaum ein Problem darstellen.

Blob Storage

Will man Daten speichern, die größer als die maximal erlaubte Größe für Daten im Datenspeicher sind, besteht die Möglichkeit, Blobs zu verwenden. Für Blobs gibt es das Blobstore Java API. Google App Engine Blobs können bis zu 50 MB groß sein und werden typischerweise über einen Form POST oder HTTP POST erstellt. Wird ein Form POST oder ein anderer HTTP POST aufgerufen, erstellt der Blobstore Service den Blob. Der Service liefert einen Blob Key zurück, der als Adresse bzw. Identifier des Blobs dient.

Blobs, die bereits erstellt wurden, können nicht mehr verändert, nur noch gelöscht werden. Somit kann man das Problem der nicht veränderbaren Blobs durch neues Erstellen – wenn auch unelegant – umgehen. Eine Anwendung kann eine Partition eines Blobs pro API-Aufruf lesen, was etwa einem Megabyte entspricht.

Tasks

Da einige Anwendungen komplexere Berechnungen benötigen, kann man mit Googles App Engine auf Tasks zugreifen. Diese laufen in anderen Threads und werden asynchron abgearbeitet. Das kann, wenn man der Anwendung eine ordentliche Architektur verpasst, positive Auswirkungen auf die Geschwindigkeit haben.

Mögliche Anwendungsfälle von Tasks sind etwa das Versenden von E-Mails an viele Teilnehmer. Hat man eine große Anwendung, die pro Sekunde eine große Anzahl an E-Mails versendet, können diese an Tasks ausgelagert werden und somit die Performance der Webanwendung nicht negativ beeinflussen. Weitere Anwendungsfälle wäre das Generieren von Rechnungen, Anfragen an Services oder einen Workflow im Hintergrund ausführen.

Damit man Tasks ausführen kann, werden zwei Dinge benötigt: zum einen Daten, die über HTTP POST gesendet werden, und ein Code, der ausgeführt werden soll. Letzterer wird dann ausgeführt, wenn man einen URL mit einem HTTP Post aufruft. Tasks werden also durch die Webanwendung über einen URL-Aufruf angestoßen und warten nicht in einer Dauerschleife, wie das beispielsweise bei Windows Azure der Fall ist.

Weitere Services

Google App Engine unterstützt noch einige weitere Services, die hier kurz beschrieben werden sollen.

Ein Service, der für Webentwickler unerlässlich ist, ist die Bildver- und -bearbeitung. Google bietet hier einen Service, der Bilder skalieren, rotieren und beschneiden kann. Ferner können Bilder zusammengesetzt und es kann auf deren Farbinformationen zugegriffen werden. Als Bildformate werden JPEG, PNG, GIF, BMP, TIFF und ICO unterstützt. Ein Bild kann bis zu 1 MB groß sein.

Wesentlich für eine jegliche Webanwendung ist das Versenden von E-Mail-Nachrichten, das ist in der App Engine mit JavaMail möglich. Die maximale Größe von E-Mail-Nachrichten darf jedoch 1 MB nicht überschreiten.

Weitere Services sind XMPP, das das Versenden von Instant Messages z. B. über Google Talk unterstützt, und URL Fetch zur Kommunikation mit anderen Services über HTTP und HTTPS.

Das Preismodell

Das Preismodell der AppEngine von Google ist ähnlich den Preismodellen der anderen Hersteller wie Microsoft oder Amazon. Es bestehen jedoch einige wesentliche Unterschiede, so kann man derzeit keine geografischen Standorte auswählen. Das dürfte vor allem hinsichtlich des Europäischen Datenschutzrechts einige Probleme hervorrufen. Google rechnet wie die anderen Anbieter auch in CPU-Stunden ab. CPU-Stunden sind hierbei

entwickler.press

jedoch die Zeit, die benötigt wird, eine Anfrage zu bearbeiten. Google bietet eine Gratis-version der AppEngine an, die eine gewisse Menge inkludiert (Tabelle 6.28).

Typ	Limit pro Tag
API-Anfragen	43 200 000
Bandbreite ausgehend	1 GB
Bandbreite eingehend	1 GB
CPU Stunden	6,5 CPU-Stunden
Datenspeicher	1-GB
E-Mail API Aufrufe	7000 Aufrufe
Versendete E-Mails	2000 E-Mails
Administratoren E-Mails	5000 E-Mails
Maximale Größe	60 MB
Maximale Versandrate	8 Empfänger pro Minute
Task API Calls	100 000
Gespeicherte Tasks	1 000 000

Tabelle 6.28: Freie Kapazitäten bei der Google AppEngine

Werden diese Größen überschritten, bietet Google ein sehr einfaches Preismodell an (Tabelle 6.29).

Typ	Kosten
Ausgehende Bandbreite	0,12 $
Eingehende Bandbreite	0,10 $
CPU-Stunde	0,10 $
Datenspeicher in GB	0,15 $
E-Mails pro Empfänger	0,0001 $

Tabelle 6.29: Nutzungsgebühren für die Google AppEngine

Eine weitere Möglichkeit ist die AppEngine for Businesses, mit der Google Geschäftskunden ansprechen will. Google will diesen Kunden ein einfacheres Modell als die für PaaS oder IaaS üblichen Rechenmodelle anbieten. In diesem Modell zahlt man genau 8 $ pro Benutzer, der die Anwendung verwendet.

6.5   Cloud-Computing-Angebote von SalesForce

SalesForce, ein Unternehmen aus den Vereinigten Staaten, hat sich voll und ganz der Cloud verschrieben und seine gesamte Produkte als Cloud-basierte Lösungen im Angebot. Software gibt es laut SalesForce nicht mehr, was auch durch ihr Markenzeichen, das durchgestrichene Softwarelogo, repräsentiert wird. SalesForce wurde 1999 von Marc Benioff gegründet, der ebenfalls davon überzeugt ist, dass sämtliche Software in die Cloud verschwinden wird. Dass SalesForce hier in einer gewissen Weise Recht hat, beweist der Jahresabschluss. SalesForce ist mit 11 Jahren ein sehr junges Unternehmen, das jedoch im Jahr 2010 (Finanzjahr 2011) einen Umsatz von in etwa 1,6 Milliarden \$ haben wird. SalesForce bietet Cloud-Computing-Produkte auf zwei Plattformen an. Das Hauptprodukt ist die SalesForce Sales Cloud, eine CRM und Verkaufsanwendung für Unternehmen jeglicher Größe. Für Onlinezusammenarbeit bietet SalesForce die Anwendung „Chatter". Mit „Service Cloud" kann man Kundendienste bündeln und verwalten. Die zweite Ebene von SalesForce ist die PaaS-Ebene, auf der SalesForce die hauseigene Plattform „Force.com" anbietet, eine Anwendungsentwicklungsplattform, die auch SalesForce für seine Anwendungen verwendet. Seit 2010 bietet SalesForce gemeinsam mit VMware die Plattform „VmForce" an. Damit ist es möglich, auf Java Spring-basierte Anwendungen zu entwickeln.

Der Anspruch von SalesForce ist es, einfachen und von überall verfügbaren Zugriff auf die Unternehmensanwendungen zu ermöglichen. Da alles Cloud-basiert ist, wird das tatsächlich erreicht. Mit SalesForce ist es möglich, sämtliche SalesForce-Anwendungen ortsunabhängig zu verwenden.

6.5.1   SalesForce Software-as-a-Service-Angebote

Die drei SaaS-Anwendungen von SalesForce sind die Sales Cloud, die Service Cloud und Chatter. Die Sales Cloud dient den Verkaufsabteilungen von Unternehmen. Hierbei werden Leads abgebildet. Die Service Cloud ist für Servicemitarbeiter gedacht, mit ihr kann man Kundenanfragen einfach abbilden. Der letzte im Bunde, SalesForce Chatter, ist eine Online-Zusammenarbeitsplattform. Sie dient einer Echtzeitbearbeitung von Informationen. Diese drei Plattformen werden weiter unten in diesem Kapitel noch genauer hinsichtlich ihrer Funktionalität beschrieben.

Sämtliche Anwendungen, die SalesForce betreibt, laufen auf der Infrastruktur von Force.com, die auch von Dritten für die Anwendungsentwicklung verwendet werden kann. Für die Sicherheit aller SalesForce-Anwendungen, wie der Sales Cloud oder Chatter, ist dementsprechend die Plattform Force.com zuständig. SalesForce ist hinsichtlich der Zuverlässigkeit der Plattform sehr transparent und bietet viele Einblicke in ihre Technologie. Für die Sicherheit lässt sich SalesForce ständig von Sicherheitsorganisationen zertifizieren, etwa von der ISO, wo SalesForce das Zertifikat „ISO 27001 certified security" erhalten hat. Die Datencenter schirmt SalesForce im Übrigen mit kugelsicheren Außenwänden ab. Laut SalesForce sind deren Rechenzentren hinsichtlich der Eintrittsbarrieren für Personen mit jenem eines Rechenzentrums[1] vergleichbar. SalesForce hat laut eigenen Angaben eine Zuverlässigkeit von mehr als 99,9 %. Um das zu demonstrieren, hat SalesForce eine eigene Plattform – *http://trust.salesforce.com* – eingerichtet. Auf dieser Plattform kann man für jede Instanz überprüfen, ob es Ausfälle oder Probleme gab (Abbildung 6.42).

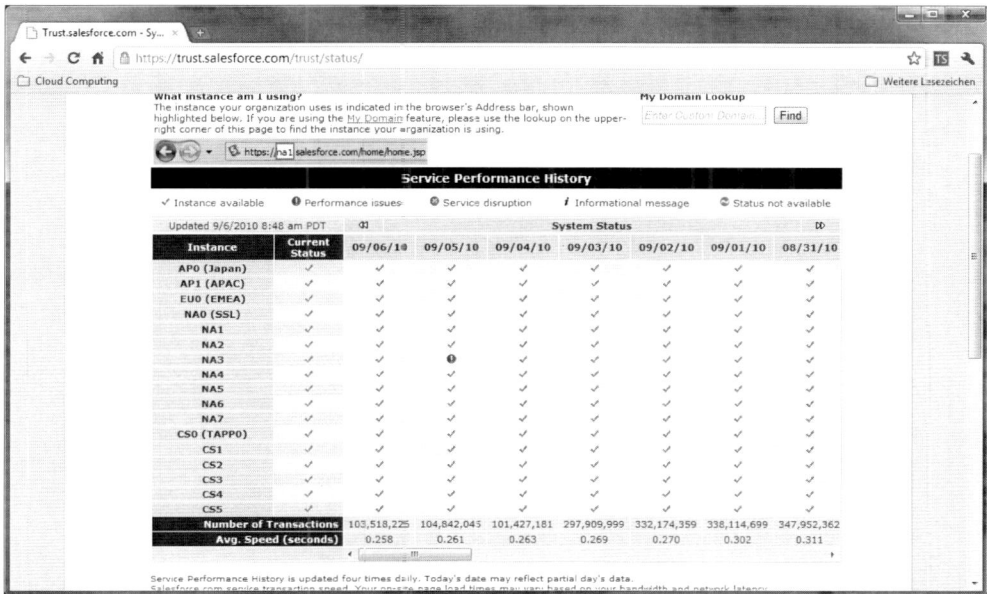

Abbildung 6.42: Übersicht über Ausfälle der SalesForce-Plattform

Findet man einen Vorfall, so kann man sich ihn genauer anzeigen lassen, indem man auf das Symbol mit dem Vorfall klickt.

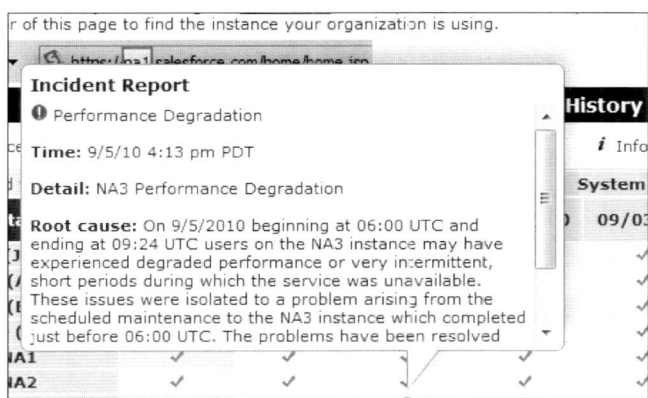

Abbildung 6.43: Beschreibung eines Vorfalls bei SalesForce

---

1   Mehr Details zur Sicherheit gibt es hier: *http://www.salesforce.com/platform/cloud-infrastructure/security.jsp*

In Abbildung 6.43 wird ein Vorfall beschrieben, der die Leistung der Plattform negativ beeinflusst hat. SalesForce beschreibt sogar, wodurch das Problem entstanden ist und bietet somit eine sehr hohe Transparenz.

SalesForce Sales Cloud

Die Aufgabe der Sales Cloud von SalesForce ist es, die Verkaufsprozesse in Unternehmen durch ein umfangreiches Onlinesystem zu optimieren. Die Sales Cloud unterstützt hierbei das Verkaufsteam durch die vereinfachte Erstellung von Geschäftsabschlüssen, einen gesamtheitlichen Blick auf die verschiedenen Vertriebskanäle und eine unternehmensweite Zusammenarbeit. Ziel der Sales Cloud ist es, Managern wie auch Verkaufsmitarbeitern eine zentrale Stelle über die Vertriebs- und Marketingaktivitäten bereitzustellen. Sie umfasst folgende Funktionen:

- Marketing und Leads

- Accounts und Kontakte

- Opportunities und Angebote

- Analysen und Prognoseerstellung

- Inhaltsbibliothek

- Partner

- Prozessmanager

Die Sales Cloud erlaubt die enge Zusammenarbeit von Marketing und Vertrieb. Leads, die durch das Marketing generiert werden, werden durch den Vertrieb umgesetzt. In der Sales Cloud werden sämtliche Kunden und potenzielle Neukunden an einer zentralen Stelle gespeichert. Das erlaubt einen besseren Überblick über die Kontakte des Unternehmens. Die Sales Cloud überwacht sämtliche Termine und sorgt für ihre Einhaltung hinsichtlich der Angebotserstellung. Umfassende Analysen der Verkäufe und Prognosen zukünftiger Verkäufe vermitteln Einblick in das Geschäft beziehungsweise in die zukünftige Geschäftsentwicklung. Eine Inhaltsbibliothek kümmert sich um das Dokumentenmanagement, sodass die Mitarbeiter wichtige Dokumente leicht finden und stets die aktuellste Version verwenden können. Die Sales Cloud erlaubt es, Partner mit in den Verkaufsprozess einzubinden. Somit kann ein durch Partner unterstützter Verkaufsprozess noch weiter optimiert werden. Ein visuell gestützter Prozessmanager erlaubt es den Mitarbeitern, komplexe Verkaufsprozesse visuell einfach darzustellen. Will man die Sales Cloud erweitern, so kann man mithilfe von AppExchange viele Anwendungen von Drittanbietern auffinden und kaufen.

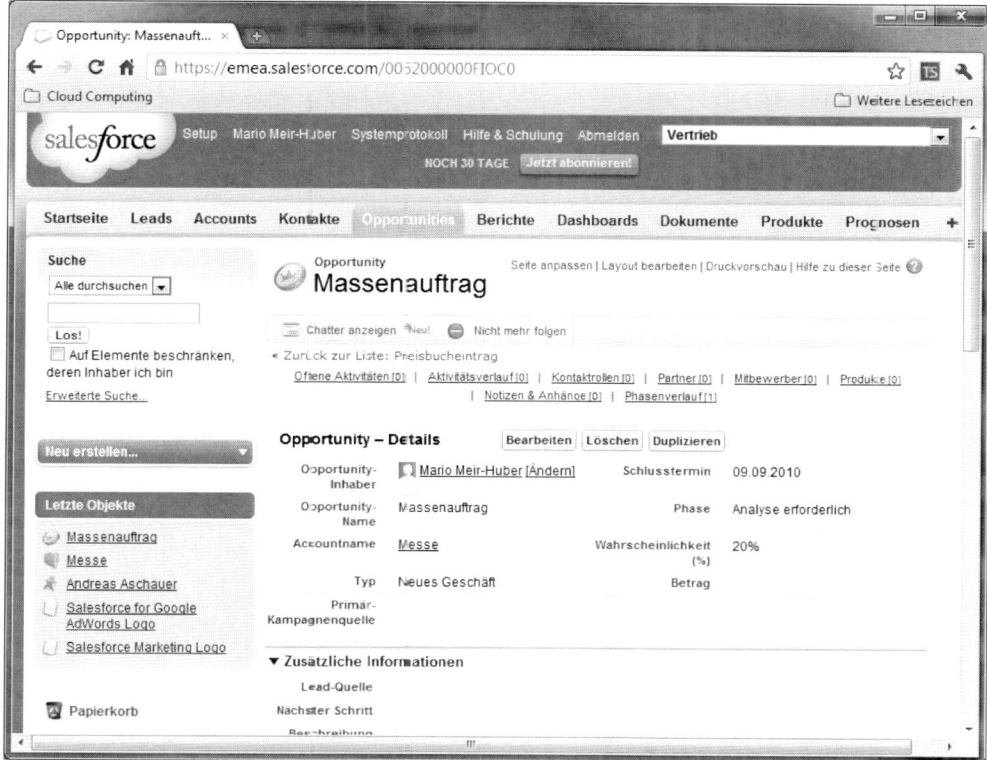

Abbildung 6.44: Die Sales Cloud

In Abbildung 6.44 ist die Sales Cloud von SalesForce dargestellt. Hier werden Leads (Kontaktaufnahme mit einem potenziellen Kunden), Accounts, Kontakte, Opportunities, Berichte, Dashboard, Dokumente, Produkte und Prognosen angezeigt. Accounts sind Kunden, die für Aufträge sorgen. Sind es Großkunden, spricht man auch von Key Accounts. Opportunities sind mögliche Aufträge, aus denen sich gegebenenfalls Geschäfte ergeben können. Wie hier ersichtlich ist, ist die Sales Cloud sehr stark auf Marketingabteilungen und Personen mit Marketing-Know-how ausgelegt und unterstützt diesen Bereich der Unternehmenstätigkeiten. In Tabelle 6.30 sind die Preise für die Sales Cloud aufgelistet.

Version	Beschreibung	Kosten pro Monat und Benutzer
Contact Manager	Möglichkeit, Kontakte zu verwalten und Kundeninteraktionen nachzuvollziehen. Für bis zu 5 Benutzer möglich.	4 €
Group	Leads über die Website erfassen, Opportunities nachverfolgen, Dashboard und Berichte. Für bis zu 5 Benutzer möglich.	27 €
Professional	Unbegrenzte Anzahl an Benutzern. Zusätzlich zu den Group-Funktionen sind unter anderem der Massen-E-Mail-Versand, Verkaufsprognosen, Marketingkampagnen und der Informationsaustausch mit Partnern in Echtzeit möglich.	70 €
Enterprise	Zusätzlich zu den Professional-Versionen sind unter anderem folgende Funktionen enthalten: Workflows und Genehmigungen, Vertriebsregionsmanagement, Anpassungen in einer Sandbox testen, Offlinezugriff.	135 €
Unlimited	Die Unlimited Edition enthält unter anderem mehr Speicherplatz für Dateien, einen Premier-Support und einen eigenen Administrator.	270 €

Tabelle 6.30: Nutzungsgebühren für die SalesForce Sales Cloud

SalesForce Service Cloud

Die SalesForce Service Cloud hat die Aufgabe, die Kundenzufriedenheit und den Kundenservice im Unternehmen zu verbessern. Sie kombiniert sämtliche Teile in einer Kundeninteraktion wie Telefonsupport, Internetforen oder Chat. Unterstützt wird dieser Kundenservice durch Wissensdatenbanken und eine Integration in soziale Netzwerke. Die Funktionen von SalesForce Service Cloud sind:

- Callcenter
- E-Mail
- Serviceverträge
- Analysen
- Kundenportal
- Zentrale Wissensdatenbank
- Integration in soziale Netze

In der Service Cloud werden sämtliche Informationen, die zum Betrieb eines Call Centers benötigt werden, gespeichert. Somit haben Servicemitarbeiter ständig Zugriff auf die Informationen der Service Cloud. Für E-Mails bietet die Service Cloud vielfältige Unterstützungen hinsichtlich Tools, Vorlagen und Nachverfolgung von E-Mails. Servicemitarbeiter können über die Service Cloud auf die Verträge zugreifen, damit Kunden den von ihnen bestellten Service erhalten. Mithilfe von Analysen kann man einfach überblicken, wo der Service richtig funktioniert und wo gegebenenfalls Verbesserungspotenzial besteht. Die Service Cloud bietet ein Kundenportal an, in dem der Kunde Informationen über seine Serviceanfragen abrufen kann. Eine zentrale Wissensdatenbank liefert Informationen, die den Servicemitarbeitern die Beantwortung von Serviceanfragen erleichtern soll. Ferner erlaubt es die Service Cloud, sich in Online-Communities wie Twitter oder Facebock einzubinden, wodurch Diskussionen auf diesen Plattformen mitverfolgt werden können. Wie auch in der Sales Cloud, ist es in der Service Cloud möglich, weitere Anwendungen mit AppExchange einzubinden. Für die Service Cloud gibt es drei verschiedene Preise, siehe Tabelle 6.31.

Version	Beschreibung	Kosten pro Monat und Benutzer
Professional	Unbegrenzte Anzahl an Benutzern. Kundenvorgänge können nachverfolgt werden, die Kundenvorgangs-erfassung kann über E-Mail erfolgen, Integration von Twitter, 12 Stunden pro Tag, 5 Tage die Woche Kundensupport, Vertriebsfunktionen wie Opportunities sind vorhanden.	70 €
Enterprise	Zusätzlich zur Professional Edition sind unter anderem folgende Funktionen vorhanden: Knowledge Base, Workflow und Genehmigungen, Serviceverträge, Entwickler-Sandbox, Außendienstmanagement.	145 €
Unlimited	Die Unlimited Edition enthält unter anderem mehr Speicherplatz für Dateien, einen Premier-Support und einen eigenen Administrator.	285 €

Tabelle 6.31: Kosten der Service Cloud

SalesForce Chatter

SalesForce Chatter unterstützt die Zusammenarbeit in Unternehmen, indem es hilft, Informationen zu verknüpfen und freizugeben. All das wird in Echtzeit im Web erledigt und ist in die Plattformen „Sales Cloud" und „Service Cloud" integriert. Chatter liefert Informationen über Personen, Gruppen, Dokumente und Anwendungsdaten hierbei in Feeds an den jeweiligen Mitarbeiter aus. Chatter kann man sich als eine Art „soziale Plattform" für die Zusammenarbeit vorstellen. Profile, wie sie von Facebook bekannt sind, erlauben es dem jeweiligen Mitarbeiter, andere Mitarbeiter im Unternehmen kennen zu lernen und das Unternehmen nach den jeweiligen Experten zu durchsuchen. Mit Statusmeldungen kann man Mitarbeitern mitteilen, woran man aktuell arbeitet. Probleme kann man, wie auch in Onlineplattformen üblich, in diesen Statusmeldungen thematisieren. Gruppen funktionieren in Chatter als Sammlung von Interessen, Teams oder Dokumenten. Somit kann man die verschiedensten Elemente strukturieren, verwendet jedoch bekannte Elemente aus der Welt der sozialen Medien. Will man Dokumente gemeinsam bearbeiten, kann man sie einfach über Chatter freigeben. Es bietet wesentlich komplexere Mechanismen hinsichtlich der Sicherheit und Freigabe von Daten, damit sensible Informationen weiterhin geheim bleiben und nicht unbeabsichtigt an nicht für die Information bestimmte Teilnehmer gelangen. Es ist auch möglich, soziale Netzwerke wie Twitter und Facebook in die Anwendung einzubinden. SalesForce Chatter kostet 15 € pro Benutzer im Monat.

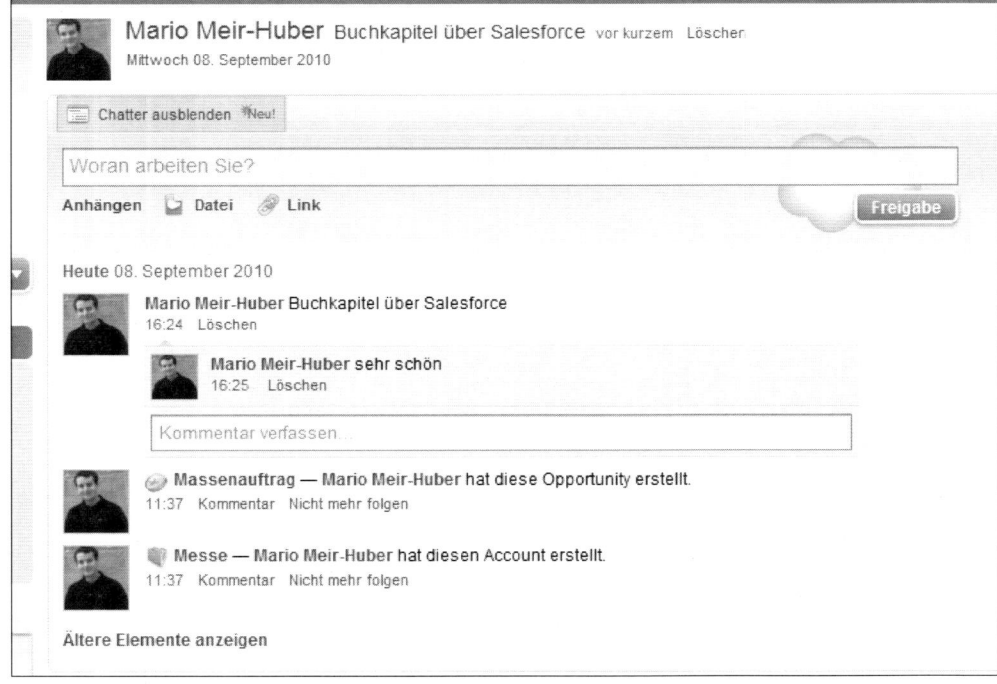

Abbildung 6.45: SalesForce Chatter

6.5.2 PaaS-Angebote von SalesForce

Im PaaS-Bereich bietet SalesForce gleich zwei Angebote an. Das erste Angebot, Force. com, dient der Entwicklung von Geschäftsprozessen, die eine hohe Geschwindigkeit und Zuverlässigkeit erreichen. Hierbei geht SalesForce den nicht konventionellen PaaS-Weg, wie er bei den meisten anderen Herstellern gegangen wird. Mit VmForce, einer Plattform basierend auf Java Spring, geht SalesForce wiederum den konventionellen PaaS-Weg. Für diese Plattform hat sich SalesForce den Virtualisierungsspezialisten und SpringSource-Besitzer „VMware" mit ins Boot geholt.

Force.com

Mit Force.com betreibt SalesForce eine eigene PaaS-Lösung für die Cloud. Hierbei geht SalesForce jedoch einen anderen Weg als den von Amazon, Microsoft und Google. Fokus der Force.com-Plattform ist es, schnelle und kostengünstige Geschäftsanwendungen zu entwerfen. Sie ermöglicht das mit Workflows, Datenbanktools sowie Tools für die Benutzeroberfläche. Die verschiedenen Funktionen hierfür sind:

- Anpassung von Datenbanken

- Bearbeiten der Benutzeroberfläche mit dem Page Layout Editor

- Gechäftslogik mit Formeln oder per Code entwickeln

- Sicherheit- und Freigabetools

- Unterstützung für mobile Plattformen

- Analysen der eigenen Anwendung

- Prozessmanager

Force.com setzt auf der Infrastruktur auf, die auch die CRM-Tools von SalesForce verwenden. Hierbei besteht eine hohe Sicherheit. SalesForce hat im Übrigen auch viele Kunden, die eine hohe Vertraulichkeit der Daten fordern –etwa die Allianz-Gruppe oder die Japanische Post.

Externe Systeme können in SalesForce einfach über eine Schnittstelle einbinden. Hierfür gibt es verschiedene Möglichkeiten. Die unterste Ebene ist über SOAP oder RESTful Web Services. SalesForce unterstützt somit beide „Welten" der Services-Entwicklung. Ferner gibt es Toolkits für verschiedene Plattformen. Offiziell unterstützt werden für die Force.com-Plattform folgende Sprachen:

- Microsoft .NET

- PHP

- JavaScript (AJAX)

- Java

- Ruby on Rails

- Adobe Flex

- Objective C (für Mac OS X)

- Python

- Perl

Ferner werden einige weitere interessante Plattformen und Services unterstützt:

- Amazon: Es gibt eine Amazon-Web-Services-Integration, die auf dem Amazon Simple Storage Service (S3) basiert.

- Facebook: Mit Apex kann man direkt auf das Facebook API zugreifen.

- Google AppEngine: Eine Python und Java Library bietet eine Integration von Sales-Force in die Google AppEngine Platform.

SalesForce verwendet eine eigens entwickelte Sprache namens „Apex". Die vorher aufge-listeten Sprachen sind nicht auf der Plattform Force.com verwendbar, jedoch auf der Cli-entseite. Apex ist eine typisierte und objektorientierte Sprache, die starke Ähnlichkeiten mit Java hat. Im Grunde funktioniert die Anwendungsentwicklung für Force.com auch webbasiert – getreu dem Motto „No Software". In den folgenden Abbildungen wird eine einfache Anwendung erstellt. Auf eine Erklärung von Apex wird an dieser Stelle verzich-tet, da es den Umfang dieses Buches sprengen würde.

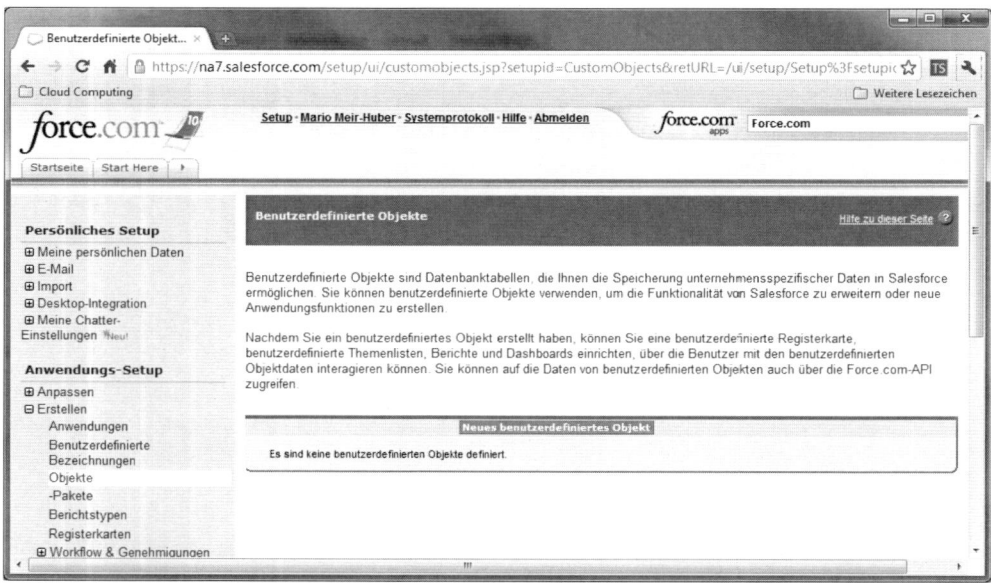

Abbildung 6.46: Eine neue Anwendung erstellen

Abbildung 6.47 zeigt, wie man ein neues Objekt erstellen kann. Hierfür geht man in das Anwendungs-Setup. Dort wählt man den Menüpunkt ERSTELLEN und geht auf das Un-termenü OBJEKTE. In diesem Beispiel wird eine Anwendung für den Einkauf erstellt, da-her nennt sich das Objekt auch „Einkauf" (Abbildung 6.48). Wenn das Objekt erfolgreich erstellt wurde, erhält man Zugriff auf die Details des Objekts und kann weitere Felder erstellen, Trigger (Auslöser für gewisse Ereignisse) hinzufügen oder Informationen über das Objekt abfragen. Will man das Objekt in der Sprache „Apex" verwenden, muss man den API-Namen dieses Objekts wissen. Der API-Name ist in Abbildung 6.49 zu sehen.

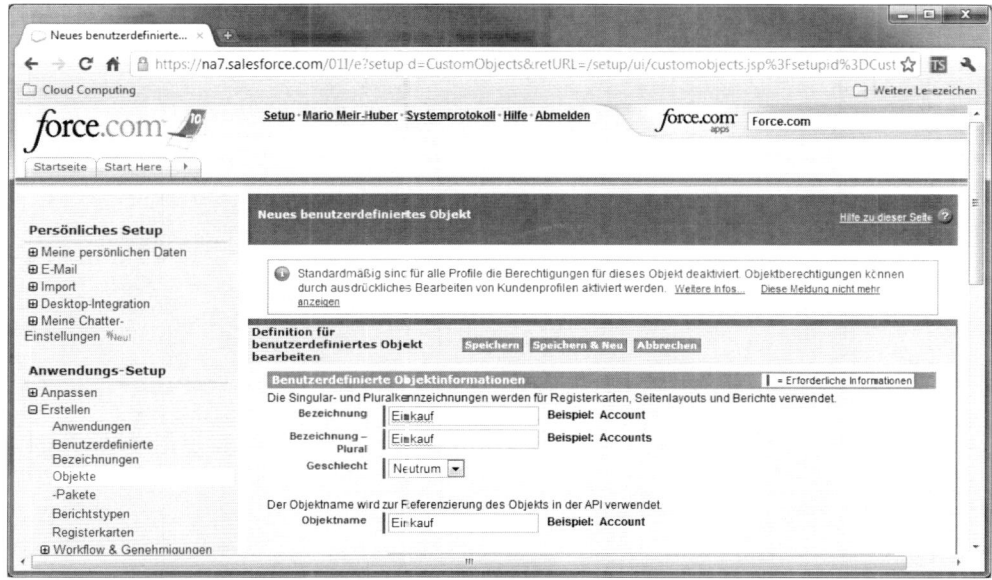

Abbildung 6.47: Benutzerdefiniertes Objekt erstellen

Abbildung 6.48: Detailseite eines benutzerdefinierten Objekts

Einem Objekt kann man neue Felder hinzufügen, wie es auch in Datenbanken üblich ist. Hierfür wird jedoch kein SQL-Know-how benötigt. Alles funktioniert über einen webbasierten Designer. Das ist Abbildung 6.50 zu entnehmen, wo das Feld „Einkaufsdatum" hinzugefügt wird.

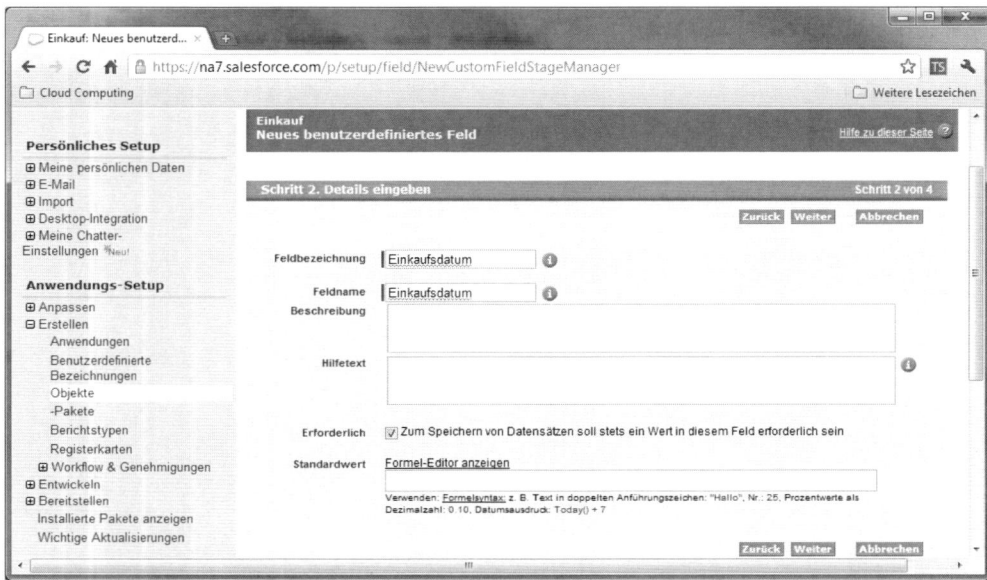

Abbildung 6.49: Benutzerdefiniertes Feld einfügen

Die neu erstellte Anwendung kann über eine Registerkarte in das SalesForce CRM eingebunden werden. Hier kann man die verschiedenen Felder ausfüllen und somit einfache Listen erstellen. Force.com bietet noch wesentlich komplexere Möglichkeiten, etwa die Möglichkeit, Validierungsregeln für Formulardaten einzubinden. Sollen neue Einträge in die Liste erst nach einer Genehmigung angezeigt werden, bietet sich die Möglichkeit an, einen Workflow einzubinden. Für sehr komplexe Vorgänge kann man ein Apex-Programm verwenden. Abbildung 6.51 zeigt die neue Anwendung an.

Abbildung 6.50: Neue Anwendung bearbeiten

Neue Anwendungen können über eine Registerkarte eingebunden werden, in diesem Fall „Einkauf". Komplexere Anwendungen können mithilfe der Sprache „Apex" entworfen werden, einer objektorientierten, C-ähnlichen (Java, C#) Sprache. Außerdem gibt es die Möglichkeit, SQL-Syntax direkt im Code zu integrieren – in der .NET-Welt auch als LinQ bekannt. Die Entwicklung der Apex-Anpassungen geschehen ebenfalls webbasiert. Der inkludierte Editor unterstützt einfaches Syntax-Highlighting. Ferner gibt es ein Plug-in für Eclipse, das auch die Vorteile der Eclipse-Plattform nutzt.

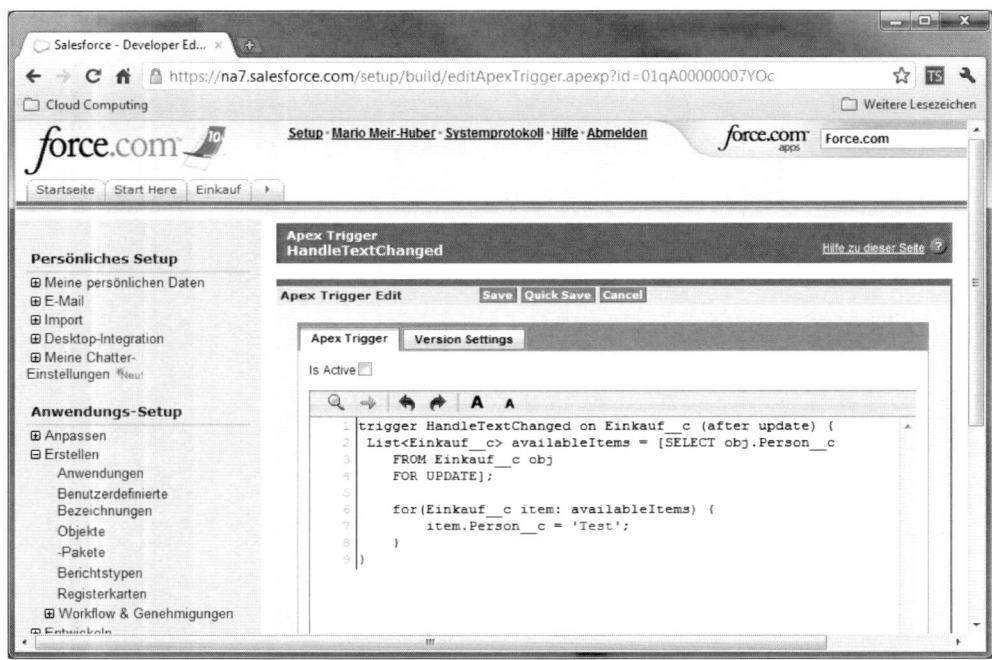

Abbildung 6.51: APEX-Code

Auch hinsichtlich der Kosten ist die Force.com-Plattform sehr interessant: Es fallen keine Kosten für den Datentransfer und dergleichen an. Kosten sind monatlich und fix pro Benutzer der Anwendung. Das erleichtert die Kostenschätzung enorm. Die einzelnen Kosten sind in Tabelle 6.32 dargestellt.

Version	Beschreibung	Kosten pro Monat und Benutzer
Free	1 Anwendung möglich, bis zu 100 Benutzer, maximal 10 Datenbankobjekte und 1 GB Speicher.	Gratis
Enterprise	Bis zu 10 Anwendungen möglich, bis zu 200 Datenbankobjekte, 20 MB Daten und 600 MB Dateispeicher pro Benutzer.	50 $
Unlimited	Unbegrenzte Anzahl an Anwendungen pro Benutzer, 24x7 Support, 2 000 Datenbankobjekte und 120 MB Datenspeicher sowie 600 MB Dateispeicher pro Benutzer.	75 $

Tabelle 6.32: Kosten der Force.com-Editionen

entwickler.press

VMforce

SalesForce hat sich für eine Plattform mit einer wichtigen Größe in der Virtualisierung zusammengeschlossen: VMware. Hierbei kommt die Kernkompetenz für die Virtualisierung von VMware, das Wissen über die Cloud von SalesForce. Beide Unternehmen bringen sich in dieses PaaS-Angebot mit ein. Ziel von VMforce ist es, Geschäftsanwendungen in die Cloud zu bringen. Als technische Basis wird Java verwendet. Zusätzlich dazu bringt VMware SpringSource mit dem Spring Framework in die Cloud. SalesForce bietet Zugang zu dessen Datenbank und weiteren Services an. VMforce erleichtert auch den Zugriff auf SalesForce-Dienste wie Chatter und erlaubt dessen Integration in die eigene Plattform. Als Entwicklungsplattform kommt die Spring-Edition von Eclipse zum Einsatz. Laut den Plattformanbietern SalesForce und VMware ist die Verteilung in die Cloud mit nur wenigen Mausklicks möglich.

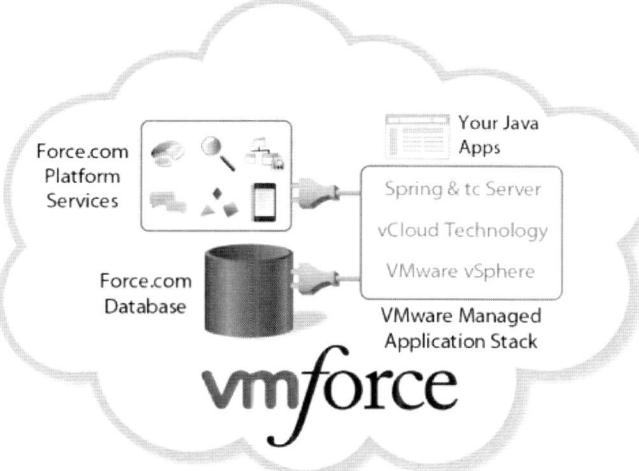

Abbildung 6.52: Die Vmforce-Plattform im Überblick

Die Infrastruktur für die Plattform stellt Force.com zur Verfügung, sie setzt auf vSphere von VMware auf und verwendet eine speziell angepasste Version von vCloud. Letztere ermöglicht es der Plattform, Ressourcen beliebig zu skalieren. Auf dieser Virtualisierungsschicht befindet sich eine weitere Schicht, die die SpringSource tc Server ausführt. Diese erlauben es, Geschäftsanwendungen mit Spring und Java auszuführen.

Mit VMforce werden zwei starke Welten miteinander verbunden: die der Enterprise-Java-Entwickler, die Spring verwenden, und der Entwickler und Administratoren, die auf Force.com für ihre Plattform setzen. Leider war die Plattform zum Zeitpunkt der Verfassung des Buches (Sommer 2010) noch geschlossen. Die allgemeine Verfügbarkeit der Plattform wurde für Herbst 2010 angekündigt, daher sind auch keine Preise für die Plattform bekannt.

6.6 Weitere Cloud-Computing-Anbieter und -Angebote

Bis jetzt wurden die Großen 5 der Cloud, Amazon, Microsoft, Google, IBM und Sales-Force, vorgestellt und analysiert. Cloud Computing hat sich jedoch zu einem „Modewort" entwickelt. Das hat viele kleine Unternehmen oder Webprovider dazu veranlasst, auch auf den Cloud-Computing-Zug aufzuspringen. Die Produkte reichen von Infrastruktur-angeboten über Services bis hin zu kompletten PaaS- oder SaaS-Angeboten. Alleine die Sys-Con hat eine Liste der 250 wichtigsten Unternehmen im Bereich Cloud Computing veröffentlicht[2]. Das macht deutlich, wie groß der Bereich Cloud Computing mittlerweile bereits ist.

In einigen Bereichen geht viel Innovationskraft von kleineren bis mittleren Unternehmen aus, weil Ideen und Vorschläge schneller beim Management landen, während bei großen Unternehmen der Innovation oft „politische" Hintergründe entgegenstehen. Daher soll dieses Kapitel vor allem einer Auswahl an etwas kleineren Unternehmen gehören, die sehr innovative Produkte in der Cloud haben, es jedoch wohl kaum in ein Buch schaffen. Es erhebt keinen Anspruch auf Vollständigkeit.

6.6.1 Rackspace

Rackspace ist ein US-amerikanisches IT-Hosting-Unternehmen, das bereits seit 1998 besteht. Rackspace kommt ursprünglich aus San Antonio in Texas, hat aber mittlerweile Rechenzentren und Niederlassungen in vielen Regionen der Welt. Die wichtigsten Produkte von Rackspace sind „Rackspace Managed Hosting", „The Rackspace Cloud" und „Rackspace Email & Apps". Mit diesen Angeboten hat Rackspace im Jahr 2008 531,9 Millionen Dollar umgesetzt. Da Rackspace ein traditioneller Hosting-Provider ist, strebt es verstärkt in die Cloud. Das zentrale Produkt ist „The Rackspace Cloud". Rackspace betreibt 9 Rechenzentren, die für die Sicherheit der Daten zuständig sind, die meisten davon in den USA, außerdem je eins in London und in Slough (ebenfalls England). Für Asien kommt ein Rechenzentrum in Hong Kong zum Einsatz. Rackspace garantiert eine Verfügbarkeit von 100 % für ihre Services, was in der Cloud einzigartig ist, die meisten Hersteller garantieren 99,9 % bis 99,95 %. Die Rackspace Cloud unterteilt sich in die drei Teilbereiche „Cloud Servers", „Cloud Sites" und „Cloud Files".

Cloud Servers

Cloud Servers ist ein IaaS-Angebot von Rackspace. Hierbei kann man sich bis zu 50 virtuelle Server als Cloud-Computing-Angebot mieten. Pro Server kommen vier virtuelle CPUs zum Einsatz. Die Virtualisierung von Rackspace geschieht über einen Xen Hypervisor oder XenServer. Rackspace stellt seine Systeme unter Linux und Windows zur Ver-

---

2   Download von h*ttp://cloudcomputing.sys-con.com/node/1386896* am 28. August 2010

fügung. In Tabelle 6.33 sind die Kosten für die Linux-Server aufgelistet, Tabelle 6.34 bietet einen Überblick über die Kosten der Windows-Server.

Arbeitsspeicher	Festplattenspeicher	Netzwerk	Kosten pro Stunde
256 MB	10 GB	10 Mbps	0,015 $
512 MB	20 GB	20 Mbps	0,03 $
1024 MB	40 GB	30 Mbps	0,06 $
2048 MB	80 GB	40 Mbps	0,12 $
4096 MB	160 GB	50 Mbps	0,24 $
8192 MB	320 GB	60 Mbps	0,48 $
15 872 MB	620 GB	70 Mbps	0,96 $

Tabelle 6.33: Kosten für Linux

Arbeitsspeicher	Festplattenspeicher	Netzwerk	Kosten pro Stunde
1024 MB	40 GB	30 Mbps	0,08 $
2048 MB	80 GB	40 Mbps	0,16 $
4096 MB	160 GB	50 Mbps	0,32 $
8192 MB	320 GB	60 Mbps	0,58 $
15 872 MB	620 GB	70 Mbps	1,08 $

Tabelle 6.34: Kosten für Windows

Interessant ist, dass ein Linux-Server bereits ab 11 $ im Monat (exklusive der Bandbreitenkosten) zu haben ist. Das macht einen Cloud-Server, wenn auch mit geringerer Leistung, sehr günstig. Wie bei allen Cloud-Computing-Angeboten kommen noch Extrakosten für die verbrauchte Bandbreite hinzu. Hier werden 0,22 $ pro GB für ausgehende Daten berechnet und 0,08 $ für eingehende Daten. Weitere Kosten entstehen durch zusätzliche öffentliche IP-Adressen: 2 $ pro IP-Adresse. Rackspace bietet Backups der Server an, die auf dem Service „Cloud Files" gespeichert werden. Um die Verwaltung der Services automatisieren zu können, bietet Rackspace ein umfangreiches, auf REST basiertes API an, das es ermöglicht, neue Server nachzustarten, Server zu beenden, zu skalieren oder IP-Gruppen zu erstellen. Das Format ist entweder XML oder JSON.

Cloud Sites

Cloud Sites von Rackspace ist ein PaaS-Angebot. Hier hat man die Möglichkeit, Webanwendungen auf verschiedenen Technologien wie Wordpress, Drupal, Joomla, DotNet-Nuke und vielem mehr laufen zu lassen. Rackspace übernimmt in diesem Fall das Load Balancing und die Skalierung. Werden Windows-Technologien verwendet, kümmert sich die Rackspace Cloud um die automatische Verteilung der Anwendungen. Das geschieht ebenfalls bei Linux-Anwendungen. Rackspace identifiziert hierbei den Anwendungstyp und leitet Anfragen automatisch auf die dafür am besten geeigneten Server weiter. Der Unterschied zu traditionellem Hosting ist, dass nicht ein Server für die Anwendung verwendet wird, sondern viele. In traditionellen Hosting-Umgebungen werden sämtliche Webanwendungen auf einen virtuellen Server gegeben, der diese dann zu verarbeiten hat, Rackspace Cloud Sites dagegen verteilt Webanwendungen auf viele Server, was erhebliche Vorteile hinsichtlich Verfügbarkeit und Performance der Anwendung hat. Derzeit werden folgende Technologien unterstützt:

Linux

- Debian und Red Hat Enterprise

- Apache 1.3 und 2.2

- PHP 5.2

- Perl 5.8

- MySQL 5

- Mod Rewrite

Windows

- Windows 2008 Server

- MS SQL 2008

- .NET 2.0, 3.0 und 3.5 SP1

- IIS 7

Ferner werden Cronjobs unterstützt. Der Datentransfer läuft über Secure File Transfer SFTP, verwaltet wird die Plattform über eine Weboberfläche.

Für Cloud Sites fallen 149 $ pro Monat an, das beinhaltet 50 GB Speicher, eine Bandbreite von 500 GB im Monat und 10 000 Compute Cycles. Das entspricht in etwa 14 Instanzen pro Stunde. Damit ist Cloud Sites für eine sehr hohe Belastung ausgelegt, da 14 Compute Cycles bereits einiges an Auslastung verarbeiten können. Sollte der Verbrauch höher werden, kann man zusätzliche Bandbreite für 0,22 $ pro GB und zusätzliche Compute-Stunden für 0,01 $ nachkaufen.

Cloud Files

Das dritte Angebot von Rackspace ist das Angebot für Cloud Files, ein Datenspeicher, der die anderen Angebote ergänzen kann. Mit Cloud Files ist es möglich, bis zu 5 GB große Daten zu speichern. Der Datenspeicher zeichnet sich durch eine hohe Verfügbarkeit und redundanten Daten aus. Wie auch in anderen Cloud-Storage-Plattformen üblich, gibt es private und öffentliche Datencontainer. Letztere sind für jeden Benutzer über einen URL

entwickler.press

zugänglich. Die Preise setzten sich aus dem Speicher, der verbrauchten Bandbreite und den REST-Anfragen zusammen. Die Preise sind in Tabelle 6.35 dargestellt.

Beschreibung	Kosten
Datenspeicher	0,15 $ pro GB
Ausgehende Bandbreite	0,22 $ pro GB
Eingehende Bandbreite	0,08 $ pro GB
PUT, POST, LIST für Dateien unter 250 KB	0,01 $ für jeweils 500
PUT, POST, LIST für Dateien über 250 KB	Keine Kosten
HEAD, GET, DELETE	Keine Kosten

Tabelle 6.35: Kosten für Cloud Files

Dateien, die auf Cloud Files gespeichert werden, werden mindestens auf drei verschiedenen Geräten gespeichert, die in mindestens zwei Zonen in einem Rechenzentrum stehen, von denen jede wiederum eine eigene, vom Ausfall einer anderen Zone unabhängige Stromversorgung verwendet. Fällt die Netzwerkverbindung aus, ist eine Zone ebenfalls von einer anderen Zone unabhängig.

Cloud Files werden über ein REST-API angesprochen. Ferner stehen Frameworks für Microsoft .Net, Java, PHP, Python und Ruby zur Verfügung.

6.6.2 Novell

Das aus den USA stammende Unternehmen Novell ist schon seit dessen Gründung 1979 auf Netzwerk- und Internetprodukte spezialisiert. Daher ist es klar, dass sich auch Novell seinen Weg in die Cloud bahnen und ein Stück des zukünftigen Kuchens sichern will. Besonders bekannt ist SUSE Linux. Damit ist Novell vor allem in der Bereitstellung von Plattformen sehr erfahren. Mit dem SUSE Cloud Program stellt Novell eine Cloud-Reseller-Plattform zur Verfügung. Der Novell Cloud Manager soll die Verwaltung von privaten Cloud-Computing-Plattformen verbessern. Damit Clouds ständig sicher sind, stellt Novell den „Novell Cloud Security Service" bereit.

SUSE Cloud Program

Mit dem SUSE Cloud Program stellt Novell ein Program vor, das Support und Bezahlung für Cloud Computing Reseller ermöglicht. Damit können Wiederverkäufer flexible und skalierbare On-demand-Instanzen vom SUSE Linux Enterprise Server verkaufen. Somit können Cloud-Serviceanbieter SUSE Linux Enterprise in ihre eigenen Angebote integrieren. Wiederverkäufer können SUSE-Linux-Enterprise-Dienste weiterverkaufen, ohne dass ein Servicevertrag mit Novell und dem Kunden des Wiederverkäufers möglich ist. Novell arbeitet mit den Wiederverkäufern zusammen, damit eine transparente Preisgestaltung für seine Angebote erstellt werden kann. Dieses Programm eignet sich vor allem für Unternehmen, die selbst IaaS- oder PaaS-Lösungen anbieten wollen.

Novell Cloud Manager

Der Novell Cloud Manager soll das Verwalten der virtuellen Instanzen in einer Infrastrukturumgebung vereinfachen. Hierbei bietet Novell keinen typischen Cloud Computing Service wie in den bisher beschriebenen Services an. Vielmehr handelt es sich um eine infrastrukturelle Möglichkeit von Cloud Computing. Der Novell Cloud Manager basiert auf „WorkloadIQ", das die Arbeitslast intelligent verteilt. Der Novell Cloud Manager kann mit den verschiedensten Virtualisierungstechniken wie Xen, VMware oder Hyper-V zusammenarbeiten. Eine interessante Möglichkeit ist es, den Ressourcenverbrauch zu monetarisieren. Somit kann man die Kosten für ein Plattformangebot in Zahlen ausdrücken, was vor allem dann interessant ist, wenn man die Infrastrukturkosten einzelnen Abteilungen zuweisbar machen will. Der Novell Cloud Manager ist für die Skalierung in Cloud-Computing-Umgebungen erstellt. An Betriebssystemen werden der SUSE Linux Enteprise Server 9 und 10, Red Hat Enterprise Linux 4 und 5 sowie Windows Server 2003 und 2008 unterstützt. Damit kann man den Novell Cloud Manager einfach in die Unternehmensinfrastruktur einbinden.

Novell Cloud Security Service

Mit dem Novell Cloud Security Service hat sich Novell einem sehr heiklem Thema, der Sicherheit von Cloud-Computing-Umgebungen, gewidmet. Novell stellt mit Novell Cloud Security Service eine Anwendung zur Verfügung, die SaaS, PaaS und IaaS-Anbieter für sicherheitsrelevante Anwendungen einbinden können. Novell Cloud Security Service übernimmt hierbei das Management der Autorisierungen von Benutzern. Das Autorisierungsmanagement kümmert sich beispielsweise um unterschiedliche Rollen von Benutzern, den Fall, wenn Benutzer in andere Abteilungen wechseln oder das Unternehmen verlassen. Mit dem Novell Cloud Security Service ist Single Sign-on möglich. Es ist kein Service im Cloud-Computing-Sinn, sondern vielmehr eine Anwendung, die Anbieter von Cloud-Computing-Diensten und Plattformen in ihre Anwendungen integrieren können.

6.6.3 Red Hat

Ähnlich wie Novell ist auch Red Hat sehr stark in der Linux-Community vertreten. Red Hat ist ein US-amerikanisches Softwareunternehmen, das sich auf sein Betriebssystem „Red Hat Enterprise Linux" spezialisiert hat. Das Geschäftsmodell von Red Hat bezieht sich auf das Angebot von Services wie Kundensupport, Training und Integration von Software und Lösungen auf sein Betriebssystem. Dabei ist Red Hat mit einem Umsatz von 750 Millionen $ und einem Gewinn von 87 Millionen $ sehr erfolgreich[3]. Für Cloud Computing bietet Red Hat primär Services für die Infrastruktur von Cloud-Computing-Plattformen an, die die drei Kernpunkte von Cloud-Computing-Plattformen, Planung, Entwicklung und Management, abdecken. Das stellt Red Hat mit Referenzarchitekturen,

---

3 Umsatz und Gewinn von Red Hat: *http://www.faqs.org/sec-filings/100429/RED-HAT-INC_10-K/*

Beratungen, Trainings und verschiedenen Produkten auf Basis von Red Hat Enterprise Linux zur Verfügung. Red Hat bietet eine Zertifizierung für seine Cloud-Computing-Lösungen an, die sich „Red Hat Certified Public Clouds" nennt und z. B. durch Amazon EC2 implementiert ist. Eine zentrale Strategie von Red Hat ist es, Cloud Computing frei vom Vendor Lock-in zu halten und für Interoberibilität und Portabilität dieser Angebote zu sorgen.

Red Hat JBoss PaaS

Mit Red Hat JBoss Cloud bietet Red Hat einen Service an, der den Vendor Lock-in in der Cloud reduzieren soll. Mit Red Hat PaaS kann man seine eigene private Cloud aufbauen oder mithilfe von JBoss Middleware auf öffentlichen (public) Clouds wie Amazon EC2 seine Daten verteilen. Die 5 Kernpunkte des Service: Freiheit in der Wahl der Entwicklungsplattform, Freiheit in der Wahl der Verteilung, ein umfassendes Angebot an Middleware Services, Open-Source-Lösungen, die fit für Unternehmen sind, und ein vollständiger Application-Lifecycle-Management-Vorgang.

Die Entwicklungsplattform kann durch Red Hat PaaS frei gewählt werden. Aktuell werden Java Enterprise Edition, POJO, Spring, Seam, Struts, GWT sowie andere Sprachen wie etwa Groovy und Ruby unterstützt. Vorhandene Anwendungen, die in Java geschrieben wurden, können in der Cloud ohne Änderungen ausgeführt werden. Red Hat PaaS erlaubt es außerdem, die Verteilung frei zu wählen und dabei zwischen on-premise, private, public und hybrid Clouds zu wählen. Dem Endanwender werden verschiedene Möglichkeiten der Verteilung zur Verfügung gestellt. Diese sind unter anderen per Red Hat Enterprise Linux, Amazon EC2 oder Windows-Hyper-V-basierte Systeme. Red Hat PaaS bietet ein umfassendes Angebot an Middleware Services an, bei dem die JBoss Enterprise Middleware zum Einsatz kommt. Services sind Benachrichtigungen, Transaktionen, Datenservices und viele Integrationsservices. Die Red Hat PaaS ist eine offene Plattform, die Open Source ausgeliefert wird. Dadurch kann man auf eine große Community-Unterstützung zählen. Red Hat bietet alle Tools an, die das Management des Application Lifecycles erheblich vereinfachen und die Entwicklung, Integration, Verteilung, Überwachung und Management dieser Anwendungen abdecken.

Red Hat PaaS besitzt zwei Hauptbestandteile: Red Hat PaaS Services und Red Hat Cloud Engine. Die Red Hat PaaS Services bauen auf einem REST-Interface auf und können unabhängig von ihrem Container skaliert werden. Hauptbestandteil der Services sind die Container Services, die die verschiedenen Entwicklungsumgebungen und Programmiersprachen unterstützen. Weitere Services sind Messaging, Transaction, Cloud-aware Clustering, Storage, Data und Web. Die Red Hat Cloud Engine ist eine Sammlung von Verwaltungs- und Bereitstellungsservices, auf die über Entwicklertools wie das JBoss Developer Studio, dem JBoss Operations Network oder einem Browser-Interface zugegriffen werden kann.

6.6.4   Eucalyptus

Eucalyptus ist eine Open-Source-Cloud-Computing-Infrastruktur, die private und hybride Clouds implementiert, wobei lokale Maschinen und deren Daten ohne weitere Veränderungen verwendet werden. Eucalyptus wurde aus dem Eucalyptus-Forschungsprojekt der University of California, Santa Barbara, geboren. Im Januar 2009 wurde die Eucalyptus Inc gegründet, die die Kommerzialisierung des Eucalyptus-Projekts vorantreiben soll. Eucalyptus steht für „Elastic Utility Computing Architecture Linking Your Programs To Useful Systems".

Der Grundgedanke von Eucalyptus ist es, eine offene, auf Open Source basierende Cloud-Plattform zu erstellen. Eucalyptus versteht sich selbst noch eher als Forschungsumgebung beziehungsweise Spielwiese, ohne dass man Services wie Amazon Web Services oder die Google App Engine kaufen muss. Ziel ist es, lokale Clouds zu erstellen, die es einfacher machen, auf Public Clouds zu wechseln. Eucalyptus verwendet hierfür ein verteiltes System, wo sämtliche Komponenten als Web Services eingebunden sind. Ein Ziel von Eucalyptus ist es, die Kompatibilität zu den Amazon Web Services sicherzustellen. Die drei Komponenten von Eucalyptus, Cloud Controller, Storage Controller und Walrus sind zu Amazon EC2, Amazon Elastic Block Store und Amazon Simple Storage Service kompatibel.

Der Cloud Controller ist ein zentraler Bestandteil der Eucalyptus Cloud. Er erlaubt es, die Ressourcenbeschaffung und -bereitstellung zu ermöglichen. Ferner stellt er ein Webinterface bereit, das ähnlich aufgesetzt ist wie die Webkonsole von Amazon. Das Interface ist mit dem Amazon AWS sowohl hinsichtlich der REST- als auch der SOAP-Services kompatibel. Der Cloud Controller und Walrus verwenden verschiedene Cluster, die wiederum in Cluster Controller (CC), Node Controller (NC) und Storage Controller (SC) unterteilt sind. Jeder dieser Controller hat eine Teilmenge als Aufgabe: Der Cluster Controller sammelt Informationen von den einzelnen Node Controllern, steuert den Ablauf von Arbeitsvorgängen auf bestimmte Node Controller und verwaltet die virtuellen Netzwerkinstanzen. Der Storage Controller implementiert einen Block Storage im Netzwerk, der dem Elastic Block Storage von Amazon AWS ähnelt. Der Node Controller kümmert sich um die Ausführung, Überwachung und Terminierung von virtuellen Maschinen. Walrus ist für das Persistieren von Daten zuständig. Hierfür kommt ein REST/SOAP-Interface zum Einsatz.

6.6.5   RightScale

RightScale bietet eine Lösung an, die das Management von Cloud-Computing-Anwendungen und -Diensten vereinfacht. Es setzt hierbei auf kleine und auf komplexe Anwendungen, die einer Grid gleichkommen. RightScale will mit dem Service eine wesentlich vereinfachte Skalierung der Cloud sicherstellen. Anbieter wie Amazon haben bereits einige Skalierungstechniken, die allerdings nicht so umfangreich sind, wie es hin und wieder nötig wäre. Kapitel 4 hat die unterschiedlichen Belastungen bereits detailliert behandelt. Eine schnelle Reaktion auf diese Auslastungen ist oft nur schwer möglich.

Die Plattform

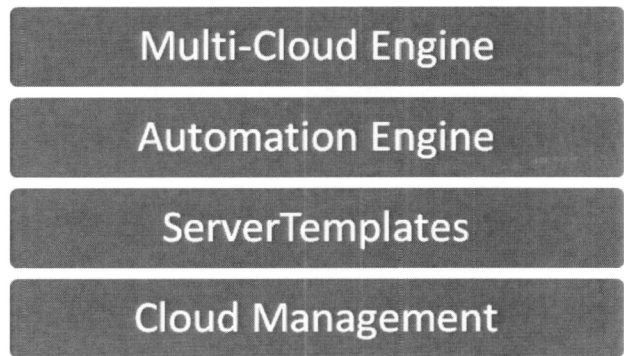

Abbildung 6.53: Aufbau der RightScale-Cloud-Management-Anwendung

Die Cloud-Management-Anwendung RightScale kann mit verschiedenen Cloud-Computing-Plattformen wie Amazon oder RightScale zusammenarbeiten. Dafür setzt RightScale auf seine Cloud-Infrastruktur eine Multi-Cloud Engine auf, die mit unterschiedlichen Cloud-Computing-Umgebungen kommuniziert und an die jeweiligen Eigenheiten der Cloud angepasst ist. Somit kann man auch die geografischen Eigenheiten von verschiedenen Cloud-Anbietern umgehen. Ist ein Anbieter in einer bestimmten Region nicht verfügbar, kann man einfach einen anderen Anbieter wählen. Auf der nächsten Ebene ist die Automation Engine, die dafür zuständig ist, dass auf gewisse Ereignisse (z. B. eine hohe Auslastung) reagiert werden kann. Die Automation Engine unterstützt Skripte – somit kann man auf beinahe jedes Ereignis reagieren. Eine flexible Anpassung in der Cloud erfolgt typischerweise durch Autoscaling, Serverfehler oder Message Queues. Mit Autoscaling per RightScale kann man Server bei hoher Last starten oder bei geringer Last beenden. Man kann RightScale so konfigurieren, dass zusätzliche Dienste gestartet werden, wenn Server ausfallen. Eine weitere Möglichkeit, flexibel auf Auslastungen zu reagieren, erfolgt über Message Queues. Hierbei kann man abfragen, wie viele Aufgaben in Form von Queues gereiht sind oder wie lange Aufgaben auf eine Abarbeitung warten müssen. Die dritte Ebene von RightScale ist „Cloud-Ready Server Templates“. Hierbei handelt es sich um vorgefertigte Server, die aber anders sind als klassische Server-Images, z. B. solche für Virtualisierungslösungen oder Amazon EC2. Der Unterschied ist, dass RightScale Server Templates aus geskripteten Images bestehen, die sich ideal an die Cloud anpassen und das Verhalten des Servers und der IP-Adresse oder anderer häufig in der Cloud vorkommender Elemente regeln. Auf der letzten Schicht von RightScale sitzt die Cloud-Management-Umgebung, die vor allem für Endbenutzer gedacht ist und eine administrative Oberfläche bietet.

Preise

RightScale bietet zwei Preismodelle an, die „RightScale Editions" und die „RightScale Solution Packs". Letztere sind auf Grid Computing und Social Gaming optimiert. Die „RightScale Editions" sind die flexibleren Editionen (Tabelle 6.36).

Produkt	Beschreibung	Kosten
Free	Freie Version für einen Benutzer mit den Standardfunktionen. Speziell für Evaluierungen oder selbstständige Softwareentwickler geeignet	Frei
Standard	Für kleinere Gruppen von Softwareentwicklern geeignet, bis zu 5 Benutzer sind möglich.	500 $ pro Monat 2500 $ einmalig
Premium	Weitere Funktionalität, bis zu 10 Benutzer sind möglich.	1000 $ pro Monat 4000 $ einmalig
Corporate	Keine Einschränkungen hinsichtlich der Benutzer, virtuelle private Clouds möglich.	nicht vorhanden
Enterprise	Für Lifecycle Management geeignet. Keine Einschränkungen hinsichtlich der Benutzer.	nicht vorhanden

Tabelle 6.36: Preise der RightScale Cloud

6.6.6 CloudSwitch

CloudSwitch hat es sich zur Aufgabe gemacht, die Risiken von Cloud Computing für Unternehmenskunden zu reduzieren und fungiert als Gateway für die Cloud. Durch die CloudSwitch-Produkte bleiben die Anwendungen der Kunden eng mit deren Rechenzentren und Tools verbunden. Kern der CloudSwitch-Strategie ist es, dass man zwischen den einzelnen Cloud-Computing-Anbietern und dem eigenen On-premise-Rechenzentrum schnell wechseln kann. Somit umgeht man das Risiko eines potenziellen Vendor Lock-ins. Die zwei Anwendungen von CloudSwitch sind der CloudSwitch Explorer und CloudSwitch Enterprise.

CloudSwitch Explorer

CloudSwitch Explorer ist die frei verfügbare Edition von CloudSwitch. Grundlegend kann man den CloudSwitch Explorer folgendermaßen beschreiben: Durch einfache Installation in die Virtualisierungsumgebung kann man virtuelle Maschinen, die on-premise laufen, in die Amazon EC2 Cloud verschieben. Das geschieht mithilfe eines einfachen Webinterfaces und wenigen Mausklicks. Außerdem ist es möglich, die Anwendungen wieder zurückzugeben – also von der Cloud in die lokalen Rechenzentren. Die virtuellen Maschinen sind dabei so einfach zu verwalten, als würden sie lokal laufen. Der CloudSwitch Explorer verwendet hierfür eine lokale Virtualisierungsumgebung auf Basis von VMWare. Der Hypervisor muss hier ESX 3.5 oder höher mit vSphere 4 unterstützten. Für die virtuellen

Systeme wird VMware Workstation 6.5 oder VMware Player 2.5 oder höhere Versionen von beiden Systemen benötigt. Auf der „Gegenseite", also in der Cloud, benötigt man einen Amazon-EC2-Account. Aktuell unterstützte Betriebssysteme sind RedHat, CentOs, Oracle Enterprise Linux und Windows Server 2003/2008.

CloudSwitch Enterprise

Wesentlich mehr Funktionalität bietet die Enterprise-Edition von CloudSwitch. Hier hat man die Möglichkeit, bis zu 20 virtuelle Maschinen zu verwalten. Die Gratisversion – CloudSwitch Explorer – kann lediglich 5 virtuelle Maschinen verwalten. Die Funktionsweise der Enterprise Edition ähnelt der Explorer-Version.

6.6.7   VMware

VMware, ein amerikanisches Unternehmen, das sich auf die Bereitstellung von Virtualisierungslösungen spezialisiert hat, pokert auch um Gewinne im Cloud-Computing-Bereich mit. Virtualisierung ist eine wichtige Grundlage für Cloud Computing. Laut Gartner waren im August 2009 85 % aller virtuellen Maschinen in Unternehmen auf VMware aufgesetzt[4]. Eine Plattform, VmForce, wurde bereits im Kapitel über SalesForce vorgestellt, dch VMware bietet noch eine ganze Reihe anderer Cloud-Computing-Lösungen, die auf alle drei Ebenen zugreifen: SaaS, PaaS und IaaS. Das kann man durch eine Orchestrierung der Lösungen und Produkte von VMware erreichen, wobei vSphere die Grundlage dieser Dienste bietet. Die drei wichtigsten Anwendungen sind VMware vCloud Express, VMware vCloud Director und VMware vCloud Datacenter Services.

VMware vCloud Express

VMware vCloud Express ist kein direkt von VMware angebotenes Produkt, sondern ein Lizenzierungsprogramm für Partner von VMware. VMware vCloud Express ist ein IaaS-Angebot, das von den VMware-Partnern angeboten werden kann. Die Grundlagen hierfür sind hohe Verfügbarkeit, On-Demand und verbrauchsbasierte Bezahlung. Partner von VMware bauen hierfür eine IaaS-Lösung auf Basis der VMware-Produkte auf und verkaufen sie auch selbstständig.

6.6.8   Enomaly

Enomaly ist ein kanadisches Unternehmen, das von sich selbst behauptet, die erste „wirkliche" IaaS-Lösung entworfen zu haben. Die Enomaly-Plattform ist mit 6 Jahren für Cloud Computing eine tatsächlich sehr alte Plattform. Sehr interessant an Enomaly ist neben ihrer Plattform auch, dass Reuven Cohen Enomaly mitbegründet hat. Er ist vor allem in der Cloud-Computing-Community eine besondere Größe. Neben sei-

---

4   VMware and Cloud Computing, An Evolutionary Approach to an IT Revolution: *http://www.vmware. com/files/pdf/cloud/VMware-and-Cloud-Computing-BR-EN.pdf*

ner Rolle als CTO (Chief Technology Officer) bei Enomaly ist Reuven vor allem für sein Community-Engagement bekannt. Er gründete das weltweit stattfindende CloudCamp, eine „Unkonferenz" für Cloud-Computing-Begeisterte. Will man intensiv in das Thema eintauchen, ist diese „Unkonferenz" im OpenSpace-Stil auf jeden Fall empfehlenswert. Enomaly vertreibt ein Produkt mit dem Namen „Enomaly Elastic Compute Platform". Diese Version ist aktuell in der Version 3 vorhanden und bietet eine vollständige IaaS-Plattform, die von Rechenzentrenbetreibern eingesetzt werden kann, um IaaS-Leistungen weiterzuverkaufen.

Die Enomaly ECP regelt hierbei alle Ebenen, angefangen von der Netzwerkschicht bis hin zur Virtualisierungsschicht. Für jeden Dienst gibt es APIs, die sie anpassbar machen. Auf der höchsten Ebene der Enomaly Elastic Compute Platform sitzt die Unified Cloud Infrastructure. Diese Ebene ist einfach zu verwalten und deckt das gesamte Rechenzentrum ab. Mehr noch: mit der Enomaly Elastic Compute Platform kann man viele Rechenzentren in geografisch unterschiedlichen Gebieten verwalten. Somit kann man genau dort skalieren, wo auch die Kunden zuhause sind. Enomaly hat eine so genannte „Application Centric"-Plattform erschaffen, das bedeutet, dass die für die Cloud entworfene Anwendung im Mittelpunkt steht. Es ist nicht mehr notwendig, viel Zeit in das Management der Cloud-Computing-Plattform zu investieren, darum kümmert sich die Plattform selbst. Deren Management soll einfach und unkompliziert sein. Verteilung und Orchestrierung der virtualisierten Anwendungen werden durch die Enomaly ECP Provisioning Engine vorgenommen, die selbstständig entscheidet, wo eine Anwendung ausgeführt wird. Das erlaubt es der Cloud, Ressourcen dort einzusetzen, wo sie am nötigsten gebraucht werden. Das Ziel von Enomaly ECP ist es, einfach eine eigene Cloud zu bauen.

6.6.9 Oracle

Oracle, eines der größten IT-Unternehmen und weltbekannt für seine Datenbanksysteme, bietet eine ganze Reihe an Lösungen und Produkten für Cloud Computing an. In vielen Fällen erleichtert Oracle es den Kunden, die eigenen Produkte in der Cloud zu verwenden. Hierfür hat Oracle eine Partnerschaft mit Amazon für die Amazon Web Services gestartet, in deren Rahmen Oracle Amazon Machine Images (AMIs) für die Plattform Amazon EC2 anbietet. Es hat dafür ein eigenes REST-basiertes API entwickelt. Auf Ebene der SaaS-Lösungen bietet Oracle „Oracle on demand" an. Will man seine eigene PaaS-Lösung bauen, bietet sich Oracle Platform for SaaS an.

Oracle OnDemand

Bei Oracle OnDemand handelt es sich um gängige Produkte und Lösungen von Oracle, die zusätzlich zur Hosting-Lösung auch als SaaS-Lösung angeboten werden. In diesem Fall übernimmt Oracle zusätzlich zum Produkt zusätzlich auch das Hosting und die Wartung der angebotenen Services. Das sind die folgenden (Stand September 2011):

- Oracle Business Intelligence On Demand

- Oracle Exadata On Demand Service

- Oracle Hyperion On Demand

- Oracle OnDemand for Retail

- Oracle Transportation Management OnDemand

Des Weiteren bietet Oracle eine Reihe von Services an, die den Wechsel auf SaaS-Plattformen unterstützen sollen. Hierbei setzt Oracle Experten ein, die dem Kunden dabei helfen, ihre SaaS-Lösungen auf Oracle-Plattformen umzusetzen.

Oracle Platform for SaaS

Oracle Platform for SaaS ist eine Sammlung von Produkten, die es den Kunden erlaubt, eine SaaS-Plattform zu erstellen, die bereits auf Cloud Computing optimiert ist und somit die „Time to Market" reduziert, die Zeit der Erstellung eines Produkts. Folgende Produkte beinhalten die Oracle Platform for SaaS:

- Oracle Database

- Oracle TimesTen In-Memory Database

- Oracle WebLogic Application Server

- Oracle Application Grid

- Oracle SOA Suite

- Oracle Identity Management

- Oracle WebCenter Suite

- Oracle Content Management

- Oracle BI Foundation

- Oracle Enterprise Manager

- Oracle VM

Damit ist der Kunde in der Lage, komplexe SaaS-Lösungen zu erstellen.

6.6.10   Canonical – Ubuntu

Canonical ist das Unternehmen hinter dem Ubuntu-Projekt, einem weit verbreiteten Linux-Betriebssystem, das vor allem im Desktopbereich bekannt und beliebt ist. Canonical will Cloud-Computing-Elemente immer stärker in die kommenden Versionen von Ubuntu integrieren. Neben diesen Möglichkeiten kann man Ubuntu als virtuelle Instanz auf Amazon EC2 hosten. Für Cloud Computing bietet Ubuntu zwei Produkte an: Ubuntu Cloud Management Landscape und Ubuntu Enterprise Cloud.

Ubuntu Enterprise Cloud

Die Ubuntu Enterprise Cloud ist eine Cloud-Computing-Umgebung, die auf Eucalyptus aufsetzt und die Möglichkeit bietet, eine hochkonfigurierbare Private Cloud zu erstellen. Ein wichtiges Merkmal der Ubuntu Enterprise Cloud ist, dass man Anwendungen in der Ubuntu Enterprise Cloud ebenso wie auf Amazon EC2 laufen lassen kann. Somit hat man mehr Flexibilität, wenn die Private Cloud nicht mehr ausreichend ist. Die Ubuntu Enterprise Cloud wird über die Ubuntu Server Edition installiert über ein einfach zu verwendendes Webinterface verwaltet. Da dieselben APIs wie bei Amazon EC2 verwendet werden, kann man die Ubuntu Enterprise Cloud auch über Tools wie RightScale oder das Cloud-Management-Tool Landscape verwenden. Die Ubuntu Enterprise Cloud ist ein interessantes Tool, um eine Private Cloud im Unternehmen zu realisieren.

Ubuntu Cloud Management – Landscape

Die Aufgabe von Ubuntu Cloud Management ist es, Ubuntu-Enterprise-Cloud- und Amazon-EC2-Instanzen einfach zu verwalten. Das eingesetzte Managementtool nennt sich „Landscape". Damit kann man die Amazon-Instanzen ebenso wie die Ubuntu-Enterprise-Cloud-Instanzen verwalten. Hintergrund ist, dass beide Systeme die gleichen Instanzen verwenden und man somit eine Private Cloud gleich wie eine Public Cloud verwalten kann. Mit Ubuntu Cloud Management kann man virtuelle Instanzen starten, stoppen und aktualisieren sowie die Verfügbarkeitszonen und die Access Keys verwalten. Zudem bietet Landscape einen Überblick über die Cloud-Instanzen.

6.6.11   Fazit

Wie man sieht, bieten neben den bekannten Herstellern wie Amazon, Google oder Microsoft noch andere Hersteller innovative Lösungen für Cloud-Computing-Umgebungen an. Die in Kapitel 6.6 vorgestellten Anbieter sind bestimmt nicht vollständig, die Liste könnte auf weit über 100 Angebote und Unternehmen erweitert werden. Bei der Erstellung der Liste wurde vor allem darauf geachtet, ein Gleichgewicht zwischen den Bereichen Open Source, Cloud Management, Infrastrukturservices und wissenschafltichen Projekten herzustellen.

6.7 Vergleich der Cloud-Computing-Plattformen

Nun wollen wir einige der Plattformen vergleichen, primär bezüglich ihrer Kosten, aber auch hinsichtlich der Funktionen und Technologien. Gegenstand des Vergleichs sind die drei Ebenen SaaS, PaaS und IaaS.

6.7.1 SaaS-Plattformen

Für die SaaS-Plattformen wird Mail und Collaboration als Vergleich verwendet, verglichen werden die drei Anbieter Microsoft, IBM und Google. Für Microsoft wird die Business Productivity Suite ins Rennen gehen, IBM tritt mit LotusLive Complete Collaboration Suite und Google mit Apps an.

	Microsoft BPOS	IBM LotusLive	Google Apps
E-Mail			
Microsoft Outlook sync	✔	✘	✔
Speicherplatz in GB	25	25	25
Spam-Filter	✔	✔	✔
Zusammenarbeit			
Collaboration-Plattform	✔	✔	✘
Dokumente gemeinsam online bearbeiten	✘[5]	✘	✔
Versionierung von Dokumenten	✔	✘	✘
Kommunikation			
Instant Messaging	✔	✔	✔
VOIP Kommunikation	✔	✔	✔
Sicherheit			
Spam-Schutz	✔	✔	✔
Virenschutz	✔	✔	✔
SLA-Garantie in Prozent	99,9	99,9	99,9
Weiteres			
Dokumente (Text, Tabellen, Präsentationen) online editierbar	✘	✘	✔
Kalenderfunktion	✔	✔	✔

Tabelle 6.37: Vergleich der SaaS-Plattformen

---

5   In der aktuellen Version (SharePoint 2007) ist es noch nicht möglich, Dokumente online zu bearbeiten.

Wie aus dieser Tabelle hervorgeht, unterscheiden sich die angebotenen Services oft kaum. In vielen Fällen muss man sie spezieller untersuchen. Das wäre jedoch eine Analyse von SharePoint versus LotusLive oder Google Apps. Diese Anwendungen sind in vielen Fällen sehr unterschiedlich. In Tabelle 6.38 ist dargestellt, wie sich die Preise für 10 Benutzer in einem Jahr unterscheiden, eventuelle Rabatte wurden nicht mit einkalkuliert.

	Microsoft BPOS	IBM LotusLive	Google Apps
Kosten	1 200	1 200	500

Tabelle 6.38: Kosten der einzelnen Plattformen

6.7.2 PaaS-Plattformen und IaaS-Plattformen

Aufgrund ihrer Ähnlichkeiten wird der Vergleich für PaaS und IaaS gemeinsam ausgeführt. Für Microsoft kommt Windows Azure zum Einsatz, Amazon steigt mit Amazon EC2 in den Ring und Google bietet die AppEngine an. Da unterschiedliche Instanzgrößen zum Einsatz kommen, werden an dieser Stelle jeweils die günstigsten (kleinsten) Instanzen verglichen. Die Preise sind jene, die zum Zeitpunkt der Erstellung (September 2011) gültig waren.

	Amazon EC2	Google AppEngine	Windows Azure
Kosten pro Compute Hour in $	0,095	0,10	0,12

Tabelle 6.39: Kosten der Compute Hours pro Stunde im Vergleich

Bei Amazon kam die Version „Small" für eine Stunde Linux in dem Rechenzentrum Nordkalifornien bzw. Europa zum Einsatz. Google hat nur eine Möglichkeit. Für Windows Azure wurde ebenfalls die kleinste Instanz verwendet. Für einen Monat (30 Tage) ergeben sich die in Tabelle 6.40 dargestellten Kosten.

	Amazon EC2	Google AppEngine	Windows Azure
Kosten pro Compute Hour in $	68,4	72,00	86,4

Tabelle 6.40: Kosten pro Monat

Der Vergleich ist in der Realität wesentlich komplexer, da es nicht nur unterschiedliche Instanztypen bei Amazon und Microsoft gibt, oft kommt auch gewünschte Software (.NET, Java, PHP, ...) und deren Kombinierbarkeit mit ins Spiel. Will man die tatsächlichen Kosten vergleichen, muss man die damit verbundenen Herausforderungen und Anforderungen an die Plattform definieren. Oft fallen hier bereits einige Anbieter weg.

In der kleinen Instanz unterscheiden sich Amazon und Microsoft auch hinsichtlich der Leistung der Instanz ein wenig: Microsoft bietet 1,75 GB RAM und 225 GB Instanzspeicher, während Amazon 1,7 GB RAM und und 160 GB Instanzspeicher bereitstellt.

6.7.3 PaaS-Plattformen und IaaS-Plattformen

Ein weiterer Vergleich gilt den Datenspeichern. In vielen Fällen sind sie eng mit den jeweiligen IaaS- bzw. PaaS-Angeboten verknüpft. Für Microsoft kam Windows Azure Storage zum Einsatz, Amazon schickt Amazon Simple Queue Service, Amazon Simple Storage Service und Amazon SimpleDB sowie Amazon RDS ins Rennen. Google hat eigene Speichertechniken in der AppEngine integriert.

Warteschlangen

	Microsoft	Amazon SQS	Google
Maximale Message-Größe in KB	8	8	n/a
Kosten für 1 GB bei maximaler Message-Größe (Auffüllen mit Messages und sie wieder abfragen) in \$[6]	0,66	0,26	n/a
Java Library	✔	✔	✘
.NET Library	✔	✔	✘
PHP Library	✔	✘	✘

Tabelle 6.41: Kosten der Warteschlangen

Die Kosten für Amazon Simple Queue Service berechnen sich folgendermaßen: 1 GB umfasst 1 048 576 KB. Es werden jeweils Nachrichten mit 8 KB geschrieben. Das ergibt eine Menge von 131 072 Nachrichten. Pro Nachricht sind die Operationen *SendMessage* und *DeleteMessage* notwendig. Eine Operation kostet 0,01 \$ pro 10 000 Anfragen. Das ergibt 0,26 \$. Ausgehende Datenübertragungen kosten bis 1 GB 0,00 \$, bei Amazon auch für den eingehenden Datentransfer.

Bei Microsoft berechnen sich die Kosten ähnlich zu jenen von Amazon: für 10 000 Abfragen sind 0,01 \$ fällig. Wie auch bei Amazon kommen hier 131 072 Nachrichten zum Einsatz, wobei jede Nachricht 2 Operationen hervorruft (schreiben und lesen). Ferner müssen 0,15 \$ pro gespeicherten GB im Monat gezahlt werden. In Nordamerika und Europa sind pro eingehenden GB 0,10 \$ und pro ausgehenden GB 0,15 \$ fällig. In Summe ergibt das für Windows Azure 0,66 \$.

---

6   1 GB = 1 048 576 KB. Es werden jeweils so viele Nachrichten geschrieben, bis 1 GB voll ist. Diese werden auch wieder gelesen. Somit entstehen die Kosten. Amazon: 131 072 Nachrichten

Vergleicht man die Kosten zwischen Windows Azure und Amazon Simple Queue Service, fallen bei diesem einfachen Beispiel die 2,5-fachen Kosten bei Windows Azure an. Es muss jedoch erwähnt werden, dass Amazon Simple Queue Service bis 1 GB kostenlos ist. Das begünstigt die Berechnung natürlich für Amazon.

Google konnte an diesem Vergleich nicht teilnehmen, da MessageQueues nicht Bestandteil der AppEngine sind.

Datenspeicher

	Microsoft	Amazon S3	Google
Kosten für 1 GB Speicher in $[7]	0,662	1,591	0,37
Java Library	✔	✔	✔
.NET Library	✔	✔	✘
PHP Library	✔	✘[8]	✘

Tabelle 6.42: Kosten der Datenspeicher

Für die ersten 50 TB an Daten fallen bei Amazon 0,15 $ je GB an. Ferner entstehen Kosten für die Datenübertragung. Das erste GB ist kostenlos. In dem einen GB werden Daten in der Größe von 8 KB gespeichert. Das ergibt 131 072 Dateien, die abgespeichert werden. Pro Datei ist ein PUT notwendig, der 0,01$ für 1 000 Abfragen kostet, also insgesamt 1,31 $. Ferner werden die Daten in diesem Fall angezeigt, was 0,01 $ für 10.000 Abfragen kostet, also insgesamt 0,131 $. In Summe fallen somit bei Amazon Simple Storage Service 1,591 $ an.

Bei Microsoft fallen 0,10 $ für eingehenden Verkehr und 0,15 $ für ausgehenden Verkehr pro GB an, außerdem 0,15 $ pro gespeichertem GB im Monat. Für Speichertransaktionen kommen 0,01 $ pro 10 000 Transaktionen hinzu, also 0,262 $ für alle Abfragen. In Summe kommt man bei Microsoft auf 0,662 $ im Monat.

Bei Google fallen keine Kosten für Storage-Transaktionen an: 0,12 $ für die ausgehende Bandbreite, 0,10 $ für die eingehende Bandbreite und 0,15 $ für die Persistierung der Daten, insgesamt also 0,37$.

Bei dieser Berechnung ist Amazon klar im Nachteil. Anders auswirken würde es sich, wenn man wenig Schreibvorgänge hat – also Daten einmal abspeichert und dann monatelang liegen lässt. Unterliegen Daten einer hohen Abänderung, kann das höhere Kosten

---

7   1 B = 1 48 76 KB. Es werden jeweils so viele Nachrichten geschrieben, bis der 1 GB voll ist. Diese werden auch wieder gelesen.
8   PHP wird durch Amazon nicht direkt unterstützt, es gibt jedoch Community-Projekte.

verursachen. Amazon Simple Queue Service ist interessant, wenn man viele Daten (mehrere TB) über längere Zeit (mehrere Monate) abspeichert, da die Storage-Transaktionen für Schreiben nur einmal anfallen. Google ist eindeutig am günstigsten, jedoch dient es lediglich als Datenspeicher für die Plattform Google AppEngine. Will man Daten von außerhalb zugreifbar machen, muss man hierfür eigene Logik einbauen. Andere Libraries existieren für die AppEngine nicht.

Tabellen

	Microsoft	Amazon SimpleDB	Google
Kosten für 1 GB Speicher in \$[9]	1,40	3,85	0,37

Tabelle 6.43: Kosten pro GB in \$

Bei Amazon muss man zusätzlich zu den gespeicherten Daten auch Maschinenstunden berechnen. 25 Maschinenstunden sind kostenlos, danach zahlt man 0,154 \$ je Stunde. Bei einer kleineren Webanwendung wird das unter der Zahl der Gesamtstunden im Monat liegen, bei größeren Webanwendungen darüber. In diesem Szenario werden 50 Stunden im Monat angenommen. Da macht 25 Stunden (25 sind gratis) und 3,85 \$ im Monat. Pro GB ausgehendem und eingehendem Datenverkehr fallen keine Kosten an. Das erste GB ist ebenfalls kostenlos.

Bei Windows Azure fallen 0,10 \$ für eingehende Daten und 0,15 \$ für ausgehende Daten an. Ferner werden 0,15 \$ für den Speicher im Monat berechnet. Storage-Transaktionen kommen in diesem Szenario 1 Million zum Einsatz. Das macht 1,00 \$ aus. Gesamtkosten sind 1,40 \$ im Monat.

Am einfachsten gestaltet sich die Berechnung bei Google: es fallen 0,15 \$ für die Datenspeicherung, 0,12 \$ für die ausgehende Bandbreite und 0,1 \$ für die eingehende Bandbreite an. In Summe ergibt dies 0,37 \$ pro Monat.

Wichtig ist jedoch auch hier anzumerken, dass die Kosten für die CPU-Stunden (Amazon) und jene der Storage-Transaktionen oft unbekannte Größen sind. Wie viel hier tatsächlich anfällt, ist wiederum vom Design der Anwendung abhängig. Hat man eine Anwendung, die häufig auf gespeicherte Elemente zugreift, kann es durchaus vorkommen, dass die Kosten hierfür wesentlich höher werden. Ist die Architektur der eigenen Anwendung jedoch gut durchdacht, kann man Kosten sparen. Die hier dargestellten Kosten dienen lediglich dem Vergleich eines selbstgewählten Szenarios.

---

9   1 GB = 1 048 576 KB. Es werden jeweils so viele Nachrichten geschrieben, bis 1 GB voll ist. Diese werden auch wieder gelesen.

SQL-Datenbanken

Die zwei großen SQL-Datenbanken in der Cloud sind SQL Azure und Amazon RDS. Google hatte zum Zeitpunkt der Erstellung des Buches die SQL-Version noch nicht fertiggestellt. Für den Vergleich wird eine 50-GB-Datenbank gewählt.

	Microsoft SQL Azure	Amazon RDS
Kosten für 50 GB Speicher in \$[10]	499,95	321,80
Kosten für eingehenden Datentransfer je GB in \$ in Europa und Nordamerika	0,10	0,00
Kosten für ausgehenden Datentransfer je GB in \$ in Europa und Nordamerika	0,15	0,15

Tabelle 6.44: Kosten für die Datenbank

Die Kosten für SQL Azure von Microsoft sind sehr einfach, da man eine Instanz einer gewissen Maximalgröße bezahlt. Es fallen somit keine Kosten für Instanzstunden an. Bei Amazon ist es schon etwas komplexer, hier müssen die Instanzstunden angegeben werden. Der Einfachheit halber wird eine große Datenbankinstanz verwendet, die 0,44 \$ in der Stunde kostet. Bei 24 Stunden Verfügbarkeit und einem 30-Tage-Monat entstehen hier Kosten in Höhe von 316,8 \$. Für die Speicherkapazität fallen 0,10 \$ je GB an. Das macht in Summe 5 \$ im Monat. Ferner fallen 0,10 \$ je 1 Million E/A-Anfragen an. Da das schwer berechenbar ist, wird es hier nicht mitberechnet.

Der Vorteil von SQL Azure ist die einfache Berechnung, wohingegen Amazon mit einer höheren Flexibilität klar im Vorteil ist. Ein wesentlicher Vorteil von Amazon ist, dass man entscheiden kann, welche Art der Instanz man verwendet. Hier kann man verschiedene Größen hinsichtlich des Arbeitsspeichers und der Datenbank angeben.

Fazit

Für welche der vielen Plattformen man sich schlussendlich entscheidet, obliegt einem selbst. Dabei bestimmen auch weitere Elemente die Entscheidung, etwa persönliche Präferenzen für einen bestimmten Hersteller oder eine Technologie. Jede Plattform hat Vor- und Nachteile. Amazon kann vor allem durch die guten Community-Ressourcen glänzen. Es gibt viele Libraries, die auch exotischere Sprachen und Plattformen unterstützen. Ein weiterer Vorteil ist die hohe Flexibilität hinsichtlich der eingesetzten Software. Mit Ama-

---

10 1 GB = 1 048 576 KB. Es werden jeweils so viele Nachrichten geschrieben, bis 1 GB voll ist. Diese werden auch wieder gelesen.

entwickler.press

zon EC2 kann man praktisch fast jedes lokale On-Premise-System nachahmen, da man Zugriff auf ein tatsächlich vorhandenes Betriebssystem hat.

Google hat seine Vorteile ganz klar in der Einfachheit der Plattform. Wie weit die AppEngine jedoch für Unternehmen von Interesse sein kann, muss sich erst zeigen. Ein Problem dürfte die Anbindung externer Systeme und Plattformen darstellen, da kaum Support für andere Plattformen vorhanden ist.

Microsoft kann durch ein System punkten, das sehr einfach ist und dennoch sämtliche Bereiche der Webanwendungsentwicklung umfasst. Es unterstützt auch vielfach andere Plattformen durch Libraries für PHP und Java. Windows Azure wird vermutlich eine sehr starke Beliebtheit unter der.NET-Entwicklung erfahren.

7 Ausblick

Bevor ich wieder technisch oder wirtschaftlich werde, muss ich an dieser Stelle einfach mal eine Danksagung loswerden: Danke, Sie haben bis hier her gelesen. Das bedeutet, dass das Thema Cloud Computing für Sie auf alle Fälle von Interesse ist. Dieses Kapitel enthält Themen, die meist noch sehr vage definiert sind, etwa die Standardisierung von Cloud-Computing-Umgebungen. In diesem Kapitel wird Cloud Computing kritischer betrachtet als in den vorangegangenen Kapiteln.

7.1 Die Risiken von Cloud Computing

„Wo Licht ist, da ist auch Schatten" besagt ein altes Sprichwort, und auch im Cloud Computing gibt es eine Reihe von Nachteilen. Um sich eine objektive Meinung bilden zu können, sollen diese Risiken beleuchtet werden.

Ausgereiftheit der Anbieter und Plattformen

Ein Problem von Cloud Computing ist, dass es ein sehr neues Thema ist. Daher stellt sich die berechtigte Frage, wie ausgereift eine Plattform ist. In vielen Fällen haben erste Versionen Mängel oder Probleme, z. B. hinsichtlich technischer Geräte oder der Software. Betrachtet man die erste Version von Windows XP, wird man sich noch an die vielen Würmer und Viren erinnern. Firewalls und Virenschutz sind nicht standardmäßig in das Betriebssystem eingeflossen. Schaut man sich die Cloud-Computing-Angebote verschiedener Hersteller an, so können die meisten nur auf 2-5 Jahre Erfahrung zurückblicken. Manche Hersteller haben nur wenige Kunden und somit kaum Erfahrung mit Problemen der eigenen Plattform. Je jünger eine Plattform ist, umso größer ist die Gefahr, dass die Ausgereiftheit der Plattform noch nicht in einem Zustand ist, welcher einen ordentlichen Betrieb erlaubt. Häufige Ausfälle können damit einhergehen. Dass auch Unternehmen, die bereits seit vielen Jahren in diesem Bereich tätig sind, ebenfalls Ausfälle[1] zu verzeichnen haben, zeigt wieder einmal, dass es noch sehr viel zu lernen gibt. Daher stellt sich die wohl berechtigte Frage, wie ausgereift eine solche Plattform ist. Ferner stellt sich auch die Frage, welches Unternehmen die nächsten Jahre überleben wird und welches Unternehmen beziehungsweise Plattform wieder aus der Wolke fliegen – Entschuldigung – verschwinden wird.

---

[1] Facebook-Ausfall vom 23. September 2010
http://www.facebook.com/note.php?note_id=431441338919&id=9445547199&ref=mf

Vendor Lock-in

Ein nicht zu unterschätzender Nachteil von Cloud Computing ist die Gefahr des Vendor Lock-ins, der Abhängigkeit von einem Hersteller. Will man eine Plattform verlassen, ist dies meist sehr schwierig und mit hohen Kosten verbunden. Ein Vendor Lock-in ist für einen Anbieter der Idealfall, er hat damit die Möglichkeit, Preise zu bestimmen, ohne dass die Gefahr besteht, seine Kunden zu verlieren. Die Situation ist einem Monopol sehr ähnlich, wo ein Kunde lediglich von einem Unternehmen einkaufen kann. Die APIs der verschiedenen Hersteller sind sehr unterschiedlich, was dazu führt, dass eine einmal entwickelte Anwendung stets auf derselben Plattform laufen muss. Entschließt sich der Plattformanbieter dazu, die Preise nach oben zu „skalieren", so hat man definitiv ein Problem.

Die Lösung dieses Problems ist in vielen Fällen nicht einfach: Bereits vor der Entwicklung einer Anwendung, in der Evaluierungsphase, muss man sich eine Plattform aussuchen, die es einfach erlaubt, zu einen anderen Anbieter zu wechseln. Dieser Fall steht jedoch im krassen Gegensatz zu dem, was ein Anbieter will. Freiwillig wird dies daher in nur sehr seltenen Fällen angeboten. Eine löbliche Ausnahme stellt Amazon dar. Der in Kapitel 6.1 beschriebene Dienst „Amazon Import Export" stellt Kunden die Möglichkeit zur Verfügung, Daten von der Plattform mit physischen Medien zu kopieren. Amazon verwendet hierfür sein stark ausgebautes Versandnetzwerk. Will ein Kunde die Plattform verlassen, sendet er Medien wie USB-Festplatten oder DVDs an das Amazon-Rechenzentrum. Dort werden die Geräte angeschlossen und mit den Daten bespielt. Diese Option fördert die „Interoperabilität" besonders, da ein Anbieterwechsel dadurch erleichtert wird. Das nun folgende Rechenbeispiel soll das verdeutlichen.

Für das Rechenbeispiel wird angenommen, dass 10 TB an Daten auf Amazon S3 liegen. Diese 10 TB sollen auf jeweils 7 externe USB-Festplatten kopiert werden, wobei eine externe Festplatte eine Kapazität von 1,5 TB hat. Pro Gerät verrechnet Amazon pauschal 80 $ und pro Übertragsungsstunde 24,5 $. Die Übertragungsstunde ist jene Zeit, die benötigt wird, um die Daten vom Rechenzentrum auf die Geräte zu übertragen. Bei 10 TB fallen hier Kosten in der Höhe von 731,50 $ an. Pro Gerät wurde eine Ladestunde gerechnet. Würde man denselben Anwendungsfall bei der Konkurrenz machen, so würden hier 0,15 $ pro übertragenes GigaByte anfallen. Auf 10 TeraByte aufgerechnet entspricht dies 1 500 $. Rechnet man 80 $ für eine handelsübliche externe USB Platte ein, so enspricht dies einen Kostenvorteil von 200 $. Nicht mit eingerechnet ist der Aufwand, der bei der anderen Plattform entsteht, wenn man den Anbieter wechseln will. Das ist in Geld kaum messbar, da Cloud-Computing-Plattformen einem starken Wandel unterliegen und während des Downloads per Internet – was in diesem Fall die einzige Möglichkeit wäre – sehr viel Zeit in Anspruch nimmt. Eine Lösung des Problems wären Standards für Cloud Computing, die in diesem Kapitel noch beschrieben werden.

Falsche Verwendung des Begriffs Cloud Computing

Der Begriff „Cloud Computing" wird derzeit stark strapaziert. Für viele Unternehmen hat das einen rein pragmatischen Grund: Jeder will dabei sein und auf die eigenen Produkte aufmerksam machen. Wenn Sie bis hier gelesen haben, sollten Sie bereits einen sehr guten Überblick darüber haben, was Cloud Computing wirklich bedeutet. Einige Produkte tragen „Cloud Computing" im Titel, vielfach sind sie jedoch nicht in die Kategorien einzuordnen, die tatsächlich eine Cloud-Computing-Umgebung darstellen.

Ein Hosting-Unternehmen bietet ein Produkt an, bei dem man die Anzahl der CPUs, Festplattenspeicher, Arbeitsspeicher und inkludierten Traffic konfigurieren kann. Sieht man sich die Konditionen an, fällt sofort auf, dass es kein Cloud-Computing-Angebot sein kann. Dieses spezielle Angebot erlaubt es nur, zwischen 1 und 4 Kernen einer CPU auszuwählen. Die Vertragslaufzeit ist auf 12 Monate festgelegt, was bei Cloud-Computing-Plattformen unüblich ist. Will man weitere virtuelle Maschinen nutzen, muss man einen neuen Vertrag abschließen. Skalierung wird nicht unterstützt, anders als es für Cloud-Computing-Anwendungen der Fall ist,. Ein weiteres Beispiel ist ein webbasiertes Content-Management-System, bei dem der Anbieter einfach das Wort „Cloud" in das Produkt integriert hat. Sieht man sich die Bilanz des Unternehmens an, so fällt gleich auf, dass keine großen Ausgaben in Rechenzentren geflossen sind – bei 2 Millionen an Ausgaben für Sachgüter kann eine Redundanz auch nicht sinnvoll erreicht werden. Eine persönliche Anfrage hinsichtlich der Datenintegrität und Replizierung wurde leider nicht beantwortet. Was hier klar erkennbar ist: viele Unternehmen schmücken ihre Produkte mit fremden Federn: Cloud Computing. Die negativen Folgen für Cloud Computing können eine Verwässerung dieses Ausdrucks sein.

Berechenbarkeit der Kosten

In den vorangegangenen Kapiteln wurde bereits klar, dass die Berechnung der Kosten ein schwieriges Unterfangen ist. Noch komplexer wird es, wenn man auf das Problem der Abschätzbarkeit der Kosten eingeht, da viele Faktoren wie die Datenübertragung. Lese- und Schreibvorgänge oder tatsächliche Ausnutzung der Plattform eine meist unbekannte Größe darstellen. Meist arbeitet man auch nicht auf REST-APIs, sondern auf aufbauenden High-Level APIs, die für einen Funktionsaufruf unter Umständen zwei Storage-Transaktionen hervorrufen können. Das Angenehme an Cloud-Computing-Anwendungen ist, dass sie mit den Anforderungen einfach mitwachsen. Wird die eigene Plattform wider Erwarten stärker benutzt, so benötigt man natürlich mehrere virtuelle Maschinen. Ist die Anwendung kostenpflichtig, ist das natürlich gut für ihren Hersteller. Wenn es eine nicht kostenpflichtige Plattform ist, kann eine Skalierung jedoch ein finanzielles Risiko darstellen. In vielen Fällen tragen eine saubere Architektur und ein sauberes Design ebenfalls zu Kosteneinsparungen hinsichtlich der Storage-Transaktionen und des Datenverkehrs bei. Hiefür ist es unerlässlich, Wissen über die Plattform und der Funktionsweise des API zu haben.

Kostenentwicklung in der Zukunft

Wie erwähnt, ist Cloud Computing eine sehr neue Technologie, mit der es wenig bis gar keine Erfahrung gibt. Hat ein Hersteller seine Kunden erfolgreich auf die eigene Plattform eingeschlossen, kann er eine gewisse Macht ausüben und die Preise stark nach oben korrigieren. Wie sich die Preise entwickeln, ist daher sehr schwer vorauszusehen. Es kann natürlich auch vorkommen, dass einige Anbieter den kommenden Preiskampf nicht überleben und wieder aus dem Cloud-Ökosystem verschwinden. Wenn zu viele Anbieter verschwinden, besteht die Gefahr, dass die Preise stark ansteigen. Je weniger Konkurrenz vorhanden ist, umso geringer ist der Preiskampf zwischen den einzelnen Anbietern. Die mögliche Kostenentwicklung in der Zukunft ist daher schwer vorhersehbar.

Sicherheit der Rechenzentren

Cloud-Computing-Anbieter werben mit einer hohen Sicherheit der eigenen Plattform. Doch wie sicher sind sie nun wirklich? Das Problem ist, dass im Fall eines unberechtigten Zugriffs auf eine Cloud-Computing-Plattform, ein sehr großer Schaden entstehen kann. Ein weiteres Problem könnte darin bestehen, dass es nur einige wenige Plattformen gibt, die man angreifen muss. Je mehr Daten auf wenigen Cloud-Computing-Plattformen liegen, umso interessanter wird es, sie anzugreifen. Ist erst einmal eine Lücke geöffnet, so kann hier ein sehr großer Schaden entstehen. Vor allem deshalb, weil man nicht nur ein Unternehmen angreift, sondern sehr viele. Daher muss die Sicherheit in Cloud-Computing-Umgebungen ständig überwacht und an neue Gefahren angepasst werden.

Eingriffe durch Regierungen

Bereits in Kapitel 2 wurde auf die Gefahr eines Eingriffs durch Regierungen hingewiesen. Das kann auf verschiedenen Ebenen erfolgen: Es sind zum einen Eingriffe per geltendem Recht möglich, zum anderen können Regierungen auch Nachrichtendienste mit einer Spionage beauftragen. Verlangt ein Staat etwa, dass sämtliche Daten, die ein Unternehmen aus dem entsprechenden Staat hat, für Untersuchungen freigegeben werden müssen, trifft dies natürlich Cloud-Computing-Anbieter sehr hart. Ein Staat kann somit legal Industriespionage für seine eigene Wirtschaft betreiben und erhält im Idealfall eine große Menge an Wissen von anderen Staaten. Daher ist hier Vorsicht geboten, welchem Cloud Computing Anbieter man seine Daten anvertraut. Wenn ein Staat aktiv Spionage betreibt, ist das natürlich eine gänzlich andere Bedrohungskategorie. Meist haben Staaten, die so etwas tun, ein Heer von guten Hackern und eine enorme Anzahl an Ressourcen zur Verfügung. Selbst große Cloud-Computing-Anbieter dürften für diesen Fall kaum passende Lösungen haben. Dass die Bedrohung aktiv ist, zeigt sich an dem Stuxnet-Befall der iranischen Atomanlagen, wo ebenfalls eine Regierung vermutet wird[2].

Flächendeckende Verfügbarkeit des Internets

Die Verfügbarkeit von flächendeckendem Internet ist eher Wunschdenken als Realität. Reist man mit einem Schnellzug, ist eine ständig vorhandene Internetverbindung nicht die Regel, was das Arbeiten auf einer Cloud-Computing-Plattform problematisch macht. In der westlichen Welt hat man in vielen Regionen ein gut ausgebautes Breitbandinternet.

---

2   *http://derstandard.at/1285199238212/30000-Computer-infiziert-Iran-bestaetigt-Cyber-Angriff-durch-Stuxnet*

entwickler.press

Bewegt man sich jedoch in die neuen EU-Staaten, ist die Leitung schon wesentlich schlechter. Nicht zu unterschätzen ist auch das Problem des Daten-Roamings. Hierfür sind oft sehr hohe Preise zu bezahlen. Die flächendeckende Verfügbarkeit von Breitbandinternet ist nur in den Ballungszentren vorhanden, nicht jedoch in ländlichen Regionen.

Stabilität der Internetleitung

Wie der vorherige Punkt, so wurde auch die Stabilität der Internetleitung bereits angesprochen. So war ich beispielsweise in einem Hotel zwei Tage ohne Internet, da mein Mobilfunkanbieter in der Umgebung des Hotels eine Störung zu verzeichnen hatte. Auch Bauarbeiten können die Internetleitung zum Unternehmen beschädigen. Diese Probleme sind zwar meist schnell wieder behoben, doch bei einer Cloud-Computing-Anwendung kann es vorkommen, dass ganze Abteilungen für zwei Tage ohne Arbeit dastehen.

Worst-Case-Szenario: Konkurs eines Cloud-Computing-Anbieters

Sehr unangenehm ist es, wenn ein Cloud-Computing-Anbieter in Konkurs geht. Das ist zwar eher als unwahrscheinlich einzustufen, da alle Anbieter sehr kapitalstark sind, aber hätten wir uns vor vier Jahren gedacht, dass wir in eine Wirtschaftskrise schlittern, ausgelöst durch kapitalstarke Banken? Wirtschaftliche Bedingungen ändern sich sehr schnell, und den Konkurs eines IT-Unternehmens kann man nie gänzlich ausschließen. Wenn dies tatsächlich der Fall ist, stellt sich die Frage, was mit den eigenen Daten oder gar Anwendungen passiert. Wie bekommt man die Daten, wie portiert man die Anwendungen auf eine andere Plattform? Wenn Anwendungen über Jahre auf eine Plattform optimiert wurden und die Lauffähigkeit von eben dieser Plattform abhängt, kann man sie auch nicht innerhalb von wenigen Tagen portieren. Das bedeutet meist einen wesentlich höheren Zeitaufwand. Handelt es sich nun um Anwendungen, die geschäftsnotwendig sind, so ist die Katastrophe perfekt. Dieses Szenario bekräftigt einmal mehr den Ruf nach einheitlichen Standards für Cloud Computing.

7.2 Die Einführung von Cloud Computing in Unternehmen

In der Fachliteratur gibt es bereits sehr viele Bücher, Zeitschriften und Beiträge, die das Thema der Einführung von Cloud Computing in Unternehmen beleuchten. Viele dieser Themen sind auch einfach auf die Einführung von Cloud-Computing-Angeboten anwendbar. Daher ist eine Einführungsstrategie oder Projektumsetzungsstrategie stets eng an ein „klassisches" Vorgehen gekoppelt. In diesem Kapitel soll eine exemplarische Vorgehensweise vorgestellt werden, die dem Buch „Management von IT-Projekten" entnommen ist (Wieczorrek & Mertens, 2008). Das Vorgehensmodell wird um verschiedene Elemente, die für Cloud Computing essenziell sind, ergänzt.

Jedes Projekt startet mit einer Projektinitialisierung. Hier wird die Notwendigkeit eines IT-Projekts innerhalb einer Abteilung oder eines Unternehmens festgestellt. Wird eine Cloud-Computing-Umgebung für das Projekt vorgesehen, ist es nötig, eine Auflistung der K.o.-Kriterien zu erstellen, z. B. die in Kapitel 7.1 beschriebenen Gefahren. Jedes IT-Projekt ist von gewissen Einflussgrößen abhängig, wie etwa der Zustimmung des Topmanagements. Aus eigener Erfahrung ist das sogar eine der wichtigsten Einflussgrößen (neben Einflüssen der Stakeholder), denn viele Projekte sind bereits am Topmanagement gescheitert. Vor allem deshalb ist es wichtig, die Vor- und Nachteile von Cloud-Computing-Umgebungen gegenüber dem Topmanagement zu kommunizieren und Missverständnisse auszuräumen. Cloud Computing könnte unter Umständen aus „Liebhaberei" von IT-Leitern forciert werden. Hat das Topmanagement große Bedenken, muss man evaluieren, ob es wirklich sinnvoll ist, Cloud-Computing-Lösungen einzusetzen. Wird ein IT-Projekt für Kunden durchgeführt, muss man auch dort abklären, ob Cloud Computing vom Kunden gewünscht wird. Erfährt der Kunde erst nach einer detaillierten Planungsphase davon, dass eine Cloud-Computing-Plattform eingesetzt wird, kann das unter Umständen zu Problemen führen. Projekte, die mit Cloud-Computing-Plattformen durchgeführt werden, sollen daher einer umfangreichen Evaluierung und Analyse der in Kapitel 7.1 genannten Risiken unterzogen werden.

Hat man sich dafür entschieden, das Projekt mit einer Cloud-Computing-Plattform umzusetzen, sollte man eine weitere Evaluierung starten. In dieser Evaluierung muss erarbeitet werden, welche Lösungen verwendet werden. Wichtige Kriterien sind hierfür:

- Unterstützte Technologie der Cloud-Computing-Plattform und technologisches Wissen im eigenen Unternehmen

- Kosten einer Plattform

- Besteht die Gefahr eines Vendor Lock-ins? Wie weit unterstützt eine Plattform gängige Standards? Was kostet ein Wechsel auf eine andere Plattform?

- Anbindung der Cloud-Computing-Plattform an andere Dienste und Services

Diese Liste lässt sich noch um beliebig viele Elemente aus der Projektorganisation erweitern. Einen zentralen Punkt nehmen zweifelsohne die Kosten einer Plattform ein. Phase 1 der Projektorganisation endet mit einer Lösungsauswahl und einem Projektantrag.

Phase 2 ist die Erstellungen von Projekten: Es wird ein Gesamtprojektplan erstellt und eventuell eine Projektorganisationsform gewählt. Mögliche Organisationsformen sind die Matrixorganisation, reine Projektorganisation oder die Einflussprojektorganisation[3]. Hat man sich in dieser Phase geeinigt, geht es weiter mit der dritten Phase, in der man sich primär um die Planung kümmert. Hier werden unter anderem die Kosten und Details der Projektdurchführung geplant. Eng an die Planung ist die Umsetzung gekoppelt. Je nach Projekttyp wird dies in verschiedenen wissenschaftlichen Modellen erläutert. Ein aktuell sehr beliebtes Modell ist das des agilen Vorgehens, das vor allem in der Softwareentwicklung einen hohen Stellenwert

---

3   Eine detaillierte Beschreibung der Formen findet sich in Wieczorrek & Mertens, 2008

entwickler.press

einnimmt. Agiles Vorgehen berücksichtigt die Tatsache, dass sich die IT sehr schnell ändert und Projekte vom Kunden beziehungsweise Stakeholder mit beeinflusst werden können. Agile Projekte haben wesentlich weniger Planungsaufwand als „traditionelle" Projekte. Eine laufende Kontrolle der Projektziele kann auch als eigene Phase extrahiert werden. Sie ist notwendig, damit eventuelle Entwicklungen, die in eine falsche Richtung gehen könnten, abgewendet werden. Eine wichtige Phase für IT-Projekte ist schlussendlich die Einführung.

Eine Einführung kann unter verschiedenen Kriterien erfolgen. In einer Paralleleinführung laufen beide Systeme für einen gewissen Zeitraum parallel. Fachabteilungen können das alte wie auch das neue System für eine gewisse Zeit parallel nutzen. Nach einiger Zeit wird das alte System abgeschaltet und es ist nur noch das neue verfügbar. Vorteile dieser Einführung sind unter anderem die relativ lange Umgewöhnungsphase, die Möglichkeit, am neuen System zu experimentieren und dort Fehler zu finden. Eine andere Strategie ist es, ein System stufenweise einzuführen. Hierbei sind zu Beginn nur gewisse Funktionen des Projekts verfügbar, das auch in das alte System integriert sein kann. Benutzer aus den Fachabteilungen werden somit langsam an ein neues System herangeführt. Die wohl radikalste Einführungsstrategie ist die Soforteinführung. Hierbei wird ein altes System sofort und ohne große Ankündigungen durch ein neues abgelöst. Oft setzt man sich hier jedoch dem Unmut der Fachabteilungen aus. Ein weiterer Nachteil ist, dass eventuelle Fehler nicht aufgefunden werden, da es keine Pilotphase oder parallele Phase gab.

Ein Projekt schließt jedoch nicht zwangsweise mit der Einführung eines Systems ab. Ein laufender Support ist ebenso Bestandteil eines Projekts wie das Training von Mitarbeitern und Benutzern. Ein Projekt hat also eine wesentlich längere Laufzeit als es aussieht. (Wieczorrek & Mertens, 2008)

7.3 Open-Cloud-Standards? Welche Standards gibt es in der Cloud, werden sich Standards etablieren?

Das Nichtvorhandensein von richtigen Cloud-Computing-Standards wurde bereits in vorangegangenen Abschnitten angesprochen. Viele Technologien haben sich vor allem aufgrund von Standards etabliert. Spricht man von Standards, so muss man zwischen zwei essenziellen Dingen unterscheiden: realen Standards und De-facto-Standards. Reale Standards sind Standards, die von Soft- oder Hardwareherstellern auf Empfehlung eines Gremiums implementiert werden. Ein sehr bekannter Vertreter ist HTML, das vor allen modernen Browsern unterstützt wird. Oft gibt es jedoch auch konkurrierende Standards, wie es beispielsweise bei Büroanwendungen durch OpenXML von Microsoft und dem Open Document Format (ODF) der Fall ist. Welcher Standard überlebt, oder ob sogar beide Standards überleben, ist eine Frage der Zeit. De-facto-Standards sind keine „richtigen" Standards, sondern einfach aufgrund ihrer hohen Verbreitung eingesetzte und replizierte Elemente, z. B. Microsoft Office.

Derzeit gibt es eine ganze Reihe an Versuchen, die Cloud zu standardisieren, meist vor allem mit dem Ziel, herstellerunabhängige Produkte anbieten zu können. Standards sollen den oft diskutierten Vendor Lock-In in der Cloud verhindern oder zumindest stark reduzieren. Ein solcher Ansatz ist der vCloud-Standard von VMware, wo der Hersteller versucht, seine Virtualisierungsebene offen bereitzustellen[4].

Einen gänzlich anderen Weg geht die „Open Cloud Initiative", wo eine offene Cloud-Computing-Umgebung ähnlich wie jene im Open-Source-Bereich erreicht werden soll[5]. In der Open Cloud Inititative soll die Interoperabilität für Cloud Computing gefördert werden. Hierfür sind vier Punkte vorgesehen:

Keine Eintrittsbarrieren für neue Benutzer

- Keine Austrittsbarrieren, will ein Benutzer den Anbieter wechseln

- Keine Diskriminierung der Benutzer aufgrund ihrer Herkunft

- Keine Diskriminierung der Benutzer aufgrund der Systeme, die bei ihnen im Einsatz sind.

Die Open Cloud Initiative beschreibt vielmehr vier unterschiedliche „Offenheitsstufen" von Cloud Computing:

- Open Cloud
- Open Source Cloud
- Open Data Cloud
- Free Cloud

Eine Open Cloud garantiert, dass sämtliche Benutzerdaten und Metadaten in standardisierten Formaten abgespeichert sind und sämtliche Funktionalität in offenen Standards für APIs umgesetzt ist. Eine Open Source Cloud garantiert, dass sämtliche Software für die Cloud öffentlich zugänglich ist. Die Open Data Cloud garantiert, dass sämtliche Daten in einer öffentlich zugänglichen Lizenz, nämlich der Open Knowledge Licence[6] vorhanden sind. Die höchste Stufe, die Free Cloud, garantiert all diese Punkte. Diese Initiative bietet sowohl für den Konsumenten als auch für den Anbieter gute Lösungsmöglichkeiten für offene und unabhängige Cloud-Computing-Umgebungen.

Eine Entscheidungsfindung hinsichtlich einer offenen Cloud sucht auch die Initiative „CCIF – Cloud Computing Interoberability Forum[7]", die aktuelle Trends in der Cloud analysiert, Best Practices erstellt und Referenzarchitekturen anbietet.

---

4 VMware-Spezifikation: *http://communities.vmware.com/community/developer/forums/vcloudapi*

5 Open Cloud Inititative: *http://www.opencloudinitiative.org/*

6 Open Knowledge Licence: *http://www.opendefinition.org/licenses/*

7 CCIF: *http://www.cloudforum.org/*

Die Distributed Management Task Force[8] hat ebenfalls Guidelines für Cloud-Computing-Standards erstellt. Sie hat bereits mehrere Standards erfolgreich umgesetzt und mit „Cloud Management" einen Standard für anbieterneutrale Cloud-Computing-Umgebungen geschaffen. Der Einfluss der DMTF ist nicht zu unterschätzen, da ihr Unternehmen wie IBM, Microsoft, Oracle, Novell, Hewlett-Packard und VMware angehören. In einem Wiki, das unter http://cloud-standards.org/wiki/index.php?title=Main_Page zu finden ist, sind die wichtigsten Punkte der Cloud-Standards dieser Gruppe zusammengefasst.

Ein zentrales Problem der verschiedenen Anbieter ist, dass es viele unterschiedliche Interfaces für diverse Anwendungsfälle gibt. Die Open Cloud Computing Interface Working Group[9] nimmt sich dieses Problems an und versucht, Interfaces (APIs) zu vereinheitlichen. Cloudloop[10], ein Java-Projekt, nimmt sich der unterschiedlichen APIs auf einer gänzlich anderen Ebene an: der Interoperabilität zwischen verschiedenen Plattformen auf einem abstrakteren Level. Hierbei kann man mit einem API verschiedenste Anbieter ansprechen und damit einen Plattformwechsel einfacher ermöglichen.

Cloud-Computing-Standards werden bestimmt in der Zukunft eine zentrale Rolle spielen. Derzeit ist jedoch noch nicht deutlich, welcher dieser Standards sich durchsetzen wird. Vielleicht werden sogar eine Reihe an Standards implementiert werden. Die Notwendigkeit eines Standards ist klar vorhanden, jedoch braucht ein Standard auch seine Zeit, um zu reifen und sich somit ideal an die wirtschaftliche Realität anzupassen. Schlussendlich ist ein Standard auch von der Adaption durch die Anbieter abhängig, da ein Standard nur so gut ist wie seine Akzeptanz.

7.4   Ausblick

Jetzt habe ich es tatsächlich bis zum Ende des Buches geschafft, meine persönliche Meinung nicht in das Buch einzubauen und die Dinge objektiv zu betrachten. Diese Haltung will ich nun im letzten Abschnitt aufgeben. In einem kleinen Ausblick möchte ich noch meine eigenen Ideen, wie sich die Zukunft entwickeln könnte, einbringen.

Cloud Computing hat auf jeden Fall das Potenzial, die IT in Zukunft zu revolutionieren. Es gibt jedoch auch Risiken, die eliminiert werden müssen. Was Cloud Computing für das aktuell sehr wichtige Betriebssystem bedeutet, ist schwer abschätzbar. So wie es jedoch derzeit aussieht, wird ein Computerbetriebssystem zunehmend unwichtiger. Das bedeutet nicht, dass es kein Betriebssystem mehr geben wird, im Gegenteil: Es wird sehr viele verschiedene Betriebssysteme geben. Bis jetzt war es notwendig, dass man für die eigenen Anwendungen in vielen Fällen ein bestimmtes Betriebssystem einsetzt. Mit der Cloud wird ein bestimmtes Betriebssystem nicht mehr so viel Bedeutung haben, da Anwendun-

---

8   DMTF: *http://www.dmtf.org*

9   Open Cloud Computing Interface Working Group: *http://www.occi-wg.org/doku.php*

10   CloudLoop: *http://wiki.java.net/bin/view/Projects/CloudloopWiki*

gen im Browser laufen werden. Dieser Trend macht sich jetzt schon bemerkbar: Geräte wie das IPad oder andere auf Android basierende Tablets werden immer beliebter. All diese Geräte haben eines gemeinsam: unterschiedliche Betriebssysteme. Das Betriebssystem dient als Basis für Anwendungen, die im Internet laufen. Die Zeit der „übermächtigen" Betriebssysteme ist somit wohl vorbei.

Der soeben beschriebene Punkt benötigt jedoch eine starke Umgebung, in der Anwendungen ausgeführt werden können. Betrachtet man die aktuellen Entwicklungen am Browsermarkt, so kann man hier schnell ein Fazit ziehen: Moderne Browser halten sich an Standards und sind performant in der JavaScript-Ausführung. Dies ist ein wesentlicher Faktor für Anwendungen in der Cloud. Doch welche APIs werden in Zukunft Verwendung finden? Ist es Flash, Silverlight oder eine andere RIA-Technologie? Die Antwort dürfte hier HTML5 lauten. HTML5 bietet viele Möglichkeiten, Anwendungen für das Web zu bauen. Außerdem kann man damit interaktive Webseiten erstellen. Somit kann man HTML5 auch für grafikreiche Browserspiele und Anwendungen mit einer Vielzahl an Medien einsetzen. HTML5-Webanwendungen können nicht nur auf Tablets, Smart-Phones oder PCs laufen, sondern auch einfach auf Fernsehern oder anderen Abspielgeräten. Damit sind Cloud-Anwendungen von noch wesentlich mehr Geräten zugreifbar.

Es gibt jedoch einige Kleinigkeiten, die sich in Zukunft ändern sollen. Ungenau zu bestimmen sind derzeit noch die Kosten für Storage-Transaktionen. Plattformen wären wesentlich attraktiver, wenn diese Kosten seitens der Anbieter nicht mehr berechnet würden. Sie schreckten in einigen Gesprächen bereits eine Vielzahl an potenziellen Kunden ab. Ein zentrales Problem muss jedoch noch gelöst werden: das Nichtvorhandensein von Standards. Standards sind sehr wichtig für zukünftige Cloud-Plattformen und sollten von den Anbietern implementiert werden. Ein Vendor Lock-in sollte auf jeden Fall zum Wohle des Kunden vermieden werden.

Was auch immer kommen mag: die Technologie ist gerade erst in ihren ersten Jahren. Jetzt heißt es erst einmal Erfahrungen sammeln, die Schule besuchen und die Pubertät überstehen. Wenn die Technologie erwachsen ist, wird sie bestimmt etwas anders aussehen als heute. In diesem Sinne: Lasst uns Cloud Computing auf dem Weg des Erwachsenwerdens begleiten!

Quellen

- Open Cloud Principles. (26. 10 2009). Abgerufen am 26. 09 2010 von Open Cloud Principles: *http://opencloud.googlecode.com/svn/trunk/oci/ocp/open-cloud-principles.html*

- VMware. (kein Datum). VMware Communities. Abgerufen am 26. 09 2010 von VMware: *http://communities.vmware.com/community/developer/forums/vcloudapi*

- Wieczorrek, H. W., & Mertens, P. (2008). Management von IT-Projekten. Berlin Heidelberg: Xpert.press.

entwickler.press

Stichwortverzeichnis